Phoenix Originality
凤凰原创

DENG XIAOPING IN 1984

邓小平
在1984

—— 刘金田 著 ——

江苏人民出版社

图书在版编目(CIP)数据

邓小平在 1984 / 刘金田著. 一 南京：江苏人民出版社，2018.9(2020.9 重印)
ISBN 978 - 7 - 214 - 22247 - 3

Ⅰ.①邓… Ⅱ.①刘… Ⅲ.①邓小平(1904—1997)—生平事迹 Ⅳ.①A762

中国版本图书馆 CIP 数据核字(2018)第 140862 号

书　　　名	邓小平在 1984
著　　　者	刘金田
策 划 编 辑	戴宁宁
责 任 编 辑	戴宁宁　金书羽
责 任 监 制	王列丹
装 帧 设 计	许文菲
出 版 发 行	江苏人民出版社
出版社地址	南京市湖南路 1 号 A 楼,邮编:210009
出版社网址	http://www.jspph.com
照　　　排	江苏凤凰制版有限公司
印　　　刷	江苏凤凰通达印刷有限公司
开　　　本	718 毫米×1000 毫米　1/16
印　　　张	17.25　插页 2
字　　　数	225 千字
版　　　次	2018 年 9 月第 1 版　2020 年 9 月第 3 次印刷
标 准 书 号	ISBN 978 - 7 - 214 - 22247 - 3
定　　　价	48.00 元

(江苏人民出版社图书凡印装错误可向承印厂调换)

目 录

引　言 / 001

第一章　对外开放的指导思想不是收，而是放 / 003

　　"办经济特区是我倡议的，中央定的，是不是能够成功，我要来看看" / 004

　　"办一个特区。过去陕甘宁就是特区嘛。中央没有钱，你们自己去搞，杀出一条血路来" / 005

　　"特区要坚决办下去，不能动摇" / 016

　　"你们讲的我装在脑袋里，我暂不发表意见，因为问题太复杂了，对有些问题要研究研究" / 018

　　"电脑教育要从娃娃抓起" / 022

　　"经过长期奋斗，全国广大农村都可以达到这样的生活水平" / 023

　　"现代化没有年轻人不行，要鼓励年轻人挑起重担，多干工作" / 025

　　"我从来不走回头路" / 028

　　"珠海经济特区好" / 029

　　"深圳的发展和经验证明，我们建立经济特区的政策是正确的" / 033

　　"就是应当飞出去嘛！就用国际机场这个名字" / 035

"把经济特区办得更快些更好些"/ 039

"现在看,开放政策不是收的问题,而是开放得还不够。上海要搞十个大饭店,也可以让国外海外的人独资搞,包括建筑材料也从国外进口"/ 042

"宝钢二期必须上,不要等'七五',今年就上"/ 047

"除现在的特区之外,可以考虑再开放几个港口城市,如大连、青岛。这些地方不叫特区,但可以实行特区的某些政策。我们还要开发海南岛"/ 050

"开发区大有希望"/ 054

"沿海连成一片了,这很好嘛"/ 056

"我们正在搞一个更大的特区,这就是海南岛经济特区"/ 057

第二章 对内经济搞活,首先从农村着手/ 061

"我们五年前确定改革从农村开始。我们叫改革,实际上也是一场革命,是一场解放生产力的革命"/ 063

"不要争论,你就这样干下去,实事求是地干下去"/ 066

"农村政策放宽以后,一些适宜搞包产到户的地方搞了包产到户,效果很好,变化很快"/ 070

"我们农村过去十分贫困,主要原因之一就是搞'以粮为纲',人民公社制度的试验也不那么理想"/ 073

"农业还要靠科学"/ 076

"农村改革中,我们完全没有料到的最大的收获,就是乡镇企业发展起来了,突然冒出搞多种行业,搞商品经济,搞各种小型企业,异军突起"/ 077

目录

第三章 城市经济改革实际上是对整个经济体制的全面改革 / 082

"各个经济战线不仅需要进行技术上的重大改革,而且需要进行制度上、组织上的重大改革" / 083

"当前最迫切的是扩大厂矿企业和生产队的自主权" / 088

"社会主义也可以搞市场经济" / 091

"前些时候那个雇工问题,相当震动呀,大家担心得不得了。我的意见是放两年再看。那个能影响到我们的大局吗?如果你一动,群众就说政策变了,人心就不安了" / 094

"城市难些,要下大决心。城市不仅有工业问题,还有商业问题。改革很复杂,肯定会受到抵制,但不改革不行" / 098

"能不能像十一届三中全会一样,搞个经济体制改革的文件?如果能搞个经济体制改革的文件,这在政治上、实际上的动员作用很大。别的不要搞了" / 100

第四章 我们的目标是到本世纪末人均达到八百美元 / 106

"我们要实现的四个现代化,是中国式的现代化。我们的四个现代化的概念,不是像你们那样的现代化的概念,而是'小康之家'" / 107

"看来达到1 000美元也不容易,比如说800、900,就算800,也算是一个小康生活了" / 115

"我们制定的目标更重要的还是第三步,在下世纪用三十年到五十年再翻两番,大体上达到人均四千美元。做到这一步,中国就达到中等发达的水平。这是我们的雄心壮志" / 123

第五章　"一国两制"的构想是行得通的／126

"台湾可以存在不同的社会制度，还可以保留原来的社会制度、经济制度"／127

"在本世纪和下世纪初相当长的时期内，香港还可以搞它的资本主义，我们搞我们的社会主义。就是到1997年香港政治地位改变了，也不影响他们的投资利益"／136

"主权问题不是一个可以讨论的问题。现在时机已经成熟，应该明确肯定：一九九七年中国将收回香港。就是说，中国要收回的不仅是新界，而且包括香港岛、九龙"／140

"'12条'里面有个'50年不变'，这样规定可以使香港人放心，减少他们的疑虑；可以使人们更感到我们政策的连续性、可靠性，有利于我们和英国谈判，有利于顺利收回香港和保持香港的繁荣"／146

"英国想用主权来换治权是行不通的，希望不要在治权问题上纠缠，不要搞成中国单方面发表声明收回香港，而是要中英联合发表声明"／148

"我国政府在恢复对香港行使主权之后，有权在香港驻军，这是维护中华人民共和国领土的象征，是国家主权的象征，也是香港稳定和繁荣的保证"／151

"中英会谈我们会同英国解决，不会受到任何干预，过去的所谓'三脚凳'，我们一直不承认，我们只承认两脚，没有三脚"／154

"我们希望过渡时期不出现问题，但必须准备可能会出现一些不以我们意志为转移的问题"／158

"如果'一国两制'的构想是一个对国际上有意义的想法的话，那要归功于马克思主义的辩证唯物主义和历史唯物主义，用

毛泽东主席的话来讲就是实事求是。这个构想是在中国的实际情况下提出来的"/ 161

第六章 和平和发展是当代世界的两大问题/ 166

"我们总的看法是,世界不安宁,确实存在着新的战争危险。我们不相信有什么缓和,不相信有什么'持久和平'"/ 167

"现在我们对这个问题的看法有一点变化。我们感到战争危险仍然存在,仍要提高警惕,但防止新的世界战争爆发的因素在增长"/ 171

"粉碎'四人帮'以后,特别是党的十一届三中全会以后,我们对国际形势的判断有变化,对外政策也有变化,这是两个重要的转变"/ 175

第七章 发挥原工商业者的作用/ 179

"落实政策以后,工商界还有钱,有的人可以搞一两个工厂,也可以投资到旅游业赚取外汇,手里的钱闲起来不好。你们可以有选择地搞。总之,钱要用起来,人要用起来"/ 180

"人由你找,事由你管,由你负全责"/ 185

"我们欢迎在海外的华侨、华人参与这个具有前景的事业"/ 187

第八章 把全世界的"宁波帮"都动员起来,建设宁波/ 190

"为什么不可以用?对我们社会主义建设有用嘛,用他一个名字,也没有关系嘛,为什么不可以,人家有贡献也可以纪念啊!别人不同意,我来替他题字"/ 194

"宁波的发展速度可能不会慢,发展金三角,如果把上海、宁波连起来,就可以解决上海的许多问题"/ 197

"关于办宁波大学,包玉刚讲,大学归国家办,他出钱。这是

一件好事，我答应给题写校名。你们应该督促有关方面把这件事情办好"/ 206

第九章　必须把我军建设成为一支强大的现代化、正规化的革命军队 / 209

"部队阅兵好久没有搞了。不能说阅兵、搞分列式就是形式主义。它对部队作风培养有实际意义。通过阅兵，把军队摆出来，让人民看看，也可以密切军民关系"/ 209

"中国人民解放军的全体指战员，务必时刻保持警惕，不断提高自己的军事政治素质，努力掌握应付现代战争的知识和能力"/ 218

第十章　军队要服从整个国家建设大局 / 227

"现在需要的是全国党政军民一心一意地服从国家建设这个大局，照顾这个大局。这个问题，我们军队有自己的责任，不能妨碍这个大局，要紧密地配合这个大局，而且要在这个大局下面行动"/ 228

"军队建设中确实存在不少问题，我想了一下，有五个字：肿、散、骄、奢、惰"/ 232

"我们必须清醒地看到，我们存在的一个最大问题，就是军队很臃肿。真正打起仗来，不要说指挥作战，就是疏散也不容易"/ 235

"我们下这样大的决心，把中国人民解放军的员额减少一百万，这是中国共产党、中国政府和中国人民有力量、有信心的表现"/ 241

第十一章　"小平您好" / 247

"一定要在党内造成一种空气：尊重知识、尊重人才"/ 251

"今年就要下决心恢复从高中毕业生中直接招考学生，不再搞

群众推荐。从高中直接招生,我看可能是早出人才、早出成果的一个好办法"/ 252

"知识分子的名誉要恢复"/ 257

第十二章　中国特色社会主义道路的构想　/ 262

参考书目　/ 267

引 言

1984年是一个特殊的年份。

这一年,中国的改革开放已经进入第五个年头。

邓小平支持和推进的农村改革取得了显著成效;邓小平倡办的经济特区进入了关键时刻,在邓小平的肯定和支持下蓬勃发展。中央决定进一步开放14个沿海港口城市,决定开发开放海南岛,形成了对外开放新的战略格局。

这一年,中国开启了全面的经济体制改革,成为改革开放历史进程中的第一个里程碑。

这一年,邓小平提出了中国的发展战略:到下个世纪中叶,达到世界中等发达国家水平。

这一年,中国开始以一个崭新的形象出现在世界舞台上。邓小平提出裁减军队员额100万。

这一年,运用邓小平提出的"一国两制"伟大构想,中国政府和英国政府成功地解决了历史遗留的香港问题,并为解决澳门问题、台湾问题和国际争端提供了成功的范例。

这一年,邓小平的思想极为活跃,全面阐述了建设中国特色社会主义道路的构想,奏响了时代的最强音。

这一年的10月1日,北京天安门广场举行了隆重的庆祝新中国成立 35 周年国庆阅兵和群众游行活动。在游行队伍中，北京大学的学生自发打出了"小平您好"的横幅。

"小平您好"，朴素、亲切的话语，代表了全国人民的心愿，表达了全国人民对邓小平发自内心的爱戴和拥护，表达了对邓小平领导开创的改革开放和现代化建设事业的支持和拥护。

1984 年，是改革开放总设计师邓小平最为忙碌的一年……

第一章　对外开放的指导思想
不是收，而是放

中国人有句俗话：一年之计在于春。

1984年的春天，因为一位80岁的老人，变得与往年大不相同。他为中国大地带来了一片盎然生机，演绎了一部"春天的故事"。这位老人，就是邓小平。

新年刚过，邓小平乘坐的专列悄然驶出北京，开始了他的视察南方之行。陪同邓小平的有中共中央政治局委员王震。

1月24日上午10时，专列到达广州车站时作了短暂停留。中共

1984年1月，邓小平在广州到深圳的专列上听取中共广东省委负责同志的汇报

中央政治局委员杨尚昆,中共广东省委书记、省长梁灵光和广东省委书记、省长刘田夫等人上车看望邓小平。

"办经济特区是我倡议的,中央定的,是不是能够成功,我要来看看"

邓小平为什么选择这个时候到经济特区来?

时任中共广东省委书记、省长的梁灵光回忆说:"那时改革开放刚刚开始,对改革开放有的人赞成,有的人不赞成,风言风语很多,大家觉得压力很大。特别是1982年反走私紧急通知以后,压力更大了。对特区搞得对不对,对搞特殊政策、灵活措施对不对,也有各种各样的议论。所以这次小平同志来,主要是来看一看。因为这个政策是他提出来的,搞得好不好,这个政策行不行,他说我这次是出来看看,是深入到下层来看看。""在我陪着他这个过程中,我们没有详细地交谈,有两次我想找个机会向他汇报一下,但他说,'这次来我主要是看看,不听汇报了'。"

还是让我们把时光先倒回到五年前的1979年1月。

1979年1月初,一份关于香港厂商要求回广州开设工厂的来信摘报送到了邓小平那宽大的办公桌上。邓小平习惯性地点燃一支"熊猫"牌香烟,深深地吸了一口,拿起这份摘报,走到墙壁上悬挂的大比例中国地图前,目光落在毗邻香港、澳门的东南沿海那块地方,凝神良久……

很快,中共广东省委就接到了邓小平在那份来信摘报上的批示:"这种事,我看广东可以放手干。"

曾任中共广东省委副书记的王全国回忆当时情形时说:"经过十一届三中全会,我们感到不改革不行了。邓小平的这个批示,对我们是很大的启示和鼓舞。我们就从广东的实际出发,分析广东的特点,提出广东的改革开放应该先走一步。"

1月6日,广东省革命委员会和交通部联名向国务院又递交了一份报告,提出在广东蛇口一带设立工业区,一方面利用国内较为廉价的土地和劳动力，另一方面便于利用国际上的资金、先进技术和原料。李先念副总理收到报告后，立即与谷牧副总理进行了认真研究，并决定请交通部副部长彭德清、香港招商局副董事长袁庚来北京面商此事。

25天后，时任交通部香港招商局副董事长的袁庚奉命飞赴北京中南海，向李先念和谷牧汇报。李先念听了袁庚的汇报后说："对，现在就是要把香港和内地的优势结合起来，充分利用外资来搞建设。不仅广东要这样搞，福建、上海等地都可以这样搞。"李先念还在袁庚带去的地图上用笔一划，就把包括现在的宝安区到华侨城的七八十平方公里的地方都划了进去，对袁庚说："这个都给你。"袁庚吃了一惊，连连摇手说："我怎敢要这么多。"于是李先念又用红铅笔在地图上轻轻一勾，说："那就给你半个岛吧。"李先念又征求谷牧的意见，谷牧说："你批个原则同意，我去征求有关部门的意见好了。"于是李先念在报告上批示："拟同意。请谷牧同志召集有关同志议一下，就照此办理。"批准的时间是1979年1月31日。

2月2日，谷牧召集国家计委、建委、外贸部、人民银行、财政部、交通部等有关方面负责人商量如何落实李先念的批示。谷牧在会上说："根据小平同志的意见，广东、福建可以更放开一些。先念同志听了交通部的汇报后作了批示。"会议讨论了一些具体问题。

7月20日，蛇口响起了"开山第一炮"。蛇口工业区诞生了。

"办一个特区。过去陕甘宁就是特区嘛。中央没有钱，你们自己去搞，杀出一条血路来"

就在蛇口工业区筹建的过程中，广东省委负责人又提出了一个更大胆的设想。

1979年4月5日至28日，中共中央在北京召开各省、市、自治区党委第一书记及主管经济工作的负责人参加的中央工作会议。会议主要讨论全党工作重点转移后如何解决国民经济比例严重失调的问题。

会议确定了从 1979 年起，用三年的时间对国民经济实行"调整、改革、整顿、提高"的方针。

4 月 8 日，中共广东省委第一书记、省革命委员会主任习仲勋在中南组的发言中提出，广东邻近港、澳，华侨众多，应充分利用这个条件，积极开展对外经济技术交流。这方面，希望中央给点权，让广东先走一步，放手干。在邻近香港、澳门的深圳、珠海、汕头建立出口加工区。福建省委负责人听后也提出要搞。

习仲勋于 1978 年 4 月到广东担任省委第二书记，主持广东省委的日常工作。面对困难重重的经济局面，他开始重点考虑如何解放思想、调动一切积极因素，尽快把经济搞上去。6 月，他主持召开省委常委会议，专门听取省革委会副主任王全国参加谷牧副总理率领的赴西欧五国考察团的情况汇报，并决定召开广东省、广州市处以上干部大会进行传达。6 月 20 日，习仲勋再次主持召开省委常委会，学习中央、国务院领导关于《港澳经济考察报告》等的指示，研究宝安、珠海两县的建设和开展对外加工装配业务问题，提出了有关落实意见。7 月上旬，习仲勋到宝安调研，他看到深圳河两岸反差很大，强烈感受到搞活地方经济的唯一出路在于发展经济，对外开放。经过多次调查、研究、讨论，10 月 23 日，广东省向国务院上报了《关于宝安、珠海两县外贸基地和市政建设规划设想的报告》，提出要在三五年内把宝安地区建成具有相当水平的工农业相结合的出口商品生产基地，并成为吸引港澳游客的游览区，发展对外贸易，巩固祖国南大门。报告还建议将宝安、珠海两县改为地级市。11 月 10 日至 12 月 15 日，中央召开工作会议。习仲勋在中南组分组会议上作了题为《广东的建设如何大干快上》的发言。他提出："希望中央能给广东更大的支持，同时多给地方处理问题的机动余地。如果中央允许我们吸收港澳、华侨资金，从香港引进一批先进设备和技术，购进电力、进口部分饲料，就可以一方面先把国营农场、畜牧场、淡水养殖场等武装起来，作为示范，培养人才，取得经验。凡是来料加工、补偿贸易等方面的经济业务，授权广东决断处理，以减少不必要的层次和手续。"在这次会议上，习仲勋还明确提出了开发海南的新设想。他说，放手开发海南，不能再用移民的办法，最好是国家投资，也可以由海外华侨投一部分资，用以引进先进设备和技术。这一着棋走活了，开发海南问题也就基本解决了。他的这些意见引起了党中央的高度重视。12月11日，中央决定习仲勋任广东省委第一书记，杨尚昆任第二书记。1979年2月14日，国务院批复同意广东省《关于宝安、珠海两县外贸基地和市政建设规划设想的报告》。3月5日，国务院又批复同意宝安、珠海两县改设为深圳、珠海两地级市。

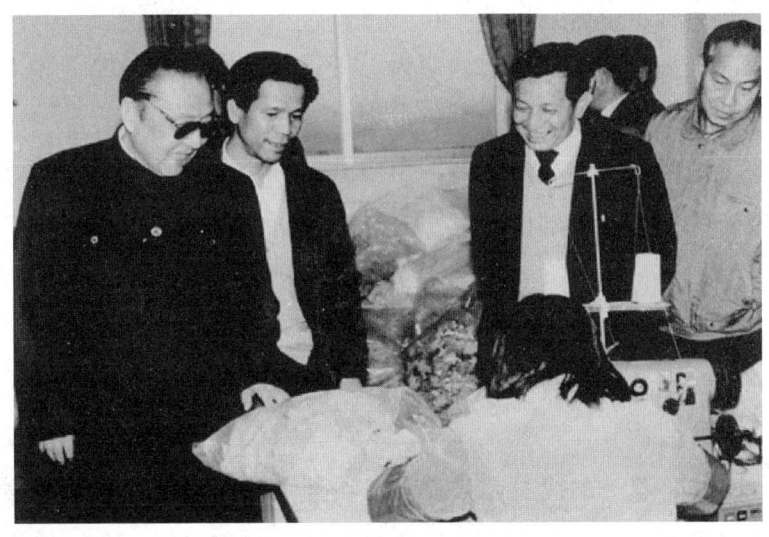

1978—1980年，广东省委第一书记习仲勋主政广东两年八个月，为广东的改革开放事业和特区建设作出了重大的贡献。图为习仲勋（左一）等视察广东南海县玩具厂

4月初，习仲勋来北京参加中央工作会议。4月17日，中共中央政治局召集中央工作会议各组召集人汇报会议，听取了习仲勋等人的汇报。习仲勋在汇报中提出，希望中央下放若干权力，让广东在对外经济活动中有必要的自主权；允许在毗邻港澳的深圳、珠海和重要侨

乡汕头市举办出口加工区等设想。习仲勋说:"我们省委讨论过,这次来开会,希望中央给点权,让广东能够充分利用自己的有利条件在四个现代化建设中先走一步。"中央领导同志问广东要些什么权。习仲勋指出,广东希望中央给个新的体制和政策。邓小平听后插话说:"新加坡吸收外资开厂,利润收入可以拿50%,还有劳务收入、税收。广东、福建有这个条件,实行特殊政策,利用华侨资金、技术,包括设厂,只要不出大杠杠,不几年就可以上去。这样搞不会变成资本主义。因为我们赚的钱不会装到华国锋同志和我们这些人的口袋里,我们是全民所有制。如果广东这样搞,每人收入搞到1000元至2000元,起码不用向中央要钱嘛!广东、福建两省8000万人,等于一个国家,先富起来没有什么坏处。"

在向中央政治局汇报后,当天下午,习仲勋、杨尚昆又带着这个意见来到中南海向邓小平作具体汇报。

关于这次汇报的具体细节,由中共深圳市委宣传部写作组撰写的长篇报告文学《深圳的斯芬克司之谜》作了这样的叙述——

北京,中南海。

这里却十分平静、安然。

镜头:

修剪整齐的绿荫,夹着一条幽静的小路。三个人影在缓缓向我们走来。

走近,我们才看清,其中一位老人是邓小平,旁边的两位,是来自中共广东省委的领导人。

"小平同志,还记得我们是在什么地方认识的吗?"

"记得的。"邓小平稍稍停了下脚步,"在延安嘛,在毛主席的窑洞里。"

"那天好像还是朱老总烧的菜呢——"

第一章　对外开放的指导思想不是收，而是放

"记得，他的四川口味弄得不错。"邓小平似乎很有兴趣。

"那地方我好些年没有去过了——"省委书记似乎有些动感情，"当初那么小小一块边区，没想到就打出这么大一块江山——"

"不过——"邓小平语句有些沉重，"那儿至今还很穷，老边区应当富起来。"忽然，邓小平的脚步停住了，"你们上午的那个汇报不错嘛，在你们广东划出一块地方来，也搞一个特区，怎么样？"

"特区——"广东的两位领导人一下还没有领悟。

"对，办一个特区。过去陕甘宁就是特区嘛。中央没有钱，你们自己去搞，杀出一条血路来。"

尽管这段叙述文学色彩很浓，但有一点是确凿的：邓小平在与广东省委的两位负责同志谈话时，首次提出了兴办特区的思想。

时任广东省委副书记的王全国后来回忆说："中央工作会议期间，习仲勋同志向小平同志汇报，讲到我们广东要搞特殊政策、灵活措施，要求自主权更大一些。小平同志听后就讲：'对，办一个特区。过去陕甘宁就是特区嘛。中央没有钱，你们自己去搞，杀出一条血路来。'这就是当时的原话。"

曾任中共中央政治局常委的李岚清撰文说："邓小平同志倡议并坚决支持办经济特区，是经过深思熟虑的。一是一些国家和地区已有类似的做法，可以作为借鉴；二是在战争年代，我们党领导的根据地例如陕甘宁边区，就是'特区'，实行不同于国民党统治区的政治、经济、文化制度和政策。国外的做法和我国历史上的特殊情况，与新时期将要兴办的经济特区不可同日而语。在社会主义条件下，在坚持党的领导和社会主义制度的前提下，划定一个区域，在对外经济活动中，实行一些特殊政策和灵活措施，作为加快发展社会主义经济的试

验区，是符合中国实际和经济发展客观规律的。后来实践证明，邓小平同志关于办经济特区的决策，是很有远见的。"

中央工作会议期间，邓小平正式向中央提议批准广东、福建两省的要求。经中央工作会议讨论，形成了《关于大力发展对外贸易增加外汇收入的若干问题的规定》，其中有"试办出口特区"一节，决定在深圳、珠海、汕头、厦门试办出口特区。在讨论如何扩大对外贸易的过程中，到会的许多负责同志也认为，在广东省的深圳、珠海、汕头和福建省的厦门试办出口特区，发展出口商品生产，是一项可行的措施。这次中央工作会议还决定，对广东和福建两省要采取特殊政策和灵活的措施，让他们在开展对外贸易、增加外汇收入、加速发展地方经济方面有更广阔的活动余地。"邓小平同志关于兴办特区的倡议，犹如一块巨石击入碧波，迅即引起了积极而强烈的反响。"

中央工作会议结束后不久，1979年5月，谷牧就受中央委托，带领由国务院进出口领导小组办公室、国家计委、外贸部、财政部、国家建委、物资部等部门十多个负责同志组成的工作组，到广东、福建进行调查研究，与当地同志一道，分别就两省经济发展的条件和规划设想进行调查和讨论。经过深入调查，认为深圳、珠海、汕头、厦门具有建立经济特区的诸多便利条件：地处亚热带，气候温和，雨量充沛，物产丰富，风景秀丽，对发展旅游业、住宅业具有较强的吸引力；位于东南沿海，港口良好，厦门有通商的基础，深圳、珠海毗邻港澳，对引进外资和先进技术、扩展对外贸易、获取国际经济信息都非常便利；华侨之乡，对吸引华侨回国办企业、投资、支援祖国建设有着深远的影响。经过反复研究，认为广东、福建两省要把潜在的经济优势发挥出来，必须对经济体制进行改革，改革过分集中的计划经济体制，调动地方的积极性。据此拟订了以下几项重要措施：一、在中央领导下实行经济计划以省为主来安排和实施，省内的企事业单位除铁路、邮电、银行、民航、国防军工以外,全部下放给省管理;二、在对外经济贸易方面,授予两省较多的机动权;三、财政实行大包干,把新增的收益较多地留给地方,增强地方自筹建设资金的能力;四、在深圳、珠海、汕头举办出口特区,吸收外商投资,发展出口商品生产。

在讨论研究的过程中,6月6日、6月9日,广东、福建省委分别写出关于对外经济活动中实行特殊政策和灵活措施的报告,呈送中央。

6月中下旬,中央、国务院就谷牧的汇报和两省的报告进行了讨论,于7月15日以中发〔1979〕50号文件批转了广东、福建的报告,决定广东、福建两省实行"特殊政策、灵活措施",试办出口特区,可先在深圳、珠海两市试办,待取得经验后再考虑汕头、厦门的设置问题。

据李岚清回忆:"50号文件的印制还有一个小插曲。文件的落款日期是7月15日,但此时文件尚未签批完成。实际上,随后的几天,党中央、国务院领导同志在签批的过程中,对文件的标题、内容、发送范围均做了重大修改,直到7月20日才正式发出。这个发出日期,也印在了文件的后面。"

广东、福建两省实行特殊政策、灵活措施,试办出口特区,的确很快取得了显著成绩。但两省的同志认为,出口特区作为改革开放的产物,理所当然要广泛利用外资,引进先进的生产技术,达到发展生产、振兴经济的目的。但仅限于这一点,还不足以承担我国对外开放先行先试的重任。10月31日,在广东省召开的出口特区工作座谈会上,有同志提出应把"出口特区"改为内涵更加丰富的"经济特区",这个名称与中央举办特区的初衷最为贴近。"经济特区"包含两层意思:一、它是中国在经济领域进行多方面改革试验的区域,在对外经济活动中可以实行特殊的经济政策、特殊的经济管理体制和灵活的经济措施，国家将利用经济特区这个"窗口"，加强与世界各地的经济合作与技术交流；二、经济特区将有别于回归祖国后的香港、澳门，它的社会主义基本性质不能也不会改变。

1980年3月，中共中央在广州召开广东、福建两省工作会议，检查中央批示的贯彻情况，进一步研究出口特区的建设问题。会上，主持会议的谷牧采纳了广东省提出的建议，肯定了将"出口特区"改为"经济特区"的想法，并写入这次会议形成的《广东、福建两省工作会议纪要》。5月16日，中共中央以〔1980〕41号文件批转了这一纪要。中央批示指出：一年来的实践证明，中央决定广东、福建两省在对外经济活动中，实行特殊政策和灵活措施是正确的。两省工作有很大进展，成绩是显著的。根据两省的有利条件，党中央和国务院批示：决定在广东省的深圳市、珠海市、汕头市和福建省的厦门市各划出一定范围试办经济特区。经济特区的管理，在坚持四项基本原则和不损害主权的条件下，可以采取与内地不同的体制和政策。由于全国的经济体制还没有作大的改革，广东、福建两省在试行新体制的过程中，出现一些问题是难免的。我们的任务就是要认真、及时地总结经验，研究新情况，解决新问题。中央认为，这次会议总结的经验和提出的措施是可行的，要认真贯彻落实。广东、福建两省进行经济体制改革，不但有利于加快两省经济的发展，而且有利于全国的经济体制改革。文件指出：必须采取既积极又稳妥的方针，抓好特区建设。特区采取与内地不同的管理体制和政策，特区主要是实行市场调节，为了吸引侨商、外商投资，所得税、土地使用费、工资可以略低于港澳。

建立经济特区是中国改革开放事业中的一个重要举措，是一个新的事物，缺乏经验，需要从头摸索。时任国家进出口管理委员会、外国投资委员会副主任兼秘书长的江泽民曾率代表团出国作专题考察，先后到泰国、斯里兰卡、马来西亚、新加坡、菲律宾、墨西哥、爱尔兰等国及香港地区了解当地的出口加工区、自由贸易区、边境经济区的情况，从中汲取可供中国创办经济特区借鉴的有益经验和做法。

5月，中央在总结深圳、珠海两市试办特区的基础上，又明确提出，广东省先集中力量把深圳特区建设好，其次是珠海、汕头两个特区可以进行规划，作好准备，逐步实施。并进一步要求将深圳特区建成兼营工业、商业、农牧业、住宅、旅游等项事业的综合性的经济特区。

8月26日，江泽民受国务院的委托，在第五届全国人大常委会第15次会议上作了在广东、福建两省设置经济特区和《广东省经济特区条例》的几点说明：

经济特区是在社会主义制度下，在特定的地区内，鼓励和利用外国投资，加快经济发展的一种特殊形式。广东、福建两省毗邻港澳和台湾省，港澳台胞和华侨很多，对外资和侨资具有特殊的吸引力，在两省的特定地区设置特区，有其独特的有利条件。

经济特区采取与内地不同的体制和更加开放的政策，充分利用国外的资金和技术，发展工业、农业、畜牧业、养殖业、旅游业、住宅建筑业、高级技术研究制造业和其他行业。由于它比一般"出口加工区"的范围更广一些，是综合性的经济事业，所以定名为"经济特区"。

江泽民的说明，为会议的审议提供了重要的依据。

第五届全国人大常委会第十五次会议审议决定：批准国务院提出的在广东省的深圳、珠海、汕头和福建省的厦门设置经济特区。会议批准了《中华人民共和国广东省经济特区条例》，宣布为发展对外经济合作和技术交流，促进社会主义现代化建设，在广东省深圳、珠海、汕头三市分别划出327.5平方公里、6.81平方公里、1.67平方公里区域，设置经济特区。至此，完成了设置特区的立法程序。

10月9日，邓小平在会见来访的日本松下电器公司最高顾问松下幸之助时说，我们给广东、福建一些特殊条件，在广东靠近香港的地方设立一个经济特区。这对我们来说是一种试验。欢迎各国资本在那里投资设厂，参与那里的竞争。

12月10日，国务院又正式批准设置厦门经济特区，面积为2.5平方公里。

经济特区一建立，就有许多不同意见。有些人有一些疑虑，有些则是大加指责：比如，有人说"特区是国际资产阶级的'飞地'"，"特区是搞香港化，搞资本主义"，"香港市场上'水货'之源"，"走私的主要通道"，甚至还有人把特区比拟为"旧中国上海的'租界'"，等等。个别到深圳特区参观的老同志甚至手捧五星红旗老泪纵横："这里只剩下这面红旗还是红色的了！"

梁灵光回忆说："我到广东的时候，改革开放才开始，那时全国对改革开放，有人赞成有人不赞成，不赞成的不单是有省、市领导，包括中央里也有人赞成，有人不赞成。有一次，我到中央开中央工作会议，会上发了一个参考材料，有篇文章我看了受刺激，感觉不对头，文章的题目是《中国租界的由来》。当时我们正在讨论中央方针政策啊，讨论改革开放啊，弄出了那么一个材料来，我估计可能是当时有人风言风语呀，有争论问题呀，提出深圳是不是新的租界呀，我觉得很有问题。那时候，西部一个省的副省长来广东参观考察，他在广东看了一圈，回到宾馆大哭了一场，他想不通，认为革命革了几十年，现在变了。还有，西南还有一个考察组，到广东来，临走时省委办公厅交代，你们到广东不许一个人外出。特别是1982年中央发出打击经济犯罪的紧急通知以后，广东成了老鼠过街，人人喊打，广东搞改革开放以来有人搞走私，搞投机倒把。

所以那时,对广东改革开放压力很大。特区搞得对不对,搞特殊政策对不对,也有各种议论。"

1981年五六月间,国务院召开了广东、福建两省和经济特区工作会议。会上,针对不少人对试办经济特区存在这样那样的疑虑,甚至有些同志质疑特区会不会变成租界,是不是殖民地等问题,专门强调要解放思想,统一认识。会议认为,这些疑问是没有根据的。我国特区是经济特区,不是政治特区。特区内全面行使我国家主权,这和由不平等条约产生的租界、殖民地在性质上根本不同。两省在对外经济活动中实行特殊政策、灵活措施和试办经济特区,是一项重大的改革,必然会遇到大量复杂的新情况。必须具有敢于试验、敢于创新的革命精神,凡是符合党的路线、方针、政策,对两省和全国的经济高速发展有利的事,就要大胆放手去干。这次会议初步统一了对经济特区的认识,形成了《广东、福建两省和经济特区工作会议纪要》报送中央,后经党中央、国务院同意于1981年7月19日以中发〔1981〕27号文件进行批转。在这个纪要中具体规定了办好经济特区的十条政策措施:一、特区的规划和建设要因地制宜,注重实效,各有侧重地发展;二、海关对特区进口的货物、物品,要给予特殊的关税优惠;三、简化入出境手续,方便人员往来;四、劳动工资制度要进行改革;五、特区市场需要的国内出口商品,可由特区向有关外贸公司提出订货,以外汇结算;六、特区的货币目前以人民币为主,外币限制在指定的范围内使用;七、积极筹措特区建设资金;八、特区的机场、海港、铁路、电讯等企、事业,应允许特区引进外资,由特区自营或与外资合营,自负盈亏;九、为了加速发展特区的各项建设事业,必须制订特区的各项单行法规;十、特区的管理机构,应按照精简、高效的原则设置,并赋予充分的权力,使之能独立自主地处理问题,协调各方面的关系。

邓小平一直关注着经济特区的成长和发展。

经济特区的建设开始后,受到了资金不足的严重困扰。此时又正赶上国家处于国民经济的调整时期,国家拿不出钱来支持特区。邓小平在1980年12月召开的中央工作会议期间,语重心长地对广东省的负责人说:"在广东、福建两省设置几个特区的决定,要继续实行下去。但步骤和办法要服从调整,步子可以走慢一点。要继续在独立自主、自力更生的前提下,执行一系列已定的对外开放的经济政策,并总结经验,加以改进。""走慢一点",是出于对国家经济暂时困难的考虑。但是原定的方针不能变,特区要坚定不移地干下去,这是最根本的。

广东、福建实行特殊政策、灵活措施和试办经济特区后不久,就出现了严重的走私贩私问题,一些干部甚至领导干部不同程度存在走私贩私、贪污受贿等严重的违法犯罪行为,严重地干扰了经济秩序,败坏了党风。1982年1月11日,根据邓小平、陈云的建议,中央决定严厉打击经济领域违法犯罪活动,下发了《紧急通知》,并派习仲勋、余秋里、彭冲、王鹤寿等立即去广东、福建、浙江、云南等走私贩私最为严重的省份,传达中央指示,采取紧急措施。这一通知显然不只是针对广东、福建和经济特区的。但是,有一些人则把走私贩私问题产生的原因归结于对外开放,对广东、福建和深圳特区扣上种种帽子,说什么"资本主义又一次向我们的猖狂进攻",甚至说"广东这样搞下去,不出三个月就得垮台",并提出收回已经下放的这样那样的权力,规定这样那样的限制措施,甚至要求中央取消"特殊政策、灵活措施",停办特区。

"特区要坚决办下去,不能动摇"

在这关键时刻,邓小平说话了。

1982年1月初,中共中央在讨论解决广东、福建等地沿海走私活动猖獗的问题时,邓小平明确指出,不能因为开展反走私、反腐蚀的斗争而动摇对外开放政策的贯彻执行,强调要正确实行对外开放和对内搞活经济的政策，进一步办好特区。

4月3日，邓小平在同胡乔木、邓力群谈话时指出："我们必须有两手，不能只有一手。一手坚持对外开放、对内搞活经济的政策。这一政策的正确性已经得到实践的证明，我们不能有丝毫的动摇。实践证明需要改进的一定要认真改进。另外一手要头脑清醒，提高警惕，长期地、坚持不懈地抓好打击经济领域犯罪活动的斗争。"这一时期，邓小平在不同的场合，从与国内领导同志谈话到会见外宾，从中央政治局会议到中央工作会议，多次谈到要有两手的观点，始终强调"坚持对外开放政策，这个不能变。要变，只能是越变越开放"。4月13日，中央下发了《中共中央、国务院关于打击经济领域中严重犯罪活动的决定》，指出："坚持党的对外实行开放和对内搞活经济的政策，同坚决打击经济领域中的严重犯罪活动是并行不悖的。对外实行开放，对内搞活经济，是我们党根据社会主义现代化建设需要所采取的从实际出发的坚定不移的政策，这一政策决不会由于打击严重破坏经济的犯罪而发生改变和动摇。"

12月20日和31日，原中纪委副书记、中央顾问委员会委员章蕴两次致信胡耀邦、邓小平，对广东和特区的工作基本肯定，提出要继续清除"左"的影响，对行之有效的政策要保持稳定性；1982年以来，广东的上缴任务一再加码，"条条"限制日益增多，特殊、灵活政策措施的余地越来越小。邓小平于12月22日和1983年1月3日两次作出批示："可印发政治局、书记处各同志"，"这个情况应该引起重视，请国务院、财经小组一议"。这充分体现了邓小平对广东、福建两省实行特殊政策、灵活措施的高度重视。1983年的春节期间，邓小平在听取任仲夷关于深圳特区建设情况汇报时指出："要继续办下去。"当他听说深圳蛇口工业区拟聘请外籍人士当企业经理，遭到一些人的责难时，立即拍板道："可以聘请外国人当经理，这不是卖国。"3月，中共中央批准的广东、福建两省座谈会议纪要，进一步指明了特区的发展方向。6月，邓小平又一次指出"特区要坚决办下去，不能动摇"。

就这样，我国的经济特区在邓小平的直接关怀和指导下，从无到有，从一片空白到初具规模，到走向繁荣，为中国经济的腾飞杀出了一条血路。

特区究竟怎么样？中国亿万双眼睛在注视着它，特区人更是关注着特区的命运。

历史的车轮驶向了1984年，邓小平倡导建立的经济特区也已走过了五个年头。也正是在这个关节点上，邓小平第一次亲临特区视察。

"你们讲的我装在脑袋里，我暂不发表意见，因为问题太复杂了，对有些问题要研究研究"

1984年1月24日中午，邓小平在王震、杨尚昆、刘田夫、梁灵光等人陪同下，抵达深圳车站。

早就盼望邓小平光临的深圳人，此时此刻正怀着兴奋和忐忑不安的心情期待着……

此时此刻，初到深圳的邓小平心情一样迫切。在车站到迎宾馆的路上，邓小平按捺不住急切的心情，几次轻轻拨开车窗的纱帘，注视着一掠而过的楼群、工地、人流。

自深圳经济特区建立之日起，邓小平就一直关注着深圳这株改革开放幼苗的成长。一晃五年过去了，深圳究竟是什么样子？成功不成功？对特区的种种指责、怀疑对不对？答案就在眼前了。

邓小平下榻在深圳迎宾馆桂园。

下午3点，邓小平在迎宾馆6号楼会议室，会见深圳市委书记、市长梁湘和市委常委们，听取梁湘的工作汇报。

"开始吧。"邓小平手里拿着全体市委常委的名单说。

这时，梁湘站在特区规划示意图前，首先回顾了深圳的历史。深圳在兴办特区之前是宝安县的一个边陲小镇，"文化大革命"期间，这里的工农业生产遭到了严重的破坏，社员收入很低，人员外流严重。但这是一块有良好自然条件和经济条件的土地。这里的地理位置优越，毗邻香港这个国际经济和海运中心，与港九接壤的海上边界有107公里，陆地边界有27.5公里。这里的交通方便，是我国重要的对外经济活动口岸，素有祖国"南大门"之称。这里地域广阔，全市总面积为2 000多平方公里，可用面积占70％，相当于香港、九龙、新界总面积之和的一倍。这里的物产和水资源丰富，一些经济作物曾远销国际市场。这里是我国通向香港和东南亚地区的交通要冲，是旅客出入境的必然通道和对外贸易转运的集散地和桥梁，是兴办特区的理想之地。

梁湘着重介绍了深圳特区兴办五年来引进外资、基本建设以及改革推进的情况。他说，办特区之后，深圳的情况发生了很大的变化。共与外商签订协议2 378项，协议投资118亿元，还引进了15 000多台（套）设备。几年来特区工农业产值、财政收入增长很快，特别是工业产值，1982年达到3.6亿元，1983年达到7.2亿元。

"那就是一年翻一番喽？"邓小平插话说。

梁湘说："是翻了一番，比办特区前的1978年增长了10倍多。财政收入也比4年前增长了10倍，去年达到3亿多。"

邓小平满意地点点头。

在听到经济特区缺乏专业人才时，邓小平插话说：深圳要办一所大学。这个大学可以吸引华侨投资来办。华侨在这里办大学，由他们聘请国外水平高的教授，从国外购买教学设备，这样可以给我们培养一批人才。

梁湘说："广大群众和港澳同胞以至来过特区参观的外国人士，都异口同声地称赞我们党的十一届三中全会政策好，说没有三中全会制定的对外开放政策，就没有特区，没有今天欣欣向荣的政治、经济局面，这说明中央办特区的决策是完全正确的。"

梁湘对邓小平说:"办特区是党中央和您老人家提倡的,我们深圳人早就盼望您来看看,您看了以后就会放心。""我们觉得,我们取得的成绩是不少的,但问题同样存在不少。尤其是离小平同志对我们的希望相差甚远……"

最后,梁湘请邓小平给深圳的工作作指示。

"你们讲。我听。"邓小平说。接着他又说:"这地方正在发展","你们讲的我装在脑袋里,我暂不发表意见,因为问题太复杂了,对有些问题要研究研究"。

他为什么不表态呢?人们的脑海里出现了一连串的问号。

听完汇报之后,邓小平登上大型旅行车,前往建设工地视察。一辆辆不同型号的载重卡车川流不息,运输着建筑材料,一部部挖掘机、推土机在运作着,一幢幢正在兴建的厂房上空,吊机正在伸开巨臂来回操作,到处都有建设者们的忙碌身影。看到到处呈现出的轰轰烈烈的建设景象,邓小平特别兴奋地向陪同人员问这问那,似乎要把这里的每一项建设成就都记在心中。

1984年1月,邓小平在刘田夫(左一)陪同下和深圳特区领导干部交谈

第一章 对外开放的指导思想不是收，而是放

在参观市容时，看到沿途附近山头秃秃的，邓小平对陪同人员说：好多山头不种树。我们经过韶关时，看到那里的山头也都是这样。荒山、水域，这些都是潜力很大的发展生产的广阔天地。

临近下午5点钟的时候，邓小平来到了正在兴建的罗湖商业区中刚刚竣工开业的国际商业大厦门前，看到很多人从商场里买东西出来，他高兴地向大家招招手，大家也纷纷向他挥手致意。邓小平随后登上了国际商业大厦的楼顶，眺望建设中的罗湖新城区。这时天色已近黄昏，楼顶上寒风呼呼地吹，气温也下降到11摄氏度。邓小平身着深灰色便服，头上也没有戴帽子。陪同人员两次请他披上大衣，他都挥手推掉了。

梁湘汇报说，罗湖城区计划兴建一百多幢高楼，是目前全国高楼最为集中的地方。他指着马路对面正在建设的国际贸易中心大厦说，这幢楼要建到53层高，是国内最高的建筑物。那里的建设者们曾创下三天盖一层楼的"深圳速度"。若干年后，罗湖城区将是特区的商业金融中心。

邓小平顺着国际商业大厦天台的围墙从东面走到北面，又从北面

邓小平在深圳国商大厦楼顶俯瞰建设中的深圳全貌

走到西面和南面。他一会儿远眺，一会儿俯瞰，久久凝视着这些高楼，满意地说："看见了，我都看清楚了。"

梁灵光后来回忆说："在深圳国际商业大厦，他到了大楼楼顶上，看到整个深圳新发展的情况。看到发展得那么迅速，他是比较满意。但是，没有专门做讲话。当时他不大讲话，讲得不多。小平同志有那么个习惯，他当时看什么东西，他不轻易表态。他考虑是很慎重的，没有考虑成熟以前，他都不发表意见。我们当时也理解这个情况。"

"电脑教育要从娃娃抓起"

1月25日上午9时，邓小平一行来到上步工业区中国航空技术进出口服务公司深圳工贸中心的电脑工厂和电脑软件厂参观。

这个公司是一家合资企业，建立于1982年8月，是深圳市首家从事电脑引进开发、推广服务的电脑公司，主要生产微型电脑、电脑软件和电脑外壳等。邓小平一来，就被这里有趣的电脑应用技术表演吸引住了，他兴致勃勃地观看了人和电子计算机下象棋表演，又仔细地听取了企业发展情况的汇报。原定安排15分钟的参观时间，延长到整整40分钟。

这家工厂的副总工程师王兆全向邓小平介绍了他们是如何根据特区的特殊政策，从发达资本主义国家引进先进的电脑技术，然后又是怎样自己制造出功能、质量完全达到先进水平的电脑设备，既少花了外汇又赢得了时间的。邓小平听了高兴地连连点头。

当王兆全汇报到国外对电脑软件的生产如何重视，如何供不应求，而我们中国人多，只要通过引进样机，然后加以学习、消化，是完全有条件大量生产软件，进行智力输出时，邓小平不断点头表示同意。他说："软件占80%，硬件占20%，这就要靠脑子。杨振宁说美国都是十六七岁的娃娃搞软件，好多尖端技术都是娃娃搞出来的。他还建议我们要积极培训青少年哩！"邓小平望望大家，充满信心地说：

"全中国有那么多娃娃、学生,搞软件是完全有条件的。现在不少下象棋、围棋的都是娃娃。电脑教育要从娃娃抓起。"

"经过长期奋斗,全国广大农村都可以达到这样的生活水平"

1月25日10时30分,邓小平来到富甲广东全省农村的深圳河畔的渔民村。听说邓小平要来,村党支部书记吴伯森早早便来到村口等候。看见自己盼望已久的邓小平终于来了,吴伯森高兴得热泪盈眶,立即迎上前扶住邓小平说:"邓伯伯好!欢迎您,欢迎您!"

邓小平参观渔民村渔民新居

渔民村是深圳特区几年来迅速富裕起来的一个先进典型,他们利用与香港新界一河之隔的优越地理条件,依靠党的十一届三中全会以来制定的对外开放、对内搞活经济政策,大力发展养鱼业、运输业和来料加工业。1979年人均收入达1 900多元,居全省农村之冠。1981年,全村户户收入过万元,成为深圳特区第一个万元户村。1982年35户农户全部住进了村里统一新盖的车房一体的双层小楼。1983年又刷新纪录,人均收入达到2 800多元。饮水思源,老支书一再向邓小平表达自己对党中央的感激之情，并高兴地陪同邓小平参观了配有空调设备的文化馆。接着他特意请邓小平到他家做客，邓小平欣然答应。

新春将至，吴伯森的家里一派喜庆景象。陈设精致的厅里，两盆果实累累的金橘，增添了无限欢乐的气氛。1983年2月胡耀邦到吴伯森家里做客时，看到老吴穿着旧唐装，脚踏凉鞋，曾对他说："你也应当穿漂亮一点。"所以今天吴伯森特意穿上崭新的呢大衣，皮鞋也叫老伴给擦得乌黑发亮。

吴伯森同邓小平一起坐在客厅里的沙发上，如数家珍地介绍着家里的冰箱、彩电、洗衣机等新式家电用品，心里异常激动。他说："我们穷苦的渔民能过上今天这样幸福的日子，真是过去做梦也没想到。感谢邓伯伯！是党中央和您为我们制定了好政策！"

邓小平说："应该感谢党中央。"

接着，邓小平又一一地询问吴伯森家里几口人，收入多少。吴伯森告诉他，这个村1983年人均年收入2 800多元，户户是万元户。吴柏森一家平均每人月收入四五百元。

邓小平听后高兴地对随行人员说："比我的工资还高啊！全国农村要过上这样的生活，恐怕还要100年！"他的大女儿邓林插话说："深圳也要那么久吗？"旁边的深圳市委书记梁湘忙对着邓小平说："有您的领导，一定会很快。"邓小平说："那也得要50年。"

走出客厅，邓小平参观了老支书家里的卧室，走进厨房，观看了那全套不锈钢炊具、电子煤气炉以及院子里的各种花卉，并愉快地同老支书一起站在门口，让摄影记者拍照留念。

后来，人们听到邓小平在北京向全世界宣布，要在下世纪中叶，使全中国人民的生活达到中等发达国家的水平，回想邓小平在渔民村说的"要50年"，那不正是2035年吗？显然，这不是偶然的巧合，而是早已在他心中酝酿的一个伟大的战略目标。只不过一向注重实际的邓小平更重视从实际出发,从 1979 年起就开始从理论上、从实践中论证这一伟大战略目标的可行性,从 1983 年江浙之行对小康目标的论证,到后来的南方视察,他无时无刻不在思考着这个宏伟的目标。他曾经说过:"也许我活不到下个世纪,但有责任提出下个世纪的奋斗目标……"

在村口告别时,吴伯森又一次紧握着邓小平的手,再三地感谢党的政策。邓小平说,经过长期奋斗,全国广大农村都可以达到这样的生活水平。

深夜,桂园别墅楼上的灯光还亮着。深圳的许多干部群众还站在宾馆外,远远地望着那扇窗前的灯光。他们在想,邓小平此刻在做什么?是在处理国家事务,还是已经休息?深圳,在他心中是怎样的一个印象?

局外人也许很难理解此刻深圳人的心情。因为明天,邓小平将要去蛇口,据说随后要去珠海,然后经广州回北京。在深圳的这两天时间里,他看了不少地方,但每到一个地方,都是只看不说,如果他对深圳一句话也没说,如果几年来深圳人一切"大胆的尝试"都得不到肯定,结果将如何?深圳人都期待着邓小平能对深圳有个"说法",但直到第二天离开,邓小平一直没有打破这个"沉默"。

"现代化没有年轻人不行,要鼓励年轻人挑起重担,多干工作"

1 月 26 日上午 8 时 30 分,当汽车的马达声响起,邓小平乘坐的小轿车缓缓滑过桂园别墅的林荫道驶向蛇口时,邓小平也许不会想到,他此时留给深圳人的是一串沉重的问号……

一个小时后,车到蛇口,邓小平一行来到濒临深圳湾海滨的招商局蛇口工业区。这里是香港招商局主办的一个新兴工业城,它只有四年多的历史。宽阔的道路,绿树成行,现代化的标准厂房,鳞次栉比,已建成的 47 个独资和合资企业,已有 30 个开工生产。

在工业区办公大楼七楼会议室,工业区董事长、总指挥袁庚向邓小平汇报蛇口工业区的建设情况。他说："1979 年，蛇口是一片荒滩，路面坑坑洼洼，连厕所和洗脸水都没有，如今道路四通八达，厂房林立，一个现代化工业区已初具规模。然而建成这样一个初具规模的现代化工业区，共花去人民币 1.5 亿元。但却没用国家投资一分钱，完全靠自己筹资或贷款解决问题，可见中央的改革开放政策在蛇口确实发挥了巨大威力。"

袁庚谈到这里，觉得邓小平年事已高，听汇报时间不宜过长，便说："再谈 5 分钟结束汇报。"

邓小平说："没关系。"

袁庚又继续讲了 20 多分钟。他说："这几年蛇口工业区冒了点风险，进行了一系列的改革，如人事劳动制度实行了招聘制和合同制，工业区领导班子实行民主选举和企业经理聘用制。除此之外还实行了工资、住房和体制等方面的改革。"他还说："工业区有很大的自主权，办事不需左请示右请示，看准了就可以拍板定案。想当厂长、经理的人也没有什么后门可走，全部实行招聘制，靠本事吃饭，靠群众民主选举产生。"说着，袁庚把 36 岁自学成才的工业区党委副书记乔胜利介绍给邓小平。邓小平高兴地要乔胜利坐到他身旁，问他的学历、年龄、工资收入和生活等情况。他说："现代化没有年轻人不行，要鼓励年轻人挑起重担，多干工作。"

听完汇报，邓小平走到窗前，指着一派繁忙景象的蛇口港码头，问袁庚："码头是什么时候建成的？能停多少吨位的船？"袁庚一一作了回答。邓小平称赞道："你们搞了个港口，很好。"

接着，邓小平参观了蛇口工业区的一家中外合资企业华益铝材厂。在轧制铝薄板的机器前，厂长指着一批包装好的产品说，这是准备发运美国的铝薄板。邓小平听了，走上前去，仔细地看了看木箱上的英文字，又拿起自动冲床刚冲压出来的圆片称赞说："很薄，很光。"

第一章　对外开放的指导思想不是收，而是放

邓小平听取深圳蛇口工业区负责人袁庚（前排左二）介绍情况

结束铝材厂的视察，邓小平一行登上微波山视察微波通讯站，从山顶俯瞰整个蛇口工业区，他还向企业负责人了解了资金和设备引进、产品销路、职工收入和人才培训等情况。

10时30分，袁庚请邓小平到即将在春节期间开业的"海上世界"做客。这是一艘法国建造、戴高乐总统曾乘坐过、后来由中国远洋总公司购进的退役客轮——明华轮改装的海上游乐中心。

登上九层高的明华轮，大家都有点累了，陪同人员劝邓小平到"总统房"休息，可邓小平的精神特别好，在女儿毛毛的陪同下，来到顶层甲板上。邓小平一会儿望望蛇口工业区，一会儿转身远眺碧波荡漾的深圳湾景色，一会儿又移眸伶仃洋海面上的艘艘豪华快艇，脸上不时浮现出舒心的微笑。

在中午的午宴上，邓小平特别高兴，应明华轮主人的请求，邓小平挥毫题写了"海上世界"四个苍劲有力的大字。

邓小平离开"海上世界"时，自发来欢送的人们热烈鼓掌，并以

深情的目光注视着邓小平一行的车队朝蛇口港口驶去。

车上,梁湘问邓小平:"您还有什么指示?"

邓小平说:"没有什么,就是绿化还不够。"

梁湘回答说:"今后我们一定按您的指示,尽快把深圳绿化好。"

1月26日下午2时45分,邓小平结束了对深圳的视察,乘坐海军炮艇朝珠海经济特区驶去。

邓小平满意地离开了深圳。但是,这"满意"是人们从他的笑脸上感觉到的。因为在深圳的这几天里,他自始至终没有说多少话。

"我从来不走回头路"

1月26日下午,邓小平乘炮艇渡过伶仃洋到达珠海,住进了中山温泉宾馆。邓小平要在这里休息三天,然后再到珠海市去看看。

1月27日,邓小平和家人正在宾馆散步。忽然,听到对面的游人向他高喊:"邓伯伯好!""小平同志好!""邓爷爷好!"他马上停了下来。走在最前面的是广州荔湾区宝盛沙地小学的吴慧明一家三口,见邓小平停下来,他们都争着告诉他:"我们是广州来的教师,是来旅游的。"邓小平听后高兴地笑了。

稍后,邓小平在参观宾馆的商场时,又一次与吴老师一家三口邂逅。这一次,吴老师8岁的女儿谭志颖挣开妈妈的手,蹦蹦跳跳地跑到邓小平跟前,立正、鞠躬,然后甜甜地叫道:"邓爷爷好!"

邓小平马上弯下腰,和蔼地与小姑娘交谈起来。小姑娘告诉邓爷爷:"我是广州荔湾少年宫学书法的学生,作品还拿到国外展出过,很想送幅字给邓爷爷。"邓小平认真地问:"你写什么字呢?"小女孩不假思索地说:"我祝您长寿,就写'长寿'两字好吗?"邓小平听后笑着连说:"好,好,好!"

温泉宾馆背靠罗三妹山。28日上午9时,邓小平到山上散步,一直登上山顶,下山时,道路崎岖不平,警卫人员建议原路返回,邓小平斩钉截铁地说:"我从来不走回头路。"说完继续向前走去。

第一章 对外开放的指导思想不是收，而是放

邓小平登上中山温泉宾馆北面的罗三妹山

随后，他在宾馆会见了港澳知名人士霍英东、马万祺和澳门南光公司总经理柯正平等人。

邓小平说："办特区是我倡议的，不晓得成功不成功。"

霍英东说："这政策是对头的。"

邓小平说："看来路子走对了。"

"珠海经济特区好"

1月29日上午，珠海市委书记吴健民和市委的几位负责人如约来到中山温泉宾馆，接邓小平到珠海市参观。

途中，邓小平一边观看市容，一边听取市委负责人的工作汇报。吴健民知道邓小平的耳朵有点背，所以一直是靠在他耳边向他介绍情况。邓小平极少插话，只是仔细地听着。

当吴健民谈到珠海经济特区创办五年间引进的投资项目时，邓小平问："为什么在特区的项目那么少？"

"因为特区的范围划得小，特区投资环境的条件，在建设中只能逐步完善。开始引进的项目，多放在各个公社中去了。"

"嗯……"邓小平听后，仿佛在思索着什么。但他没有发表意见。

车子很快就驶进了拱北，先后经过了拱北工业区、通澳门的口岸、珠海度假村、九洲港口、直升飞机场和南山工业区。邓小平虽然没有下车，但在车上看得很仔细，很认真，有时还向坐在他身边的吴健民了解有关情况。一路上，邓小平看到的是纵横交错的大道，鳞次栉比的高楼大厦、厂房，川流不息的车辆。看到这些，邓小平欣慰地笑了，他对珠海的规划格局表示满意。

不一会儿，车子开到了香洲毛纺厂。年轻的厂长黄国明是珠海人，改革的洪流把他从一名普通的渔家子弟推到了中国第一批补偿贸易型中外合资企业的经营者岗位上。1978年冬，香洲毛纺厂正式签订了中外合作办企业的合同，这是我国步入改革开放历程后第一批中外合资办企业的合同。这个厂从基建到投产前后不到一年。

邓小平参观了该厂的洗毛、混合、梳毛、走锭、纺纱、合股、成件、包装各个工序。

"这些设备是哪里的？"邓小平看得十分认真，边看边向黄国明提问。黄国明按每个工序的运作作了简要的介绍。

"是从联邦德国、瑞士、日本引进的。"

"原料是哪里的？"

"是从澳大利亚进口的。"

"产品销往哪里？"

"全部出口。我们是一家'三来一补'的企业。"

"三来一补",这是中国实行对外开放后出现在工业经济辞典中的一个新名词。尽管这是一种比较低层次的吸引和利用外资的经营模式,但对工业基础几乎是一穷二白的珠海经济特区而言是一个良好的开端。由"三来一补"创造原始积累的财富,继而向自主经营的外向型企业方向发展,香洲毛纺厂"借鸡生蛋",在不到十年的时间里成为由中方独立经营的外向型企业。

在香洲毛纺厂看了20分钟之后,邓小平一行乘车来到了狮山电子厂。这是一家珠海市自行设计、生产收录机、音响的替代进口型企业。见前来接待他的厂长李振是个年轻人,邓小平高兴地同他握手。

接着,李振向邓小平汇报了建厂的情况,他带着邓小平沿着整条作业线,一边走,一边看,一边作详细的介绍。珠海的工业几乎是从一片空白起步的,在这么短的时间里就能生产出自己设计的收录机、音响等电子产品,是一个非常可喜的变化。

临走前,邓小平兴致勃勃地观看了电子厂的产品展出橱柜,认真地听着介绍,然后打量着这位年轻的厂长,问:"你是哪个学校出来的?"

"我是自己学习的。"李振回答说。

邓小平显然没有听清楚,侧耳问身边的人。女儿毛毛说:"他是自学的。"

邓小平笑着说:"是自学成才的啊。好!"

这时,吴健民插话说:"我们大胆使用这批年轻的干部。"

邓小平问李振:"你多大年纪了?"当这位厂长回答"28岁"时,邓小平连声说道:"好!好!年轻人管理工厂好,年轻人办事好!"

10时左右,邓小平到刚刚落成的珠海宾馆休息,宾馆总经理张倩玲领着邓小平一行参观了宾馆。邓小平说:"这里发展旅游的条件比深圳好。"

中午，邓小平在珠海宾馆用午餐。席间，吴健民对邓小平说："中国举办特区，同时充分利用港澳，是难以分开的一个统一的问题。深圳和珠海，感受尤深。这也许算是中国的特色。"邓小平微笑着点点头。突然，他问吴健民是不是大学生。吴健民回答说："我没有上过大学，1956年8月至1957年12月，我曾到中央高级党校学习，与卓琳同志是同一期的同学，我年纪大了，已决定退下来。"邓小平听后略转过头，用慈祥会意的目光望着吴健民，点了点头。

按照接待方案，考虑邓小平第一次到珠海来，机会难得，希望他能给珠海题词，宾馆总经理张倩玲与梁广大商量后特意准备好桌子和笔墨纸砚，摆在邓小平用餐后的休息室里。

当邓小平用完餐，稍事休息后，张倩玲走过来，怀着企盼的心情对邓小平说道："请您给题词留念，好吗？"心情愉悦的邓小平欣然接受，在人们的簇拥下，站起身来往桌子方向走去，他拿起笔蘸了蘸墨汁问道："写什么呢？"只见他沉思片刻，兴致勃勃地挥笔题下了令珠海人民永远难忘的七个大字：珠海经济特区好。

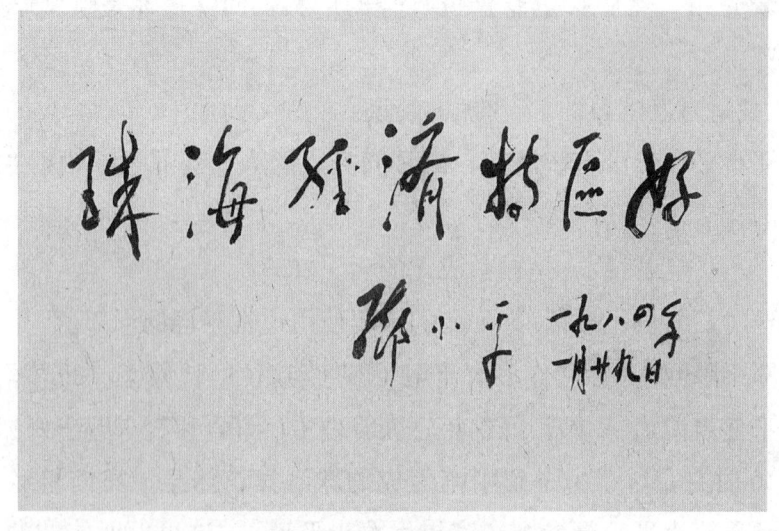

邓小平为珠海经济特区题词

这是他到广东后首次题词赞扬特区。这不由又一次使人们联想到：他在深圳为什么既不明确表态，又不挥笔题词呢？

"深圳的发展和经验证明，我们建立经济特区的政策是正确的"

此时，深圳人的心情当然更为复杂。当深圳人得知邓小平为珠海题词的消息后，才恍然大悟。是啊，深圳这几年究竟怎么样？外面的风声雨声一直不断。能不能也请他给深圳题个词，打个"分"，看"及格""不及格"？于是，深圳市委领导经过商量，决定委派市接待处处长张荣赶往广州，请邓小平题词。

1月29日下午，邓小平乘车离开珠海前往广州，路经顺德时，邓小平下车参观。在清晖园，顺德县委书记欧广源向邓小平简要汇报了三中全会以来顺德市发展商品经济的情况，他说，顺德人养鱼、种蔗、种花，发展商品生产，正逐步富裕起来。

在听取汇报时，邓小平插话说："塘鱼产量高，值钱，各种糠皮可以喂，我在泰国看到很便宜。""日本人一个人有100斤鱼，所以体质好。""山和水能解决大问题，我们的山利用的还可以，水不行。"

到达广州后，邓小平下榻广州珠岛宾馆。

此时，邓小平还不知道，深圳的同志已赶到广州，在等待他的题词。

张荣1月29日接受任务，30日一早赶到广州。他通过有关方面将深圳人的请求向邓小平汇报了。邓小平说：回北京再题吧。

第二天是阴历的大年二十九，深圳人还在焦急地盼望着……

梁湘对纷纷前来问讯的人们说："这说明我们的工作离党中央的要求还有距离。珠海题了，好，应当向别人学习，气不能泄！"

2月1日，时间已到了大年三十，人人都准备过年了。羊城的太阳分外明媚。花城的"花市"已经开了几天了，到处花气袭人。早饭后，邓小平领着外孙在珠岛宾馆内的小花园散步。

邓小平的女儿邓楠看到迟迟不肯回去过年的张荣，想了想说："那，就这样吧，将他一军，我们把纸、笔都准备好了，他一回来，我就同他说。"

邓小平散步回来，看见桌上摆着纸、笔，连墨都研好了，便问："啥子事？"

邓楠把张荣介绍给他："这是深圳来的张荣同志。"

邓小平笑笑说："认识，认识。还没回去过年？"

邓楠说："你没给题词，人家哪有心思过年？！"

邓小平听后笑了笑说："这么严重，还要等着过年？"

于是在沙发上坐下来，问道："你们说，写什么好呢？"

张荣赶忙递上几个准备好的字条：有"深圳特区好"，"总结成绩和经验，把深圳经济特区办得更好"等，邓小平拿起字条念了一下，随手搁到一边。然后拿起笔，在砚中蘸上墨，几无思索就俯下身去，在纸上一字一字地题写：深圳的发展和经验证明，我们建立经济特区的政策是正确的。

邓小平为深圳经济特区题词

题词刚写完,墨迹还未干透,张荣已抑制不住内心的激动和喜悦,赶忙上前将题词折叠起来,匆匆走出一号院。他完全忘记了和邓小平及其家人道别的礼节。

大年三十中午时分,电话铃声急响——广州长途!一直守候在电话旁的副市长邹尔康拿起话筒。

"题了!副市长,题了!"话筒中是深圳接待处长张荣激动的声音。

"题了些什么?喂,你说慢点!"邹尔康说。

张荣说:"好,比我们想象得要好得多。他题的是:'深圳的发展和经验证明,我们建立经济特区的政策是正确的。邓小平。一九八四年一月二十六日。'"

值得说明的是,细心的邓小平在落款时,没有落在广州下笔时的时间,而是把时间稍稍提前了一点,落的是他离开深圳的日子。也就是说,他对深圳的结论是在实地考察时就形成了的。也许,当他踏上深圳土地的第一分钟,就已经在考虑如何评价深圳了。但是,他不说,在心中反复酝酿,最后才一下子倒出来。

深思熟虑,不露声色,而作出的决定往往出乎常人的预料。这,就是邓小平!

1984年春节,凌晨。当欢乐的第一枚爆竹呼啸着在深圳的夜空中炸响时,全城立刻沉浸在一片喜庆和欢乐之中。杜鹃开得格外火红,金橘黄得格外耀眼。许多人见面的第一句话,竟不是"拜年""恭喜",而是兴奋地说:"题了,他题了!"

这个春节,有了邓小平这份厚重的礼物,深圳人过得何等快乐、何等踏实、何等充满喜悦啊!

"就是应当飞出去嘛!就用国际机场这个名字"

2月7日,邓小平在王震的陪同下,从广州乘专列来到了厦门。这一天,是农历的大年初六,人们还沉浸在欢乐的新春佳节的气氛之中。

中共福建省委第一书记项南、福州军区司令员江拥辉、福建省省长胡平、中共厦门市委书记陆自奋、厦门市市长邹尔均等省市党政军领导到车站迎接。

邓小平视察厦门经济特区

邓小平一行下榻在厦门宾馆5号楼。

厦门有"海上花园"之称。厦门春暖花开、阳光明媚,木棉、玫瑰、茶花、蔷薇争芳斗艳,一派生机。

2月8日上午,邓小平和王震在省市有关负责人的陪同下来到已建成投产的东渡港五万吨位码头1号泊位。邓小平身着银灰色中山装,神采奕奕,迈着稳健的步伐朝驳岸走去。他关心地询问工程负责人:"工程进展好吗?"

工程负责人答道:"首期四个泊位已经建成,现在正抓紧储运仓库和港区道路建设。"

"好!好!"邓小平连声说道。

接着,他又了解了泊位的堆场建设情况,当他听说1号泊位已由杂货码头改为集装箱码头时,赞许地说:"要得,这一步有远见嘛。"

工人们正在安装集装箱装卸桥吊。邓小平几次手搭凉棚仰首观看,频频挥手向工人们致意。当他向2号、3号泊位走去时,看到数台10吨级龙门一字排开,他微笑着对身旁的有关领导说:"就是要按现代化港口标准来建设。"当他得知这样规模的岸式杂货码头当时是国内最大时,脸上露出喜悦的神情。他对前来陪同的有关负责人说:"发展经济特区,一定要基础设施先行。"

当邓小平同港区的同志们挥手道别时,他深情地望了望东渡港区,嘱咐大家:"形势很好呀,希望你们扎实干,干得更好些。"

离开东渡港,邓小平登上了"鹭江"号游艇,项南坐在他身边。邓小平一边游览海上风光,一边听取项南汇报工作。

项南把一张厦门市区图在邓小平的面前摊开,指着地图对邓小平说:"小平同志,厦门特区现在实际上只有2.5平方公里,应当扩大到全岛131平方公里。"

"为什么?"邓小平问。

项南回答说:"2.5平方公里面积实在太小了,太束缚手脚了,即使很快全部建成也没有多大意思。"

邓小平一边听汇报一边看着地图,听项南汇报到这里,他扭头看了看身边的王震,问道:"你说行不行?"

王震说:"我完全同意。"

邓小平肯定地说:"我看可以,这没得啥子问题嘛。"

在场的省市负责人听了这番话,都露出了会心的微笑。

接着,项南又说:厦门岛四面是海,是天然的隔离带。厦门全岛建成特区,这对开展对台工作也有利。厦门离金门最近的距离只有1 000多米,一开放,再搞一个落地签证,"三通"不就也通了。所以厦门工作做好了,对将来祖国统一也有利。

1984年2月,邓小平乘"鹭江号"游艇考察厦门,并听取中共福建省委第一书记项南的汇报。当项南提出应当把厦门经济特区扩大到全岛时,邓小平看着厦门的地图说:"我看可以,这没得啥子问题嘛。"

听到这里,邓小平赞许地点着头说:"对了,就是应该这样考虑问题嘛。"

项南又说:"现在台胞到大陆,都不是直来直去,而要从香港或日本绕道来,这太麻烦了。如果把厦门特区变成自由港,这对海峡两岸人民的交往会起很大的促进作用。"

王震插话说:"应该考虑这个问题。"

邓小平说:"可以考虑。自由港实行哪些政策?"

项南回答说:"可以参考香港的做法,一是货物自由进出,二是人员自由往来,三是货币自由兑换。"

邓小平听后,静静地抽着烟,望着窗外的大海,仔细地思考了一会儿,说:"前两条还可以,可后一条不容易,但没关系,在这个问题没解决之前,可以实行自由港的某些政策。"

在游艇上,项南建议把正在建设的厦门机场改称厦门国际机场。

邓小平问:"为什么要叫国际机场?"

项南说:"搞经济特区,就应该与海外建立更为广泛的联系。建厦门机场就是为了飞日本、新加坡和东南亚一些国家和地区以及美国，将来还可以飞台湾，叫国际机场有利于对外开放。"

邓小平对项南的考虑极表赞同地说："就是应当飞出去嘛！就用国际机场这个名字。"

2月9日上午，邓小平到厦门大学视察。厦门大学的校、系、部门的负责人、著名教授、先进工作者和学生代表200多人怀着激动喜悦的心情，早早地汇集在建南大礼堂。9时左右，邓小平乘坐的中巴驶入厦大的校园，师生们以热烈的掌声欢迎邓小平的到来。厦大的几位负责人迎上前去，邓小平亲切地同他们一边握手一边说："同志们好！"他在师生的簇拥下走到礼堂前，与他们合影留念。其他没有参加会见的学生们闻讯也赶来了，邓小平频频向他们招手致意，并连连说："同学们好！同学们好！"学生们兴奋得直鼓掌。

怀着对这座著名海滨学府的美好印象，邓小平又匆匆地前往正在建设中的湖里工业区。

"把经济特区办得更快些更好些"

厦门的湖里工业区，就是中央批准的厦门经济特区，邓小平来到这里，看到的还是一个大工地。虽说到1983年底已经基本上完成了"四通一平"的基础设施建设，但举目望去，除了特区管委会办公综合楼外，区内的建筑物只有一座印华地砖厂的厂房和两座通用厂房，印华地砖厂也未正式投产。刚从深圳过来的邓小平，明显感到厦门经济特区与深圳经济特区的差距。

当时的厦门市市长邹尔均后来回忆说："中央是1980年批准办特区的，但湖里到1981年还是一片荒地，没有动工。那时我们心里很着急。因为深圳、珠海进展都很快，而我们还在同土打交道，解决基础设施问题。"

时任市委书记陆自奋也说："厦门真正动起来，是在1982年以后，这样在时间上差距就比较大。小平同志就是在这样的一个情况下到了厦门。"

在特区管委会接待室，邓小平站在厦门特区远景规划模型旁边，一边认真听取厦门市市长兼特区管委会主任邹尔均关于厦门特区建设情况的汇报和讲解，一边陷入了沉思。厦门是我国天然良港和东南门户，与台湾隔海相望，与金门近在咫尺，具有独特的区位和人文优势。厦门经济特区的发展，对发展我国东南沿海地区的经济，对发展海峡两岸关系、促进祖国统一将发挥不可替代的重要作用。厦门经济特区必须上得快一些，应当办得好一些。

邹尔均后来回忆说："小平同志1984年来的时候，我向他汇报说，我们比较慢，我们现在才抓这些事情。他就讲了一句话，对头。"

"当时最苦恼的就是两个问题。一是特区太小，只有2.5平方公里，一眼就望穿了，要求扩大到全岛；二是在经济特区方面，赋予自由港政策。当时我向小平同志汇报时，他点头微笑不答复。后来，他告诉我一句话就是：'你的要求，我转告第一线的领导同志，让他们去作决定。'"

汇报结束后，当邹尔均市长拿出笔墨请小平同志题词时，他欣然应允，邓小平拿起笔来，稍作思考，在铺开的宣纸上满怀期望地写下了"把经济特区办得更快些更好些"的题词。在场的各级领导干部都在琢磨着题词的内涵。题词在报纸上刊登后，在特区的建设者们的心中理解更不尽相同。厦门特区建设的领导者们深感厦门特区的建设步伐和深圳、珠海特区的差距，对广大建设者们来说无疑是激发起了追赶的激情。

当天，邓小平还视察了厦门国际机场和陈嘉庚先生生前倾资创办的集美学校。

在集美学校，邓小平怀着对被毛泽东同志誉为"华侨旗帜，民族光辉"的陈嘉庚先生的敬意，先后参观了集美鳌园、陈嘉庚故居和归来园，并在归来堂听取集美校委会负责人关于集美学村发展过程和今

第一章 对外开放的指导思想不是收，而是放

邓小平为厦门经济特区题词

后规划的汇报。邓小平赞扬广大华侨支持祖国四化建设的爱国爱乡精神，并指示有关领导要进一步贯彻好任务政策。邓小平说：陈嘉庚是个爱国华侨。福建华侨多，进出都经过厦门。改革开放后，侨务工作很重要。厦门要加强侨务工作，进一步贯彻好侨务政策。在厦门市委负责人汇报厦门落实华侨房屋政策的任务很艰巨时，邓小平指出：华侨的房子，要承认他们的所有权，然后分期交还。邓小平还亲切地接见了居住在厦门的台湾同胞和归国华侨代表。

在厦门的几天里，邓小平每天都外出视察。没有外出时，就在下榻的宾馆接见党政军领导干部、民主党派代表、台胞代表、华侨人士和港澳人士。在同原台湾成功大学教授、1981年回大陆定居的厦大物理系沈持衡交谈时，邓小平还详细询问了他的生活和工作情况。

2月10日，邓小平一行结束视察工作，将要离开厦门。临走之前的计划是在厦门种下几棵树。

想不到前一天还是阳光灿烂，当天一大早雨却下个不停。省、市

1984年2月,邓小平向厦门的台湾同胞祝贺春节

负责人建议取消这一活动。可邓小平——这位全民义务植树的倡导者却坚定地说:"下这点小雨怕什么,上山吧!"

大约10点来钟,邓小平和王震乘车来到万岩公园后山上。他们一下车,就冒着绵绵细雨,踩着泥泞的草地,步入植树区,抡起铁锨干了起来。邓小平种下了一棵大叶樟,项南说这是一种千年树、南国佳木。王震则选择了一棵南洋杉,他说这也是一种千年树,也是南国佳木。不多久,邓小平、王震和省市负责人种了12棵樟树和南洋杉。

临近中午,雨又沙沙地下大了起来,邓小平望着灰蒙蒙的天空说:"这棵树这一下保活了。"种完了树,邓小平的鞋子还沾着泥巴,就同王震等人一起,直接到火车站,登上了北去的专列。

"现在看,开放政策不是收的问题,而是开放得还不够。上海要搞十个大饭店,也可以让国外海外的人独资搞,包括建筑材料也从国外进口"

2月11日下午,邓小平抵达上海,住在西郊宾馆。

这是改革开放以来邓小平第三次到上海。

第一次是 1979 年的 7 月中旬，邓小平在安徽大谈农村改革后来到了上海。邓小平住进了一所当时全国最大的花园别墅——上海"414"招待所。

这个招待所位于上海西郊长宁区一个僻静的花园地带。这儿围墙高耸，戒备森严，它是作为中共上海市委、市政府的直属招待所，历来只接待党和国家的最高领导人。然而，自 1967 年毛泽东最后一次住进这儿后，这座偌大的别墅整整空关了十年。

邓小平住进"414"的一号楼。他每天早上都要到花园散步。几天下来，他走遍了这座院落的每个角落。他在思考着一个问题。一天，邓小平在散步时，把市委招待处处长叫到面前，把几天来他的想法亮了出来。他指了指"414"的院子，说："这么大的房子，这么大的花园，管理它要花多少钱哟?! 专门为我们几个大老爷……一年又能住几天？""这么一块美景如画的黄金宝地，我看应该对外开放！让外国人来住，收了外汇，支援四化建设……"以后的几天中，邓小平早晨散步时，就帮助陪同的市委招待处处长规划"414"对外开放后的蓝图。7 月 24 日下午，邓小平会见了上海市委全体常委。谈话中，邓小平说："我这次来'414'住了十来天，天天都在谈生意经。这么大的花园别墅，给外国人住，可以收外汇嘛。"最后，邓小平明确地指示："我给你们半年时间准备。半年以后，'414'就对外开放！"开放"414"?! 在场的市委常委们露出了始而惊、继而喜的神色。

邓小平打开"414"大门的消息很快传到北京，传到全国，引起了连锁反应。不久，各地类似的花园别墅也先后对外开放。

"414"开放以后，接待的第一批国外客人是美国的林德普雷顿豪华旅游团。之后，还先后接待了英国女王伊丽莎白二世、苏联总统戈尔巴乔夫、日本天皇等国家元首。

"414"开放的意义,不仅仅局限于经济效益。最重要的,它使刚刚制定不久的开放政策在上海人民心中扎下了根,使世界各国看到了中国实行对外开放的决心。

第二次是1983年2月18日,邓小平从浙江杭州返京时路过上海,做了短暂的停留。2月21日上午,邓小平在中共上海市委第二书记胡立教、市长汪道涵、副市长杨堤等人的陪同下,走进了位于静安区胶州路的农贸市场。

这个市场建于1979年10月15日,地处静安寺闹市区附近。市场全长150米,场地使用面积达545.92平方米,设有摊位50—60个。市场两边是居民,还有3个国营和集体单位。对于这个城市经济改革中出现的个体经济、集市贸易,国内外都表示了极大的兴趣和关注。不少外国记者和代表团都来这里参观过。

邓小平下车后,首先到市场口的水果摊看了看,随后走进了待业青年办的知青合作社。

他问里面的工作人员:"你们是属于什么性质的?"

工作人员回答说:"我们属于街道办的知青合作社。"

接着,邓小平来到个体户刘洪珍的摊位前,他问刘洪珍:"鲫鱼多少钱一斤?"

刘洪珍回答说:"2.8元一斤。"

邓小平又问旁边的一个个体户陈治玲:"这是什么?"

陈治玲说:"是明夫。"

随行人员向邓小平解释了明夫的产地。

邓小平又看了几个摊位,最后来到了个体户姜安如的摊位前,指着冬笋问:"多少钱一斤?"

姜安如答:"7角一斤"。

姜安如抬头一看是邓小平,激动地连连拍手叫了起来:"邓伯伯、邓伯伯,你好!"

邓小平回答说："你好！"

离开市场，邓小平又前往上海市虹口区的曲阳新村视察。

面包车驶进新村，在新村的菜市场门口停了下来。邓小平从车里走了出来，径直走进曲阳菜场。

这时，早市已过，一些柜台仍在营业。

"是国营的吗？"邓小平问。

"这是知青办的合作菜场。"有人答。

邓小平向青年营业员们点头致意，详细询问摊位上各种蔬菜、鱼、肉等的价格，并说："知青办得好嘛。"

接着，一行人来到一家新建的百货商场。这也是一家知青办的合作企业。邓小平仔细地观看了橱窗里和货架上陈列的商品，关切地询问："居民需要的东西都有得卖吗？"营业员说："居民日常生活用品都有供应。"邓小平满意地点点头。

正在采购东西的市民认出了邓小平，蜂拥围拢过来，向邓小平问好。邓小平向这些居民连声问："新村的文明设施跟上了没有？""这里的住宅是哪一位工程师设计的？"

邓小平走进曲阳酒家。身边的杨堤告诉他："这是川扬帮的菜。"

"川扬菜好嘛！"邓小平话音一落，人群中发出了一阵阵笑声。

这时有两位年过半百的老人挤出人群，操着四川口音，激动地说："楼上还有，请邓副主席到楼上看看。"

酒店的经理向邓小平介绍说："这两位是酒家聘请来的老师傅。"

邓小平登上二楼，用家乡口音同两位老乡亲切交谈，称赞这个酒家办得不错，并鼓励青年人好好干。

……

这一次是邓小平五年中第三次来到上海。

1984年2月14日，邓小平和王震、陈丕显等听取上海市委负责人陈国栋、胡立教、杨堤、阮崇武等的汇报。陈丕显当时担任中共中央书记处书记、中共中央政法委员会书记、全国人大常委会副委员长。

1984年2月14日，邓小平听取上海市委主要负责同志的工作汇报

邓小平说："我这次看了几个经济特区，看了几个饭店。中山温泉宾馆是霍英东独资经营的，每年赚2000万元，几年后产权归我们。像这样的事，你们也可以搞嘛！现在看，开放政策不是收的问题，而是开放得还不够。上海要搞十个大饭店，也可以让国外海外的人独资搞，包括建筑材料也从国外进口。旅馆可以利用外资。你们要加快速度，条件可以放宽一些。"

在谈到汽车工业的发展时，邓小平说："要搞一个汽车设计研究机构，经常改改样子，搞得新一些、怪一些也可以。"在谈到建筑体制问题时指出："现在我们的建筑体制，特别是住宅的建设，住房商品化，一下子还改不过来。我们的建筑施工速度慢得很，像蜗牛爬。深圳蛇口因为采取责任制，建筑速度快，几天一层楼。建筑队伍还是那些人，只是办法改了一下，我们的一些制度要改，吃大锅饭不行。"

在谈到财政问题时,邓小平指出:"现在一个大问题是中央财政收入少,大项目上不去。要恢复到中央掌握70%,地方30%。方针已经定了,说是三年做到,可不可以两年就搞成?这个问题解决了,一些大项目就可以上得快一点,也可以给你们上海解决一些问题。这是历年来的一个矛盾,我做总书记时就是这样办的,要把地方的钱收一些上来。"

在谈到上海的人才情况时,邓小平说:"现代化和干部年轻化相关,没有年轻人不行。"

"宝钢二期必须上,不要等'七五',今年就上"

在上海,邓小平还特别谈到了宝钢建设,他说:"宝钢二期必须上,不要等'七五',今年就上。不上是个浪费,要争取时间。中国借二三百亿美元的外汇不会有什么问题,还得起。"

2月15日,9时30分,一辆乳白色的面包车徐徐驶进宝山宾馆。邓小平在王震和中共上海市委第一书记陈国栋、第二书记胡立教等负责人的陪同下,健步走下车来。冶金部副部长、宝钢工程总指挥黎明以及宝钢总厂的领导迎上前去,邓小平同他们一一握手。

在休息室里,黎明首先向邓小平汇报了宝钢一期工程的进展情况,同时,简要汇报了宝钢二期工程前期准备的情况。他说,已做了大量工作,需要抓紧时间尽快决策。

这时,陈国栋插话说:"看来宝钢二期非上不可。"

"宝钢二期上是肯定要上,问题是什么时候上。"邓小平说。

接着,邓小平向在座的宝钢工程指挥部和宝钢总厂的主要负责人详细询问:如果决定立即上宝钢二期工程,哪一年可以干完?1984年、1985年两年行不行?每年要多少投资?投资高峰在哪一年?

宝钢的同志一一作了回答。

听了宝钢同志的汇报,邓小平心里有底了。他说:"原来国家计委考虑宝钢二期工程在'七五'期间上,如果1985年只要2亿元,还要上得快一些，不要耽误时间。"

王震也接着说："对，还是要争取时间。"

邓小平在详细听取了宝钢同志的汇报后，十分高兴地为宝钢集团亲笔题词"掌握新技术，要善于学习，更要善于创新"，并和宝钢工程指挥部、宝钢总厂的主要领导干部及劳动模范代表合影留念。

邓小平为宝钢集团题词

随后，邓小平在黎明等人的陪同下兴致盎然地驱车视察了宝钢纵横13平方公里的厂区。在延伸到江中1 600米的宝钢主原料码头上，邓小平眺望着滚滚东流的浩瀚江水，关切地询问了码头水深、航道疏浚，以及能停泊几万吨级的货轮等情况，并饶有兴致地观看了卸船机的高效率工作。邓小平边看边与陪同的宝钢领导同志交谈说："我们要把日本的技术都学过来。"

在高炉工地，邓小平指着从日本引进的4 063立方米大高炉，详细询问目前世界上最大的高炉是多少立方米，在哪个国家。他还关切地询问在场施工的职工是哪个省市、哪个建筑公司的。当听说承建高炉的是冶金部第十九冶金建设公司、许多职工是四川人时，邓小平慈祥地笑了,并亲切地说:"是我们家乡的,同志们辛苦了。"邓小平亲切的乡音博得了工人们经久不息的热烈掌声。他还频频招手向广大建设者们致意。

在宝钢自备电厂视察时,邓小平登上了12米高的中央控制室,通过电视屏幕图像观看了两台35万千瓦发电机组的正常运转情况。他询问这两台机组发的电,宝钢自身够不够用。当他了解到电厂年发电量是49亿度,宝钢每年自用只需36亿度,多余的电都输入华东电网时,他非常满意地点了点头。

在观看电子计算机自动控制的仪表时,邓小平询问正在操作电子计算机的职工是什么文化程度。陪同的电厂厂长当场介绍说几位上岗操作的同志都是大专毕业。邓小平微笑着说:"掌握电子计算机的应该是大学生。"

邓小平一行还参观了微电子技术及其应用汇报展览。在参观时,

邓小平观看中小学生计算机编程

曾在上海市少年计算机程序设计竞赛中获一等奖的初中学生李劲和小学生丛霖，用自己编制的程序，在电子计算机上为邓小平、王震等表演了机器人唱歌、眨眼睛、下棋。邓小平问了两个孩子的年龄，对在场的上海市干部说："计算机的普及要从娃娃做起。"

2月17日，邓小平乘专列回到北京。

"除现在的特区之外，可以考虑再开放几个港口城市，如大连、青岛。这些地方不叫特区，但可以实行特区的某些政策。我们还要开发海南岛"

回到北京之后，2月24日，邓小平同中央几位领导同志座谈，商议关于办好经济特区和增加对外开放城市的问题。

邓小平在谈话的一开始，就谈了他这次到广东、福建三个经济特区的感受，他说最近他专门到广东、福建，跑了三个经济特区，有了点感性认识。"我们建立经济特区，实行开放政策，有个指导思想要明确，就是不是收，而是放。""特区是个窗口，是技术的窗口，管理的窗口，知识的窗口，也是对外政策的窗口。从特区可以引进技术，获得知识，学到管理，管理也是知识。特区成为开放的基地，不仅在经济方面、培养人才方面使我们得到好处，而且会扩大我国的对外影响。听说深圳治安比过去好了，跑到香港的人开始回来，原因之一是就业多，收入增加了，物质条件也好多了，可见精神文明说到底是从物质文明来的嘛！"

邓小平说："厦门特区地方划得太小，要把整个厦门岛搞成特区。这样就能吸收大批华侨资金、港台资金，许多外国人也会来投资，而且可以把周围地区带动起来，使整个福建省的经济活跃起来。厦门特区不叫自由港，但可以实行自由港的某些政策，这在国际上是有先例的。只要资金可以自由出入，外商就会来投资。我看这不会失败，肯定益处很大。"

邓小平提出："除现在的特区之外，可以考虑再开放几个港口城市，如大连、青岛。这些地方不叫特区，但可以实行特区的某些政策。我们还要开发海南岛，如果能把海南岛的经济迅速发展起来，那就是很大的胜利。"

邓小平还说道："中国发展经济从何着手？有位日本朋友提了两点建议。第一点，先把交通、通讯搞起来，这是经济发展的起点。第二点，实行高收入高消费的政策。后面这一点，我们国家情况有所不同，现在全国没有条件实行高收入高消费的政策。但如果将来沿海地区搞好了，经济发展了，有了条件，收入就可以高一点，消费就可以增加一点，这是合乎发展规律的。要让一部分地方先富裕起来，搞平均主义不行。这是个大政策，大家要考虑。"

邓小平的这次谈话，对统一全党思想，坚定对外开放的信心，起了十分重要的历史性作用。

根据邓小平这次谈话精神，3月24日至4月6日，中共中央书记处和国务院在北京召开了沿海部分城市座谈会，参加会议的有上海、天津、山东、江苏、浙江、辽宁、福建、广东、广西等省、区、市和有关省辖市及经济特区的负责同志，还有党中央、国务院、中央军委40多个部门的负责同志。会议由谷牧主持。他首先传达了邓小平2月24日关于特区工作和扩大对外开放一批沿海城市的重要谈话。然后参会的各负责同志进行了热烈的讨论。大家反应强烈，既谈了本地的打算，又向中央提出了一些意见和建议。例如，关于开发区的名称问题，开始准备叫"经济开发区"，讨论中大家提出开发区不仅是创造一个吸收外资、加速经济发展的"小环境"，而且要强调引进先进技术，建议叫"经济技术开发区"，后来这个建议被采纳了。

关于开放哪些沿海港口城市，虽然在2月24日邓小平与中央几位领导同志谈话时已商定了初步意见，然而在会议进行中，江苏省省长顾秀莲闻讯赶到北京，经她提议并报请国务院领导同意，又增列了江苏的南通和连云港。广东、福建的同志也提出，为何没有我们两省的沿海城市？当时并不是忽略，而是因为这两个省已实行特殊政策、灵活措施，实际上已经开放。经过讨论研究，也吸收了他们的意见，列入了广州、湛江和福州三个城市。后来又有人建议增加秦皇岛，中央领导同志研究后也同意了这一意见。这样最后一共提出了开放沿海14个城市。

会议结束的当天下午，邓小平、李先念等中央领导同志特地来到中南海怀仁堂同与会者见面，并在怀仁堂后园的草地上与大家合影留念。

邓小平看到大家，高兴地说："特区的队伍已经这样大了啊！"他转身对在场的领导同志说："搞这个开放啊，关键是每一个地方的人，什么人领导，是一个明白人，还是个糊涂人，有没有劲头的人……要选明白人当家。这是很重要的一条。"

在会见沿海部分城市座谈会代表后，邓小平与其他中央领导看当天《人民日报》刊登的《蒸蒸日上的深圳经济特区》专版

会议一共开了12天。

这次会议建议：进一步开放大连、秦皇岛、天津、烟台、青岛、

连云港、南通、上海、宁波、温州、福州、广州、湛江、北海 14 个沿海港口城市。

4 月 23 日,谷牧向陈云汇报了讨论开放沿海城市的情况和地方与部门一些同志的反映。陈云完全赞同开放沿海港口城市,并且强调在实施中要不断总结经验。随后,中央政治局正式讨论通过了《沿海部分城市座谈会纪要》(以下简称《纪要》)。5 月 4 日以中发〔1984〕13 号文件批转全国。中共中央、国务院在批转这次座谈会的《纪要》的通知中强调:"邓小平同志 2 月 24 日关于对外开放和特区工作的重要谈话,以及沿海部分城市座谈会就此提出的贯彻落实的意见,是发挥沿海大中港口城市的优势,开创利用外资、引进先进技术的新局面,加速社会主义现代化建设的一个重要步骤,是关系到争取时间,较快地克服经济、技术和管理落后状况,实现党的十二大确定的奋斗目标的一项大政策。""我国在新的历史时期实行对外开放政策,有一个逐步发展的过程。沿海港口城市由于其地理位置、经济基础、经营管理和技术水平等条件较好,势必要先走一步。这些沿海城市在利用资金、技术和市场时,应当首先抓好老企业的技术改造,上一批投资少、周转快、收益好的中小型项目。这样做可以更多更快地积蓄力量,既在财力、物力、人才方面支援全国,又在内外交流过程中总结经验向内地推广。"

《纪要》规定在扩大地方权限和给予外商投资者若干优惠方面实行以下政策:

1. 放宽利用外资建设项目审批权限。上海、天津两市的生产性项目对每个项目总投资的审批权限放宽到 3 000 万美元以下,大连放宽到 1 000 万美元以下,其他 11 个沿海港口城市放宽到 500 万美元以下。

2. 增加外汇使用额度和外汇贷款。外汇使用额度在今后几年内上海定为每年 3 亿美元,天津 2 亿美元,大连增至 1 亿美元,其他几个市也要增加一定额度。有的还要适当增加些中国银行贷款。

3. 积极支持利用外资、引进先进技术改造老企业。

4. 对中外合资、合作经营企业和外商独资企业，给以若干优惠待遇。

5. 逐步兴办经济技术开发区。这几个城市，有些可以划定一个有明确地域界限的区域，兴办新的经济技术开发区。经济技术开发区要大力引进我国急需的先进技术，集中地举办中外合资、合作、外商独资企业和中外合作的科研机构，发展合作生产、合作研究设计，开发新技术，研制高档产品，增加出口收汇，向内地提供新型材料和关键零部件，传播新工艺、新技术和科学的管理经验。有的经济技术开发区，还要发展为国际转口贸易的基地。经济技术开发区内，利用外资项目的审批权限，可以进一步放宽，大体上比照经济特区的规定执行。

6. 大力发展进料加工出口。

7. 调整几个城市的开放类别。

8. 加强基础设施建设。

9. 加强对利用外资的计划指导。

10. 在改革方面应当走在前头。

《纪要》最后还提出大连市在某些具体政策方面可以更开放些，因为大连是东北三省的主要港口城市，从充分发挥东北老工业基地的作用出发，也考虑到我们利用日本资金和技术的需要，以及通过"大陆桥"对苏联、欧洲发展转口贸易的需要。

会后，各开放城市迅速行动起来。

"开发区大有希望"

当时参加这次座谈会的天津市市长李瑞环回去后即向市委作了汇报。市委立即召开干部大会作了传达贯彻。大家衷心拥护邓小平对外开放的新战略，认真贯彻党中央、国务院关于兴办经济技术开发区的有关政策和规定，经过紧锣密鼓的研究规划，决定在塘沽海滨废弃的盐田和一片盐碱地上开始筹建天津经济技术开发区。

10月15日，在大窑湾畔马桥子村的一片茫茫沙地上，大连经济技术开发区也破土动工了，而且发展之快出乎人们的意料。

时任大连市委第二书记、开发区建设领导小组组长的崔荣汉后来回忆说："因为大连有准备，早就提前选好地点了。万里、李鹏他们几位来了以后，一看到马桥，觉得这个地方非常好。当时我们要5平方公里，现在搞到有50个平方公里。"

邓小平非常关心沿海城市对外开放的落实情况。

1985年1月4日，邓小平约见谷牧。在听了谷牧关于14个沿海港口城市实行进一步开放以来8个月的主要进展情况汇报后说："看起来大有希望。"1986年8月，邓小平到天津视察工作。8月19日晚上，邓小平在天津迎宾馆对李瑞环说："我这次来天津，要看看你们的开发区，看看市容，还要到港口看一看。"

1986年，邓小平在天津市市长李瑞环陪同下视察天津

在天津经济技术开发区，邓小平详细听取了开发区管委会的汇报。得知在这么短的时间内经济技术开发区取得很大的成绩后，邓小

平高兴地说:"天津开发区很好嘛,已经创出了牌子,投资环境有所改善,外国人到这里投资就比较放心了。"他还对在场的中外人士说:"对外开放还是要放,不放就不活,不存在收的问题。"

他亲笔题词:"开发区大有希望"。

邓小平为天津经济技术开发区题词

"沿海连成一片了,这很好嘛"

14个沿海城市的开放,是继经济特区兴办以来,我国对外开放的又一重大步骤,大大加快了全国的对外开放步伐。几个月后通过的《关于经济体制改革的决定》把实行对外开放确定为我国的"基本国策",并强调:"要充分利用国内和国外两种资源,开拓国内和国外两个市场,学会组织国内建设和发展对外经济关系两套本领。"

在确定了开放14个沿海港口城市之后,根据邓小平关于中国将长期实行对外开放政策的多次精辟阐述,国务院领导率领有关部门的同志赴东南沿海一带进行实地考察,随之形成考察报告《关于沿海地区经济发展的几个问题》。其中指出:"应当开放珠江三角洲和长江三角洲,进而陆续开放辽东半岛、胶东半岛。"

这个设想得到了邓小平的支持。邓小平说:"沿海连成一片了,这很好嘛!"

1985年2月,中共中央、国务院批转了《长江、珠江三角洲和闽南厦漳泉三角地区座谈会纪要》。这次座谈会也是根据邓小平等人的意见召开的。中央的通知指出:开放长江三角洲、珠江三角洲和闽南厦漳泉三角地区,开辟为沿海经济开放区;沿海经济开放区以外向型经济发展战略的实施促进本地区经济的迅速发展,并以此带动内地经济开发,成为扩展对外经济联系的窗口。这是我国在进一步实行改革与开放的新形势下,加速沿海经济发展,带动内地经济开发的重要战略部署。"经济特区—沿海开放城市—沿海经济开放区",对外开放的新的格局初步形成。

"我们正在搞一个更大的特区,这就是海南岛经济特区"

1987年4月,香港有几位华商巨子提出建议:将海南岛辟为特别行政区,采取自由港的办法管理,由港商投资开发。国务院认为,这基本上是"一国两制"下的香港模式,缺乏可行性,并责成负责这项工作的谷牧进一步研究提出新方案。5月,谷牧专程前往广东,与有关同志共同商讨。大家一致认为:将海南岛及所辖南海诸岛从广东划出,单独建省,省直接领导县;撤销自治州,设立若干个民族自治县;将整个海南岛办成经济特区;赋予更加开放的政策、更多的经济自主管理权限。谷牧根据这个思路写成报告,送党中央、国务院有关领导同志审阅。邓小平表示完全赞同。

6月12日,邓小平在会见南斯拉夫客人时说:"我们正在搞一个更大的特区,这就是海南岛经济特区。"他说:"海南岛和台湾的面积差不多,那里有许多资源,有富铁矿,有石油天然气,还有橡胶和别的热带亚热带作物。海南岛好好发展起来,是很了不起的。"

此时,中央领导同志也在开会讨论海南建省开发建设的可行性。大家一致认为:海南要实行比特区更特殊的政策,才能吸引外资,加快建设；海南建省势在必行。会后，时任国务院秘书长的陈俊生南下海南，传达了邓小平和党中央的重要指示。

9月5日，第六届全国人大常委会第22次会议通过决定，授权国务院成立海南建省筹备组，开展筹备工作。

1988年3月，第六届全国人大常委会第25次会议审议了国务院关于建立海南经济特区的议案。3月25日，时任国务院总理李鹏在第七届全国人大第一次会议上所作的《政府工作报告》中宣布："根据海南岛独特的历史、地理和资源条件，国务院建议设立海南省，把海南办成全国最大的经济特区，实行比现有经济特区更加优惠的政策。"4月13日，第七届全国人大第一次会议通过了关于设立海南省的决定和关于建立海南经济特区的决议。4月14日，国务院发出通知。《通知》指出：在海南岛实行特殊政策，建立经济管理新体制，把海南岛建设成为全国最大的经济特区，是贯彻沿海经济发展战略，进一步扩大对外开放的重要措施，具有深远的意义。

第七届全国人大第一次会议通过关于设立海南省的决定和关于建立海南经济特区的决议

4月26日，中共海南省委、海南省人民政府正式挂牌。至此，我国最大的经济特区宣告成立。

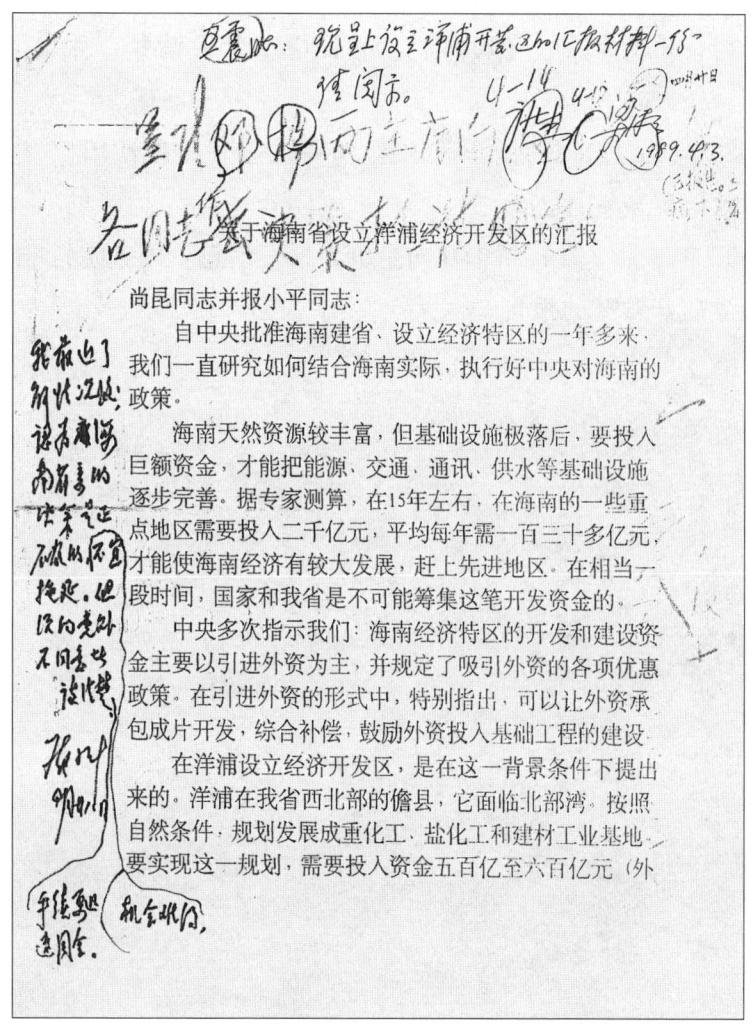

1989年4月28日，邓小平在关于海南省设立洋浦经济开发区的汇报材料上的批示

1989年初，围绕海南省洋浦出让30平方公里土地给外商成片开发70年之事，掀起了一场"洋浦风波"。一些人指责海南省委的做法是"出卖主权"。国务院、全国政协相继收到"紧急呼吁"和提案。

在海南干部群众困惑为难、国内外舆论沸沸扬扬、外商望而却步之际,邓小平给予了明确的支持。1989年4月28日,他对洋浦开发问题作出批示:"我最近了解情况后,认为海南省委的决策是正确的,机会难得,不宜拖延,但须向党外不同意者说清楚,手续要迅速周全。"

1989年11月,《海南洋浦地区30平方公里土地使用权有偿出让首期付款协议》签订。

1992年3月9日,新华社向全世界播发消息:国务院批准了海南省关于洋浦开发区的报告。

第二章　对内经济搞活，首先从农村着手

1984年11月20日上午，邓小平在人民大会堂会见挪威首相科勒·维洛克。邓小平高兴地向客人们介绍了我国农村改革取得的巨大成就。他说："我们五年前确定改革从农村开始。我们叫改革，实际上也是一场革命，是一场解放生产力的革命。我们在三十五年前搞了土地革命，那也是一场解放生产力的革命。这次改革实际上是那次革命的继续，也可以说是继续和发展。农村改革，我们搞联产承包责任制，允许农民有更多的经营管理权，使农民有积极性搞多种经营。这个决定一下去，百分之八十的农民积极性大大提高，见效非常快。因为这三年的时间里，有的农村一年翻了身，有的两年翻身，摆脱了贫困状态。"

几个月前的5月18日，《人民日报》刊登了一封河南省扶沟县农民的来信——《夏粮丰收在望　农民又喜又愁》。

河南是中国的农业大省，也是全国产粮大省。1984年，河南的农民和全国的农民一道，迎来了中华人民共和国成立以来最大的一个丰收年。

时任河南省扶沟县县长白敬亚说："我们的粮食产量呢，在1977年，小麦产量也就是100多斤，加上秋季也就是亩产一年300斤，棉花亩产平均也就是40—50斤，玉米人均每年的收成也就是40—50

斤。十一届三中全会以后,我们在全县推行了联产承包责任制,农民的积极性就提高了。当年啊,1980年,农民的生产很有起色。到1984年,我们的小麦产量呢,达到了400—500斤,棉花产量达到了140—150斤皮棉。"

以前穷得叮当响的河南省扶沟县,全县54万农业人口,到了5月,麦收前夕,农民纷纷到粮库卖粮,准备腾出自家的仓库存新粮,居然还有63 000多万斤余粮。结果粮库也装不下了。

时任扶沟县柴岗粮管所会计的姚化楼后来回忆说:"当时的情况,我现在还是历历在目。单位门口,排起了长长的交粮的车队。最高峰的时候,达到了二三里地。场门口全是人,有的是夫妻同时来的,有的是父子来的,有兄弟互相帮忙一起来的。那时,农民的机械不是太多,有拉车的,有套牲口来的。当时农民手里余粮比较多,售粮呼声也比较大。无奈之下,才批准售粮。就是根据当时的产量、你的人口、你的地亩,给弄的售粮票,凭票才能接受你的粮食。"

当时刚调到县委宣传部当通讯员的王耀洲,在夏收前夕也加入了卖粮大军。他回忆说:"全乡就一个粮管所,可卖粮的人那多啊。四轮车、手扶三轮,一直往前走。当时我在家连夜排队。早上排了队,晚上就可以卖掉了。如果你排得晚了,根本卖不了。就在那儿过夜。"

看到乡亲们卖粮的紧张情形,王耀洲和他的同事吴油锤坐不住了。吴油锤也是农村的,也刚调到宣传部不久。他们都亲身经历过卖粮难,于是拍了照片,向《人民日报》写了信,反映情况。

1984年全国粮食大丰收,棉花大丰收,各种农副产品大丰收,这是农村改革历史性突破的写照。实行家庭联产承包责任制和包产到户后,农民有了种地的自主权,进而迸发了惊人的生产积极性。这一年,全国粮食总产量8 070亿斤,人均800斤。长期困扰中国人民的温饱问题基本解决了。

这一切都归功于农村改革,是党的农村政策好。

第二章 对内经济搞活，首先从农村着手

邓小平是农村改革的坚定支持者和推动者。

"我们五年前确定改革从农村开始。我们叫改革，实际上也是一场革命，是一场解放生产力的革命"

1977年7月邓小平第三次复出后，针对我国农业发展状况，对农村的体制问题进行了深入的思考。邓小平大力倡导解放思想，为农村改革的启动创造了宽松的政治氛围。他说，1958年"大跃进"一哄而起搞人民公社化，片面强调"一大二公"，吃大锅饭，带来大灾难。"文化大革命"就更不用说了。粉碎"四人帮"后，还徘徊了两年，基本上因循"左"的错误，一直延续到1978年。

从1958年到1978年的整整20年里，农民和工人的收入增加很少，生活水平很低，生产力没有多大发展。中国的农业问题太严重了。特别是中国农民的贫穷生活给这位70多岁的老人很深的感触。他这样动情地说过，我们太穷了，太落后了。外国人议论，中国人究竟还能忍耐多久，很值得我们注意。我们的人民是好人民，忍耐性已经够了。我们现在必须发展生产力，改善人民的生活条件。

邓小平在设计中国改革开放和现代化建设的宏伟蓝图中，把农村的改革和发展放在整个经济改革和发展战略的首位。从1977年冬开始，他就"到处点火"，首先点燃的就是农村改革之火。

1977年11月17日，他在听取中共广东省委负责人汇报时特别谈到了农村政策问题。他说，看来最大的问题是政策问题。政策对不对头，是个关键。这也是个全国性的问题，要清理一下。过去许多行之有效、多年证明是好的政策要恢复。说什么养几只鸭子就是社会主义，多养几只就是资本主义，这样的规定要批评，要指出这是错误的。

四川是邓小平的家乡，也是中国农村进行改革较早的省份之一。这个素有"天府之国"美称的农业大省，在"左"的思潮的影响下，农民的生活也很穷困。粉碎"四人帮"后，省委结合本省的实际，采

取了一些措施，使农业生产在一定程度上得到恢复。但是，他们采取的一些措施当时也遭到了来自上层的一些非议。

1978年1月底2月初，邓小平出访尼泊尔，途经成都时作了短暂停留，在听取中共四川省委汇报工作时，邓小平指出，农村和城市都有个政策问题。农民一点回旋余地没有，怎么能行？农村政策、城市政策，中央要清理，各地也要清理一下，零碎地解决不好，要统一考虑。自己范围内能解决的，先解决一些。总要给地方一些机动。

邓小平的这番话对当时深感有思想压力的省委领导来说如释重负。四川省委心领神会，随即出台了关于农村政策问题的一些新的规定。几个月后，当邓小平了解到四川省制定了一些新的调整农业的政策时，充分肯定四川农业的发展政策对头。所谓政策，还是老政策，无非是按劳分配，这是最根本的。不吃大锅饭，按劳分配，再加上点小自由，如养鸡，给少量的自留地，一年就搞起来了，两年就翻身了。

1978年5月开始的关于真理标准问题的讨论，在全国掀起了一场马克思主义的思想解放运动，邓小平支持和领导了这场运动。他号召全党解放思想，突破禁区。这就为农村改革创造了宽松的政治氛围。

邓小平说：我们做事一定要从实际出发，实事求是，理论联系实际，要认真思考问题，提出问题，解决问题。我们不要下通知，划禁区。他讲得最多的是关于农村政策问题。当时全国农村仍在开展轰轰烈烈的农业学大寨运动，因为这是毛主席的号召，谁也不能不学。特别是大寨采取的"评工记分"的分配方式，全国农村都在仿效。可以说这是当时农业上的一个禁区，触碰不得。1977年11月，他在广东时就说，民主评分不能普及。1978年9月，邓小平在视察东北时，多次讲到学大寨的问题。他说：学大寨要实事求是，学它们的基本经验，如大寨的苦干精神、科学态度。大寨有些东西不能学，也不可能学。比如评工记分，它一年搞一次，全国其他人民公社、大队就不可能这样做。取消集贸市场也不能学，自留地完全取消也不能学，小自由完全没有了也不能学。邓小平连用了几个"不能学"，对人们震动很大。这几个问题一直是困扰地方干部特别是农村干部的主要问题，也是影响农民积极性、阻碍农业发展的关键所在。邓小平说出了他们一直想说又不敢说的话，道出了他们一直想做不敢做的心声。邓小平还指出：所有在一个县工作、在一个公社工作的同志，都要根据一个县、一个公社的条件，在大队工作的同志也要根据一个大队的条件，搞好工作。要鼓励哪怕是一个生产大队、一个生产队都要很好地思考，根据自己的条件思考怎样提高单位面积产量，提高总产量，还有技术方面、多种经营方面，哪些该搞的还没有搞，怎么搞。这样，就发展快了。邓小平强调要实事求是，从实际出发，因地制宜。

1978年12月，党的十一届三中全会前的中央工作会议和十一届三中全会对农业问题进行了广泛的讨论。主要是讨论中共中央《关于加快农业发展若干问题的决定（草案）》和《农村人民公社工作条例（试行草案）》两个文件。在邓小平的领导下，随着会议对"两个凡是"禁区的突破，人们的思想也越来越解放。与会代表对我国农业的现状进行了深刻的反省，很多人在会上对这两个文件表示了不满，认为文件既没有实事求是地总结新中国成立以来农业战线的经验教训，又没有实事求是地指出当前的问题。在与会代表的强烈要求下，会议对两个文件作了较大的修改，特别是对《关于加快农业发展若干问题的决定（草案）》进行了改写，最后提出了发展农村生产力的25条措施。虽然在会议原则通过的文件中还沿用了一些"左"的提法，作了一些不合时宜的规定，如禁止分田单干、不许包产到户等，但由于整个会议的主题是解放思想、实事求是，参加会议的各地负责同志对今后回去应该怎么做心里也有底，他们会从当地的实际出发，采取能够解决问题的办法，去发展农村生产力，也就不在乎文件中怎么说。何况文件也还是有了许多新的突破，如规定了"可以在生产队统一核算和分配的前提下,包工到作业组,联系产量计算劳动报酬,实行超产奖励"。特别是邓小平在会上作了《解放思想,实事求是,团结一致向前看》的讲话,特别强调要解放思想,放下包袱,开动脑筋。把农村改革又向前推进了一步。"当前最迫切的是扩大厂矿企业和生产队的自主权,使每一个工厂和生产队能够千方百计地发挥主动创造精神。一个生产队有了经营自主权,一小块地没有种上点东西,一小片水面没有利用起来搞养殖业,社员和干部就睡不着觉,就要开动脑筋想办法,全国几十万个企业,几百万个生产队都开动脑筋,能够增加多少财富啊。""在经济政策上,我认为要允许一部分地区、一部分企业、一部分工人农民,由于辛勤努力成绩大而收入先多一些,生活先好起来。一部分人生活先好起来,就必然产生极大的示范力量,影响左邻右舍,带动其他地区、其他单位的人们向他们学习。这样,就会使整个国民经济不断地波浪式地向前发展,使全国各族人民都能比较快地富裕起来。"他认为:"这是一个大政策,一个能够影响和带动整个国民经济的政策,建议同志们认真加以考虑和研究。"邓小平的讲话对在全国悄然兴起的农村改革是一个极大的鼓舞,也为正在起步发展中的农村改革注入了强大的推动力。

"不要争论,你就这样干下去,实事求是地干下去"

邓小平关于解放思想这篇讲话,确实对农村改革影响很大。也就是在这前后,中国的一些农村开始出现了各式各样的调整农业政策的办法。广东一些地方开始试行包产到户,实行了"五定奖";四川、云南一些地方试行包产到组;安徽的一些农民甚至偷偷地搞起了包干到户。

1978年秋,安徽省发生了百年未遇的特大旱灾。全省许多地区水库干涸,河水断流,受灾面积达到6 000多万亩,有400万人口的地区人畜缺水吃,土地干裂,秋种无法进行。面对严峻的形势,中共安徽省委作出了"借地度荒"的决定:凡是集体无法耕种的土地,可以借给农民自己种麦子种菜,并鼓励农民开荒多种,谁种谁收谁有,

第二章 对内经济搞活，首先从农村着手

国家不征公粮，不分统购任务。

在借地的基础上，肥西县山南公社在全省首先闯开禁区，搞了包产到户。1978年底，山南1006个生产队有77.3%的队实行包产到户。

就在肥西县包产到户的同时，1978年底，凤阳县梨园公社小岗生产队18户农民，在副队长严宏昌的带动下，冒着挨批、挨斗，甚至坐牢的风险，决定分田，包干到户。他们立下字据：如以后能干，每户保证完成每户全年上交的公粮，不再向国家伸手要钱要粮；如不成，我们干部坐牢、杀头也甘心，社员们保证把我们的小孩养活到18岁。18户21个在场的人都含着眼泪在契约上摁上了手印。到1979年夏，小岗人分田单干的事情已传到凤阳县里。这时，万里专程来到了凤阳。县委书记陈庭元向他汇报了全县关于实行农业生产责任制情况，谈到了小岗生产队暗地包干到户。万里问："包干到户怎么样？"陈庭元说："当然好了。粮食产量由3万多斤一下子搞到12万斤。"万里说："就让它干嘛，不就一个生产队嘛，翻不了天，就让它干下去。"

1978年12月，安徽省凤阳县小岗村18户农民面对"不许单干，不许分田到户"的禁令，签订"生死契约"，秘密分田到户。图为当时带头签订契约的严宏昌（右）、严俊昌（中）和严立学（左）

1979年1月,《人民日报》陆续报道了这四个省实行生产责任制的情况,随之而来也引发了一场激烈的争论。对各地有利于发展农业生产,有利于提高农民生活的自觉行动,有些人担心会瓦解集体经济的所有制基础,表示强烈反对;有些人坚持可以试验。

3月15日,《人民日报》在头版头条位置刊登了署名"张浩"的《"三级所有,队为基础"应当稳定》的来信和"编者按"。来信认为"三级所有,队为基础"符合当前农村的实际,应当稳定,不能随便变更。轻易地从"队为基础"退回去,搞分田到组,是脱离群众、不得人心的,也会给生产造成危害。《人民日报》的"编者按"指出:"已经出现分田到组、包产到组的地方,应当正确贯彻执行党的政策,坚决纠正错误做法。"中央人民广播电台也向全国播发了这一消息。

消息一经传出,引起的震动很大。有的人认为这是中央的新精神,还有人认为"三中全会的精神偏了,该纠正了"。由此造成了干部群众的思想混乱,一些地方立即停止了"包工到组、包产到组"的推行,有些地方由于拿不定主意还影响了春耕。

与此同时,国家农委召开了七省三县农村工作座谈会,集中讨论"包产到组"和"包产到户"的问题。会后形成的纪要中提出在一些特殊地区应当允许包产到户。邓小平在会后的一次讲话中说:"农村问题很多,一大堆,应该抓住主要的解决,贫困地区总得放宽政策。"

3月30日,《人民日报》同样在头版位置刊登了安徽省农委的来信。这封信是中共安徽省委书记万里指示省农委写的。信中指出:应当正确看待联产责任制,强调定产或包产到组都是符合中央两个农业文件的精神的。《人民日报》同样加了"编者按",承认3月15日的来信和"编者按"中有些提法不够准确,今后应当注意改正。同时提出,各地情况不同,怎样搞好责任制应当和当地干部群众商量,切不可搞"一刀切",更不能搞某一种形式,否定或禁止另一种形式。

争论从报纸上延续到1979年4月中央工作会议的会场上。明确表态支持实行"包工到组、包产到组"的省委书记在会上仍是少数派。安徽省委书记万里在会上说:"你们走你们的阳关道,我走我的独木桥。"邓小平和其他中央一些主要领导同志采取了默许的态度,这就为包产到户的存在和发展创造了重要的条件,同时也给这些合理不合法的包产到户、包产到组的人们吃了一颗"定心丸"。

当时安徽、四川省搞包产到户,承受的压力很大。万里回忆说:农村改革这场斗争太激烈了。当时不表态就算支持了。6月,他在北京参加五届人大二次会议期间曾找到邓小平。邓小平说:"不要争论,你就这样干下去,实事求是地干下去。"7月,邓小平登临黄山,发表了著名的黄山讲话,更让为农村改革命运担忧的人们放宽了心。

1979年7月,邓小平和中共安徽省委第一书记万里在黄山

当年在安徽工作的一位县委书记后来道出了自己的心里话:"改革农村生产经营方式,农民们追求了几十年,光是生产队的评工记分,就先后变换过400多种,但在人民公社的体制下,怎么变都不能从根本上解决问题。20世纪60年代初期,农民们就想包产到户,搞责任田,搞了三次,三次都被当作资本主义批判下去了,许多干部为此受到无情打击。1978年这一次又搞了,而且成功了。这是为什么?就是因为有了思想解放运动,有了实践是检验真理标准的大讨论。归根到底,靠的是邓小平的启发和支持。"

"农村政策放宽以后,一些适宜搞包产到户的地方搞了包产到户,效果很好,变化很快"

随着包产到户从暗处走到明处,从个别省份走到全国许多省,由此引起的责难也纷至沓来。关键时刻,邓小平说话了。1980年4月2日,邓小平在听取姚依林等关于长期规划问题的汇报时,谈到农业问题,他说:"对地广人稀、经济落后、生活贫困的地区,像贵州、云南、西北的甘肃等省份中的这类地区,我赞成政策要放宽,使他们真正做到因地制宜,发展自己的特点。农村要鼓励种树,要发展多种副业,发展渔业、养殖业。政策要放宽,要使每家每户都自己想办法,多找门路,增加生产,增加收入。有的可以包给组,有的可以包给个人,这个不用怕,这不会影响我们制度的社会主义性质。在这个问题上要解放思想,不要怕。在这些地区要靠政策,整个农业近几年也要靠政策。政策为农民欢迎了,即使没有多少农业投资,只要群众的积极性发挥了,各种形式的经济、副业发展了,农业增产的潜力大得很,发展余地大得很。"他强调,农业问题,计划不要抠得太细,不一定要那么多投资,还是多从政策上考虑问题。要按这个精神搞长期规划。他还让当时在场的分管农业的中央书记处书记万里对此事研究个意见,提到书记处会上讨论。姚依林在中央编制长期计划的会上把邓小平的这个意见作了传达,当时不让登报,也不让上文件,但邓小平的这个表态对打开农村改革的局面确实起了很大的作用。这是党中央主要领导人最早公开表态支持包产到户的。

一个月后，5月20日上午，邓小平在同中央负责同志谈编制长期规划问题时，再次谈到农业问题。他说："在农业问题上，我们采取现在的政策，效果很好，农业的发展速度比我们原来设想的快。在一些地区和一些问题上，政策应该更加放宽一些。地广人稀的地区，多年来靠调进粮食，现在要发挥他们的积极性，自己想办法解决自己的问题。"

5月31日，在同胡乔木、邓力群等人谈话时，邓小平明确表示支持包产到户。他说："农村政策放宽以后，一些适宜搞包产到户的地方搞了包产到户，效果很好，变化很快。安徽肥西县绝大多数生产队搞了包产到户，增产幅度很大。'凤阳花鼓'中唱的那个凤阳县，绝大多数生产队搞了大包干，也是一年翻身，改变面貌。"

针对当时党内外一些同志的担心，邓小平说："我看这种担心是不必要的。我们总的方向是发展集体经济。实行包产到户的地方，经济的主体现在也还是生产队。这些地方将来会怎么样呢？可以肯定，只要生产发展了，农村的社会分工和商品经济发展了，低水平的集体化就会发展到高水平的集体化，集体经济不巩固的也会巩固起来。关键是发展生产力，要在这方面为集体化的进一步发展创造条件。"

邓小平指出：总的说来，现在农村工作中的主要问题还是思想不够解放。除表现在集体化的组织形式这方面外，还有因地制宜发展生产的问题。所谓因地制宜，就是说那里适宜发展什么就发展什么，不适宜发展什么就不要去硬搞。像西北的不少地方，应该下决心以种牧草为主，发展畜牧业。现在有些干部，对于怎样适合本地情况，多搞一些经济收益大、群众得实惠的东西，还是考虑不多，仍然是按老框框办事，思想很不解放。所以政策放宽以后，还有很多工作要做。

邓小平强调：从当地具体条件和群众意愿出发，这一点很重要。我们在宣传上不要只讲一种办法，要求各地都照着去做。宣传好的典型时,一定要讲清楚他们是在什么条件下,怎样根据自己的情况搞起来的,不能把他们说得什么都好,什么问题都解决了,更不能要求别的地方不顾自己的条件生搬硬套。

> **邓小平同志关于几个问题的意见**
>
> 五月三十一日,胡乔木同志和邓力群同志去小平同志处。小平同志主要讲了以下三个问题。
>
> **一、农村政策问题**
>
> 农村政策放宽以后,一些适宜搞包产到户的地方,搞了包产到户,效果很好,情况变化很快。安徽肥西县绝大部分搞包产到户,增产幅度很大。"凤阳花鼓"那个凤阳,绝大多数搞"大包干",就是包产到组,也是一年改变面貌,大翻身。有的同志担心,这样搞会不会发生问题。

1980年5月31日,邓小平同胡乔木、邓力群的谈话记录

根据邓小平的这个讲话精神,1980年9月,中央召开了各省、市、自治区第一书记座谈会,讨论关于进一步加强和完善农业生产责任制的几个问题。会议分析了农业集体化过程中的一些曲折和失误,认为由于集体化运动中的缺陷、由于有极左路线的干扰、由于很长时期党的工作重点没有转移到经济建设上来,目前集体经济的物质技术基础还是比较薄弱的,人民公社的体制、结构方面也存在需要改革和完善的问题。经营管理工作更是一个突出的薄弱环节。对于包产到户,应当区别不同地区、不同社队采取不同的方针。群众对集体丧失

信心因而要求包产到户的,应当支持群众的要求,可以包产到户,也可以包干到户,并在一个较长时间内保持稳定。会后中央发出通知,第一次郑重地肯定了大包干和包产到户的改革行动,认为在生产队领导下实行的包产到户是依存于社会主义经济的,它不会脱离社会主义轨道,没有什么复辟资本主义的危险。这样,以包产到户、家庭联产承包责任制为特征的农村改革在全国全面铺开。

后来,邓小平又多次肯定包产到户是"社会主义制度下责任制的一种形式,没有剥削,没有违背集体所有的原则,可以调动人民的积极性,体现了按劳分配的社会主义原则,有利于发展社会主义经济,不是搞资本主义"。中央也进一步肯定了包产到户、包干到户是社会主义集体经济的生产责任制,是合作经济中的一个经营层次。包产到户、包干到户正名了,上了户口,农村改革的步子加快了。到1983年初,全国农村实行包产到户、包干到户的生产队达93%,其中绝大多数实行的是包干到户。

邓小平后来说,"开始的时候,并不是所有的人都赞成改革","还有一些省犹疑徘徊,有的观望了一年才跟上,有的观望了两年才跟上。中央的方针是等待他们,让事实教育他们"。到1984年底,全国569万个生产队中99%以上实行了"双包"。

"我们农村过去十分贫困,主要原因之一就是搞'以粮为纲',人民公社制度的试验也不那么理想"

邓小平在支持包产到户的同时还主张废除人民公社。

在农村人民公社体制下,由于生产"大呼隆",评工"大概分",分配"大锅饭",公有化程度过高,平均主义泛滥,严重挫伤了农民的积极性,阻碍了农村生产力的发展,使得农业生产徘徊不前,难以走出低谷。邓小平认为,农村改革要进一步深化,重要的是要调整好农村的生产关系,他力主废除人民公社体制。1962年,邓小平在总结人民公社化以来的教训时就曾指出:"农业本身的问题,现在看来,主要还得从生产关系上解决。这就是要调动农民的积极性。""生产关系究竟以什么形式为最好，恐怕要采取这样一种态度，就是哪种形式在哪个地方能够比较容易比较快地恢复和发展农业生产，就采取哪种形式；群众愿意采取哪种形式，就应该采取哪种形式，不合法的使它合法起来。"他还用"黄猫、黑猫，只要抓住老鼠就是好猫"来比喻从实际出发。他强调，"过去就是对这些问题考虑得不够，轻易地实行全国统一。有些做法应该充分地照顾不同地区的不同条件和特殊情况，我们没有照顾，太轻易下决心，太轻易普及"。在生产关系上不能完全采取一种不变的形式，"有些包产到户的，要使他们合法化"。

新时期农村究竟采用哪种生产关系，邓小平强调，要进行改革。对实行了20多年，也是毛泽东倡导的人民公社制度，邓小平认为，"与我国农村目前很低的生产水平不相适应"，这个试验"也不那么理想"。他提出："政社分开，这件事情要做，不能太迟。"1980年，邓小平的家乡四川省广汉县向阳公社第一个摘下了"人民公社"的牌子，恢复了20多年前的乡组织。这一切都是悄悄进行的。当时上面有个要求，就是先搞试验，不广播、不登报、不宣传。待试验一段后再定是否推广。

1981年9月9日，邓小平在会见由委员长竹入义胜率领的日本公明党第十次访华团时说：人民公社建立以后，我们已经感到"一大二公"的目标并不是很快能实现的，那时毛主席还在，也意识到这个问题了。所以，后来毛主席经过多次调查研究，提出要搞三级所有制，即公社、生产大队、生产队三级，以生产队为基础，当然也有以公社、生产大队作为核算单位的，但大多数是以生产队为核算单位。我们现在正在研究公社制度问题，看来这个理想还是正确的，不过这要随着生产力的发展才能逐步实现。这个问题还在探索中。公社制度还是一个探索的问题。现在的中心问题就是解放思想、实事求是、因地制宜，调动人民积极性，概括起来就是建立责任制，在建立责任制的基础上真正体现按劳分配。

第二章　对内经济搞活，首先从农村着手

1980年4月8日，四川省广汉县向阳人民公社在全国率先摘下人民公社的牌子，挂上乡人民政府的牌子

　　1982年12月，五届全国人大五次会议修改宪法，决定改变农村人民公社政社合一的体制，重新设立乡政权。12月31日，中央政治局讨论通过了《当前农村经济政策的若干问题》，指出：人民公社的体制，要从两方面进行改革。这就是，实行生产责任制，特别是联产承包制；实行政社分设。政社合一的体制要有准备、有步骤地改为政社分设，准备好一批改一批。1983年10月，中共中央、国务院发出《关于实行政社分开建立乡政府的通知》，指出：随着农村经济体制的改革，现行农村政社合一的体制显得很不适应。当前首要任务是把政社分开，建立乡政府。通知要求这项工作要与选举人民代表大会代表的工作结合进行，大体上在1984年底前完成。

1981年9月9日，邓小平会见日本公明党中央执行委员会委员长竹入义胜，谈到中国农村改革时说："人民公社建立以后，我们已经感到'一大二公'的目标并不是很快能实现。""我们现在正在研究公社制度问题。"

　　1983年5月22日，邓小平会见毛里求斯总理阿内罗德·贾格纳特时说："我们农村过去十分贫困，主要原因之一就是搞'以粮为纲'，人民公社制度的试验也不那么理想。"

　　到1984年底，全国完成撤社建乡工作，人民公社制度被彻底废除了。人民公社制度的废除从根本上解放了农村的生产关系，把农村改革推向了一个新阶段。

"农业还要靠科学"

　　农村政策落实以后，农业发展的形势很好。邓小平认为，"靠政策只能解决一段时间的问题，农业还要靠科学"。

　　农业发展的快与慢、农产品增长的多与少，传统农业向现代农业的转变，关键在科学技术。邓小平认为，农业现代化的关键是农业科学技术现代化，没有现代农业科学技术，就不能建设现代农业。邓小平分析了当时中国农业面临的现状，认为在农业增产中科技的贡献率很低,"农业文章很多,我们还没有破题"。这里讲的没有破题,很重要的一点,就是科学技术。"提高农作物单产,发展多种经营,改革耕作栽培方法,解决农村能源,保护生态环境,等等,都要靠科学。"他还非常具体地谈到了农业科技的内容:"从科学方面来说,要发展农业,需要有生物学的发展,气象学的发展,土壤学的发展,遗传学的发展。""尊重科学,同样是一块土地,收入就会增加三倍甚至四倍。"随着发达国家生物工程技术的发展以及在现代农业生产中日益广泛的运用,邓小平十分强调生物工程技术对于农业发展的重要性。他认为生物工程技术是尖端技术,"将来农业问题的出路,最终要由生物工程来解决,要靠尖端技术。"依靠科学,才能使我国农业科技和生产力实现质的飞跃。

振兴农村经济主要取决于科技进步和科技成果的广泛运用,农业的发展必须依靠科技进步和提高劳动者的素质。邓小平认为,要加强农业科学研究,切实组织农业科学家进行重点项目的攻关,搞好新技术的研究开发和推广。他亲自领导和过问了一系列重大农业科技项目的决策与项目的制定和实施,如"星火计划""燎原计划""丰收计划"等,并取得了显著的成效。农业科技的发展靠的是人才。这里的人才包含两个方面,既有农业高科技人才,同时又要有大量的农业应用型人才。1983年12月22日,邓小平在听取有关方面负责人汇报当前经济情况时指出,今后要进一步提倡科学种田,还要大力培养农业科技的应用型人才。"我们有大量中学生,要把他们培养成土专家,让他们在农村发挥作用。"只有这样才能提高我国整体的农业科技水平,促进农业生产力的大发展。

"农村改革中,我们完全没有料到的最大的收获,就是乡镇企业发展起来了,突然冒出搞多种行业,搞商品经济,搞各种小型企业,异军突起"

乡镇企业是中国农民继"包产到户"之后的又一个伟大创造,被称为中国农村改革的第二次革命。

发展乡镇企业，这是中国农村改革的一大收获。乡镇企业，最早发端于苏南。

1983年的春天，当时全国最富有的农村——江苏省江阴县华西大队要从兄弟社队招聘合同工。消息一出，十里八村的农民都纷纷赶来报名。当时，华西大队有1100多人，790多亩耕地，有塑料、纺织、农药、钢网、钣金加工4个工厂和猪、兔、鸡等13个饲养场，还设有商店和一些服务行业，人均分配达到800元，强劳力的月工资超过150元。绝大多数社员住进了新楼房。平均每户存款千元以上。家家都有电视机、电风扇和洗衣机。不久，从本县7个公社23个大队择优录用的84名合同工带着尽快致富的愿望来到了华西。1983年4月7日，《人民日报》以《华西大队从兄弟社队招聘合同工》为题报道了这一消息。

华西村纺织厂生产车间一角

1983年，在江浙一带，像华西大队这样的社队企业，已经不再忽明忽暗、躲躲闪闪，开始凭借灵活的经营机制成长起来。祖祖辈辈同土地打交道的农民结束了几千年"日出而作，日落而息"的田园牧歌式的生活方式,他们进厂不进城,离土不离乡,亦工亦农,开辟出一片崭新的天地。不久,这些社队企业有了一个共同的名字——乡镇企业。这些企业中的农民合同工也成了最早的一批"农民工"。

乡镇企业的发展给农村带来了物质和生活的巨大变化。当时在江浙一带,说起党的政策给农村带来的变化,农民们常用这样一句话形容:"一年不变有饭吃,两年不变有钱花,三年不变小康家。"

差不多就是在这个时候,邓小平到江苏、浙江、上海视察。

在江苏苏州,邓小平看到苏州的变化时问道:"苏州农村的发展采取的是什么方法?走的是什么路子?"

江苏的同志说:"江苏,特别是苏州,历来是经济比较发达的地区。十一届三中全会以来,苏州农村经济出现新的飞跃,主要靠两条:一条是重视知识分子的作用,依靠技术进步。苏州农村劳动力原来文化素质较高,为了发展生产,各地还吸收了不少上海、苏州、无锡等城市的退休人员和科技人员,充分发挥他们的技术和知识的作用。有些老工人很有本事,请来工作所费不多,只是给点工资,解决点房子,就很乐意干,在生产上发挥了很好的作用。往往是请来一位能人,就能建起或激活一个工厂。另一条是发展了集体所有制,也就是发展了中小企业。在农村,就是大力发展社队企业。"

听到这里,邓小平眼睛一亮,他对发展社队企业产生了浓厚的兴趣。

对社队企业,江苏的同志总结说:"归根到底,凭借的是灵活的经营机制,实行的是市场经济体制。从原料的获得、资金的来源,到产品的销售,完全靠市场,是市场哺育了社队企业。"

"看来,市场经济很重要。"邓小平作了充分肯定。

老百姓从实际工作中领悟到了市场经济的作用,这使邓小平非常兴奋。市场经济这个问题,是他思考已久的一个问题。四年前,他就提出"社会主义也可以搞市场经济"。如今,苏州的实践也已经充分证明了这一点。

当天晚上,江苏的负责同志再一次去看望邓小平。邓小平同他们交谈起来。江苏的同志说:"苏州地区的社队工业虽然起步较早,现在已略具规模。但总的来说,还只能算是打基础阶段,潜力还很大,只要政策允许,完全是有可能进一步发展,而且完全可能发展得更快一点。"

邓小平这一次在苏州对社队工业有了感性认识,后来他多次讲到社队工业也就是乡镇企业。1984年中共中央专门为加快社队工业的发展下发了正式文件,为这一新生事物正名,这为全国范围社队企业的崛起铺平了道路。

邓小平后来说:"农村改革的一大特点就是发展乡镇企业。乡镇企业兴起和发展了,才能容纳农村剩余劳动力。否则农村人口都要往城市跑。这是我们农村改革的重要内容。看来,这个路子走对了。"

"我们的改革和开放是从经济方面开始的,首先又是从农村开始的。农村改革中,我们完全没有料到的最大的收获,就是乡镇企业发展起来了,突然冒出搞多种行业,搞商品经济,搞各种小型企业,异军突起。"

农村好的形势令邓小平兴奋不已。1984年6月,邓小平在会见外国客人时说,从中国的实际出发,我们首先解决农村问题。中国80%的人口住在农村,中国稳定不稳定首先要看这80%稳定不稳定。城市搞得再漂亮,没有农村这一稳定的基础是不行的。所以,我们首先在农村实行搞活经济和开放政策,调动了全国80%的人口的积极性。我们是在1978年底制定这个方针的,几年功夫就见效了。10月6日,邓小平在会见参加中外经济合作问题讨论会全体中外代表时说,在经济问题上,我是个外行,也讲了一些话,都是从政治角度讲的。中国社会是不是安定,中国经济能不能发展,首先要看农村能不能发展,农民生活是不是好起来。翻两番,很重要的是这80%的人口能不能达到。现在看,一系列新的农村政策是成功的。过去农村很困难,现在可以说绝大多数的人能够吃饱,能够穿得比较好,居住情况有了很大的改善。农村政策见效很快,增加了我们的信心,对我们确定翻两番的目标是一个鼓励。1985年3月,邓小平在接见出席全国科技工作会议的全体同志和首都科技界代表时说:"我很高兴,现在连山沟里的农民都知道科学技术是生产力。他们未必读过我的讲话。他们从亲身的实践中,懂得了科学技术能够使生产发展起来,使生活富裕起来。农民把科技人员看成是帮助自己摆脱贫困的亲兄弟,称他们是'财神爷'。'财神爷'这个词,不是我的用语,是农民的发明。"

后来,邓小平又指出,中国社会主义农业的改革和发展,从长远的观点看,要有两个飞跃。第一个飞跃,是废除人民公社,实行家庭联产承包为主的责任制。这是一个很大的前进,要长期坚持不变。第二个飞跃,是适应科学种田和生产社会化的需要,发展适度规模经营,发展集体经济。这是又一个很大的前进,当然这是很长的过程。

农村改革取得了丰硕成果。1984年,全国农业总产值达到3 214.13亿元,比1979年增长55.4%。1984年,我国共生产粮食4.07亿吨,比1978年增加了1亿多吨。棉花总产量625.8万吨,相比1978年的216.7万吨,增长了1.8倍多。油料总产量1 191.6万吨,相比1978年的521.8万吨,增长了1.3倍。

这在中国历史上是从来没有过的。当1985年中国代表在"联合国粮农组织"成立40周年大会上宣布中国的人均粮食已接近400公斤,达到世界人均水平时,引起了全世界的震惊。

农村改革的成功更加坚定了邓小平加快改革的信心和决心,到1984年,他开始将改革的重点从农村转向以城市为中心的全面经济体制改革。

第三章　城市经济改革实际上是对整个经济体制的全面改革

1984年10月1日，邓小平在中华人民共和国成立35周年庆祝典礼的讲话中说："当前的主要任务，是要对妨碍我们前进的现行经济体制，进行有系统的改革。同时，要对全国现有的企业，进行有计划的技术改造。"

1984年10月1日，邓小平在中华人民共和国成立35周年庆祝典礼上讲话

第三章 城市经济改革实际上是对整个经济体制的全面改革

随着农村改革的成功和城市经济体制探索取得了一定的经验，从1984年起，中国改革的重点开始由农村转入城市和整个经济体制的全面改革。

"各个经济战线不仅需要进行技术上的重大改革，而且需要进行制度上、组织上的重大改革"

中华人民共和国成立后，为选择适合中国社会主义发展道路的经济体制，中国共产党人进行了不懈的探索。根据马克思主义关于社会主义基本特征的理论，即认为计划经济是社会主义的特征，市场经济是资本主义的特征；根据苏联的经验，以毛泽东为核心的党的第一代领导集体选择建立的是高度集权的计划经济体制。但是，苏联模式的社会主义计划经济体制的优越性并没有始终一贯地在实践中得到体现，其本身所固有的政经不分、否定商品经济、排斥市场机制等特点反而造成了一系列弊端。从20世纪60年代开始，苏联的经济增长率开始不断下降，其他实行苏联模式的社会主义各国也出现了类似的情况，改革经济体制成为社会主义国家普遍的要求。

早在1956年，毛泽东在《论十大关系》中就对苏联模式的国家高度集权提出了疑问，认为国家、生产单位和生产者不能只顾一头，必须兼顾三个方面。他指出，把什么东西统统都集中在中央或省市，不给工厂一点权力、一点机动的余地、一点利益，恐怕不妥。提出各个生产单位都要有一个与统一性相联系的独立性，才会发展得更加活泼。陈云在党的八大的发言中提出了"三个主体，三个补充"的构想，即在所有制结构、经济运行机制和市场结构三个方面，允许保留一部分个体经营、一部分产品自由生产、一定范围的自由市场，试图以此来改善所有制过分单一的、忽视市场机制的、高度集中的计划经济体制。党的八大以后，毛泽东提出要搞"新经济政策"，他怀疑俄国新经济政策结束得早了，认为可以消灭了资本主义，又搞资本主义。20世纪50年代末60年代初，毛泽东还从我国商品生产落后的实际出发，提出我国很需要有一个发展商品生产的阶段，他认为商品生产的命运，最终和社会生产力的水平有密切关系，因此，即使是过渡到了单一的社会主义全民所有制，如果产品还不很丰富，某些范围内的商品生产和商品交换仍然有可能存在。针对"一平二调"的共产风，他提出价值法则是一个大学校，只有利用它，才有可能教会我们几千万干部和几万万人民，建设社会主义。

20世纪五六十年代党的这些创造性的思想观点，为后来形成社会主义市场经济理论提供了有益的启示。但是，由于当时没有能够突破传统观念，把计划经济和市场经济看作是同社会制度紧密联系的制度属性，因此毛泽东等人提出的这些措施至多只是加强一些市场调节的力度和作用，不可能突破计划经济体制总的框架。加之后来"左"的思想发展，这种探索也就不可能继续得到前进和发展。

邓小平在1975年也进行了积极的改革探索。

邓小平曾经指出：说到改革，其实在1974年到1975年我们已经试验过一段。那时的改革，用的名字叫整顿，强调把经济搞上去，首先是恢复生产秩序。凡是这样做的地方都见效。

在为期九个月的整顿中，邓小平围绕把国民经济搞上去这个核心，坚持并发展了许多马克思主义的基本观点，开始了拨乱反正的行程。整顿符合人民的根本利益，也得到了人民的拥护，从而取得了显著的效果。但是，由于整顿涉及毛泽东晚年的错误，实际上是同"文化大革命"唱反调，触怒了"四人帮"，后来随着邓小平的再一次被打倒而告终结。

1975年在邓小平领导的全面整顿的过程中，企业整顿是其中的一项重要内容。邓小平提出，要对企业在责任制方面的问题进行整顿。这年的5月21日，在主持召开国务院办公会议讨论钢铁问题座谈会文件时，邓小平指出：像鞍钢这样的大企业，有管理问题，也有个体制问题。那时邓小平就想从扩大企业权力和加强责任制两个方面

第三章　城市经济改革实际上是对整个经济体制的全面改革

入手解决体制上的问题,但是,由于全面整顿的中止,这种尝试也停止了。

1977年邓小平第三次复出后,对改革进行了新的思考。

党的十一大和五届全国人大一次会议再次提出了要变革与生产力状况不相适应的生产关系和上层建筑,并认为这是一场深刻的革命。从这时起,改革再次被提出来。

改革首先是从农村开始的。邓小平提出了许多重要的思想,积极支持农村改革。在农村改革的同时,城市经济体制的改革也开始启动,并在探索中逐步向前推进。

邓小平是城市改革的重要推手。

1978年2月,邓小平在出访尼泊尔前,在成都听取中共四川省委工作汇报时就提到城市政策,中央要清理,各地也要清理一下,自己范围内能解决的,先解决一些,总要给地方一些机动。

9月,邓小平访问朝鲜归来视察东北、唐山、天津等地,发表了著名的"北方谈话",明确地提出了经济体制改革的任务。9月13日,他在本溪视察时指出:你们在国内是比较好的,但是同发达国家比,还是落后的。要到发达国家去看看,应当看看人家是怎么搞的。现在就是要好好向世界先进经验学习。我们有的企业管理不好。在当天傍晚前往大庆途经吉林陶赖车站时,同前来迎接的大庆油田负责人说,要改进企业管理体制和改善企业管理。9月15日上午,在听取中共黑龙江省委负责同志汇报时指出:我们国家的体制,包括机构体制等,基本上是从苏联来的,人浮于事,机构重叠,官僚主义发展。"文化大革命"以前就这样,办一件事,人多了转圈子。有好多体制问题要重新考虑。我们的体制不适应现代化,上层建筑不适应新的要求。要发挥基层厂矿的积极性,加强基层企业的权力。9月16日,邓小平在听完中共吉林省委负责同志汇报后发表讲话指出:企业管理,过去是苏联那一套,没有跳出那个圈子。那时候,苏联企业管理水平比资本主义国家落后得多,后来我们学习那个东西,有了那个东西比没有好。但现在连那个落后的东西也丢掉了,一片混乱。现在要使所有的人开动脑筋,哪怕管理一个街道工厂,也要自己开动脑筋,敢于思考怎么样使生产增加,产品质量提高,成本降低,原材料消耗少,产品价格不断降低。不管大中小企业,搞得好的要奖励,不能搞平均主义,要鼓励先进。9月18日,邓小平来到了中国最大的企业鞍钢视察。他强调:一定要按照国际先进的管理方法、先进的经营方法、先进的定额来管理,也就是按照经济规律管理经济,一句话,就是要革命,不要改良,不要修修补补。我们要在技术上、管理上都来个革命,发展生产,增加职工收入。要加大地方的权力,特别是企业的权力。现在我们的上层建筑非改不可。

1978年9月18日,邓小平视察鞍钢

同年10月,党中央确定召开中国工会九大,由邓小平代表党中央在大会上致辞。时任全国总工会主席倪志福将反复讨论后的致辞

第三章 城市经济改革实际上是对整个经济体制的全面改革

再呈邓小平审定。邓小平经过认真的思考，于 10 月 10 日致信华国锋、李先念："工大祝词，我又考虑了一下，加改了两段，这是比较重要的改动。"邓小平加改的两段为：一是在原稿的"经济战线不仅需要进行技术上的重大改革，而且需要进行制度上、组织上的重大改革"之后，加写了一段话："进行这些改革，是全国人民的长远利益所在，否则，我们不能摆脱目前生产技术和生产管理的落后状态。中央相信，为了社会主义的利益，为了四个现代化的利益，全国工人阶级一定会在这些改革中起大公无私的模范先锋作用，各工会组织一定会用深入群众的宣传组织工作积极协助各企业顺利地实现这些改革，为革命和建设的事业作出新的杰出贡献。"二是加写了关于厂长负责制的一段话："我们的企业要实行党委领导下的厂长或经理负责制，要建立强有力的生产指挥系统。工会要教育全体会员维护企业实行高度集中的行政领导，维护生产指挥系统的高度权威。只有这样，才能有效地克服现在普遍存在的无人负责现象，才能正常地、有秩序地组织生产。也只有这样，才能不断地扩大再生产，增加利润，同时不断地改善职工生活，从而确实保证国家利益、集体利益和个人利益的统一。"

10 月 11 日，中国工会九大在北京召开。邓小平代表党中央、国务院到会致辞。他在会上发出了改革的号召。他指出：这是一场根本改变我国经济和技术落后面貌，进一步巩固无产阶级专政的伟大革命。这场革命既要大幅度地改变目前落后的生产力，就必然要多方面地改变生产关系，改变上层建筑，改变工农业企业的管理方式和国家对工农业企业的管理方式，使之适应于现代化大经济的需要。为了提高经济发展速度，就必须大大加强企业的专业化，大大提高全体职工的技术水平并且认真实行培训和考核，大大加强企业的经济核算，大大提高劳动生产率和资金利润率。因此，各个经济战线不仅需要进行技术上的重大改革，而且需要进行制度上、组织上的重大改革。

1978年11月10日至12月15日，中共中央召开工作会议。12月2日上午，邓小平在家中约见胡耀邦、胡乔木、于光远，谈在闭幕会上的讲话稿问题。此前他在亲笔拟写的讲话提纲中，列出了一些关于改革的想法：解放思想，开动机器。权力下放。千方百计。自主权与国家计划的矛盾，主要从价值法则、供求关系（产品质量）来调节。用经济方法管理经济。扩大管理人员的权力。学会管理。改革制度（规章）。允许一部分先好起来。这是一个大政策等等。根据这一提纲，邓小平在中央工作会议闭幕会的讲话中指出：过去我们政治、经济生活中存在很多问题，"这并不是哪一些同志的责任，责任在于我们过去没有及时提出改革。但是如果现在再不实行改革，我们的现代化事业和社会主义事业就会被葬送"。"现在我国的经济管理体制权力过于集中，应该有计划地大胆下放，否则不利于充分发挥国家、地方、企业和劳动者个人四个方面的积极性，也不利于实现现代化的经济管理和提高劳动生产率"。"当前最迫切的是扩大厂矿企业和生产队的自主权"。"要注意研究和解决管理方法、管理制度、经济政策这三方面的问题"。"要允许一部分地区、一部分企业、一部分工人农民，由于辛勤努力成绩大而收入先多一些，生活先好起来。一部分人生活先好起来，就必然产生极大的示范力量，影响左邻右舍，带动其他地区、其他单位的人们向他们学习。这样，就会使整个国民经济不断地波浪式地向前发展，使全国各族人民都能比较快地富裕起来"。"这是一个大政策，一个能够影响和带动整个国民经济的政策"。

此后不久，党的十一届三中全会指出："现在我国经济管理体制的一个严重缺点是权力过于集中"，"应该坚决实行按经济规律办事，重视价值规律的作用"。

"当前最迫切的是扩大厂矿企业和生产队的自主权"

根据党的十一届三中全会提倡的改革的精神，1979年4月中共中央召开工作会议，对我国经济体制改革的方向、步骤作了原则规定。

第三章 城市经济改革实际上是对整个经济体制的全面改革

会议确定：鉴于最近几年来，国民经济将以调整为中心，城市改革只能在局部领域进行，认真调查研究，搞好试点。改革的重点是扩大企业的自主权，增强企业的活力，实行严格的经济核算，认真执行按劳分配的原则，把企业经营的好坏同职工的物质利益挂起钩来。要划分中央和地方的管理权限，在中央的统一领导下，调动地方管理经济的积极性。对行政机构要实行精简，更好地运用经济手段来管理经济。要在整个国民经济中以计划经济为主，同时充分重视市场调节的作用。会后，国务院财政经济委员会成立了经济体制改革研究小组，组织一批经济理论工作者和实际工作者，专门调查研究经济体制改革问题，负责提出有关改革方案。这样，城市经济体制改革就以扩大企业的自主权为内容，逐步在局部范围内开展起来了。

扩大企业自主权的试点最先从四川省开始。早在1978年10月，根据邓小平视察东北时的谈话精神，四川省委、省政府就在重庆钢铁公司等6个企业进行了试点。1979年2月，四川省在总结这些企业试点经验的基础上，制定了《关于扩大企业权利，加快生产建设步伐的试点意见》，对这项试点作出了14条具体规定。提出要使企业拥有利润提留权、扩大再生产权、联合经营权、外汇分成权、灵活使用奖金权等，要求把企业的责权利结合起来，把国家、集体、个人三者利益结合起来，并决定扩大试点范围，在100家企业中进行扩大权试点。

继四川省企业扩权试点后，1979年5月，国家经济委员会等六个部门又作出在北京、天津、上海等地选择首都钢铁公司、天津自行车厂、上海柴油机厂等八个企业进行扩权试点的决定。

为了加强对各地试点的领导，1979年7月13日，国务院发出《关于扩大国营工业企业经营管理自主权的若干规定》《关于国营企业实行利润留成的规定》《关于开征国营工业企业固定资产税的暂行规定》《关于提高国营工业企业固定资产折旧率和改进折旧费使用办法的规定》《关于国营工业企业实行流动资金全额信贷的暂行规定》等五个文件，以指导扩大企业自主权试点。

上述文件下发后，各地根据文件精神积极组织试点工作。通过扩权试点，初步改变了企业只按国家指令性计划生产，不考虑市场需要，不关心产品销路，不关心盈利亏损的状况，增强了企业经营观念和市场观念，使生产迅速发展，利润大幅增加。例如，南京市试行扩大自主权的22个企业，1980年1月至5月工业产值比上年同期增长22.9%，利润比上年同期增长19.9%。

在四川省开始实行扩大企业自主权试点近两年后，最先试点的企业也传来了增产增收的好消息。由于扩大了企业自主权，多年来束缚社会生产力发展的旧经济体制开始被突破，国家利益、企业利益、职工利益比较好地结合起来，调动了各方面的积极性。

1980年7月3日，《人民日报》对这些企业进行了跟踪报道，文中特别提到了宁江机床厂1979年6月25日在《人民日报》上登出的一则"承接国内外用户直接订货"的广告。广告的内容是："各种精密、高效单轴自动机床　典型工件　承接国内外用户直接订货　宁江机床厂出品　厂址：四川省灌县　电报挂号：3068。"

宁江机床厂是生产仪表机床的专业厂。原来，像机床这类生产资料，必须由国家物资部门计划安排订货。为了改变这种状况，经一机部请示国家经委并征得物资部门的同意，在宁江机床厂进行直接承接订货的试点，促使产销见面。正是这个广告，使得宁江机床厂在跨出企业扩权第一步的时候，就被推到了风口浪尖上。

这是新中国历史上第一个生产资料广告。这个在今天看来最普通不过的广告在当时的企业界、经济学界以及某些政府部门间不啻一场"大地震"，甚至引发了"想挑战马克思"的争论。薄一波后来称赞说："这则广告在中国经济体制改革中立了一功。"

时任宁江机床厂厂长的刘伦宝后来回忆说："当时在做广告的问题上，厂里有不同意见。厂党委的个别领导对登广告一事持保留意见。我作为厂长、党委副书记当场表态：我们不仅要登广告，而且要登就登在《人民日报》上。大家放心，天塌下来我来顶着。广告设计图样很快送到了北京，第一机械工业部部长审阅了该广告，副部长孙友余签发了广告。从酝酿、讨论到诞生这个广告我们前后总共花去了近三个月的时间。做这个广告，当时用去了5 000多元广告费。结果广告刊登后，订户盈门，销路大开，相继签订国内外合同1 000多台。"

到1980年6月，全国试点企业由1979年底时的4 200家发展到6 600多家，这6 600多家大中型试点企业，约占全国预算内工业企业总数的16%，产值的60%，利润的70%。为了进一步把扩大企业自主权的试点工作引向深入，1980年9月2日，国务院批转了国家经委《关于扩大企业自主权试点工作情况和今后意见的报告》，批准从1981年起，把扩大企业自主权的工作在国营工业企业中全面推开。

"社会主义也可以搞市场经济"

这期间，邓小平从理论上又给予城市经济体制改革更大的支持。

1979年11月26日上午，邓小平在北京会见了美国不列颠百科全书出版公司编委会副主席吉布尼和加拿大麦吉尔大学东亚研究所主任林达光等人。邓小平就四个现代化和中国的社会主义道路问题回答了客人的提问。

谈话快结束时，林达光向邓小平提出了一个非常尖锐的问题。林达光问道："您是不是认为过去中国犯了一个错误，过早地限制了非资本主义的市场经济，这方面限制得太快，现在就需要在社会主义计划经济的指引之下，扩大非资本主义的市场经济作用？"

出乎客人们的预料，邓小平从社会经济性质的角度明确作了回答。他指出，说市场经济只存在于资本主义社会，只有资本主义的市场经济，这肯定是不正确的。社会主义为什么不可以搞市场经济，这个不能说是资本主义。我们是计划经济为主，也结合市场经济，但这

1979年11月26日,邓小平在会见美国不列颠百科全书出版公司编委会副主席吉布尼和加拿大麦吉尔大学东亚研究所主任林达光时指出,社会主义也可以搞市场经济

是社会主义的市场经济。市场经济不能说只是资本主义的。市场经济,在封建社会时期就有了萌芽。社会主义也可以搞市场经济。同样地,学习资本主义国家的某些好东西,包括经营管理方法,也不等于实行资本主义。这是社会主义利用这种方法来发展社会生产力。把这当作方法,不会影响整个社会主义,不会重新回到资本主义。

尽管这次谈话中邓小平仍然强调了"计划经济为主",在考虑社会主义搞市场经济时还没有把个体经济和私营经济考虑在内,但这是我们党的领导层中对社会主义也能搞市场经济最早、最深刻的论述,是对传统社会主义观念的重大突破。

1980年1月,邓小平更加明确地提出"计划调节和市场调节相结合",并把它看作是正在寻求的"合乎中国实际的,能够快一点、省一点的道路"。

翻开《邓小平思想年谱》,在20世纪七八十年代,关于市场经济

第三章　城市经济改革实际上是对整个经济体制的全面改革

理论，邓小平还提出了许多重要的思想，如：生产要根据市场的需要，各地的市场要面向全国，用经济的办法管理经济；企业之间要有相互竞争，这不是一个什么社会主义、资本主义的问题；像我们这样一个社会主义国家，当然要对外开放，加强国际经济交往，但中国最大的市场还在国内，特别是农村市场；要大胆利用外资，包括借款，但借债必须放在有能力偿还的基础上，市场应该是有进有出的市场；搞单一经济有很多问题不好办，很难解决就业问题，很难摆脱世界经济危机带来的影响；要保持适当的发展速度，处理好总供给和总需求的关系，中央要有效地进行管理，越开放越要善于管理；等等。这些思想对当时开始的城市经济体制改革具有重要的指导作用。

1981年6月，党的十一届六中全会通过的《关于建国以来党的若干历史问题的决议》以中央决议的形式肯定了邓小平的上述思想，指出："必须在公有制基础上实行计划经济，同时发挥市场调节的辅助作用，要大力发展社会主义商品生产和商品交换。"

1982年7月26日，邓小平在同国家计委的负责同志谈长远规划时指出：社会主义同资本主义比较，它的优越性就在于能做到全国一盘棋，集中力量，保证重点。缺点在于市场运用得不好，经济搞不活。计划和市场的关系如何解决？解决得好，对经济的发展就很有利，解决得不好，就会糟。在筹备党的十二大的过程中，部分经济学家再次提出在十二大报告中要阐述重视价值规律和市场调节作用的问题，但在党内却引起了不同意见。有人认为，过分强调市场的作用，必然会削弱计划经济，削弱社会主义公有制。9月，党的十二大报告提出了"计划经济为主，市场调节为辅"的经济体制改革思路。虽然这一提法仍然坚持计划经济总体框架不变，但允许以市场调节名义出现的市场经济存在和发挥作用，为形成社会主义市场经济理论打开了缺口。另外，报告首次把计划管理区分为指令性计划和指导性计划两种形式，指出无论是实行指令性计划还是指导性计划，都要力求符合客观实际，经常研究市场供需状况的变化，自觉利用价值规律。报告还指出，指导性计划是主要运用经济杠杆保证其实现的计划。这一原则的确定标志着党对社会主义市场经济的认识上了一个台阶。

十二大前后，我国经济体制改革走到一个重要关头。一方面，农村改革日见成效，农业生产和农民生活迅速提高，商品经济日趋活跃；城市改革虽已起步，但相对滞后。另一方面，在改革开放中逐渐发展起来的城乡非国有经济，不仅有力地促进了整个经济的繁荣，而且表现出强劲的发展势头；国有经济部门，特别是国有大中型企业在指令性计划的束缚下缺乏活力、困难重重的状况更为明显。突破"计划经济为主，市场调节为辅"的框架，进一步实行市场取向的改革，成为形势发展的必然要求。

1983年春节前夕，邓小平带着十二大提出的本世纪末实现翻两番的目标能不能实现的问题，来到江苏、浙江视察。在江苏苏州，邓小平对那里的社队工业的崛起产生了浓厚的兴趣。江苏省的领导同志汇报说，苏州社队工业的成长和发展，凭借的是灵活的经营机制，实行的是市场经济体制。基层改革的实践再一次启发了邓小平，他深有感触地说："看来，市场经济很重要！"

"前些时候那个雇工问题，相当震动呀，大家担心得不得了。我的意见是放两年再看。那个能影响到我们的大局吗？如果你一动，群众就说政策变了，人心就不安了"

随着经济体制改革的不断深入，国家的各项政策和人们的社会观念也在悄然地发生改变。1980年，对中国城乡来说，还有一个重大的变化：倡导了十多年的"上山下乡"运动宣告结束。中央书记处决定：从1980年暑假起，应届毕业生不再"上山下乡"，一律作为待业青年，根据实际需要统筹安排。

城镇知识青年的"上山下乡"曾经是我国政治生活的大方向，时任国务院副总理的李先念认为："文革"以来，城镇知青"上山下乡"

的有1 000多万人，而国家又从农村招工进城1 000多万人，先后花了60多亿元，买了"四个不满意"：知青不满意，家长不满意，农民不满意，国家不满意。中央书记处对此进行了专题研究，万里副总理表示：以后不要再提"上山下乡"了。

从1979年开始的全国知青返城大潮使得城镇待业人员达到了2 000多万人。原先全国在农村的知青尚有502万人，1980年6月只剩150余万人，而且返城势头还在继续发展。

随着知青返城热的到来，原本就棘手的城镇就业面临更大的压力。面对庞大的就业队伍，中央提出了鼓励和扶持个体经济适当发展的政策，宣传媒体上开始逐步肯定个体户。于是，街上走南闯北的生意人多了，摆摊做买卖的也越来越多了。

"个体户"开始为中国老百姓所熟知。国务院也正式出台了《关于城镇非农业个体经济的若干政策规定》，"个体户"得到官方承认。

1980年8月2日至7日，中共中央专门召开全国劳动就业工作会议，确定了解决劳动就业问题的根本方针。这就是：解放思想，发展生产，广开就业门路，实行在政府统筹规划的指导下，劳动就业部门介绍就业，自愿组织起来就业和自谋职业相结合的方针。在这一方针政策的指导下，许多地方把扩大就业门路同改善所有制结构结合起来，对发展城镇集体和个体经济放宽了政策，鼓励和支持待业人员组织起来自谋职业，并为他们提供便利条件。

随着个体经济的发展，必然产生一些新的问题，比如说雇工问题。可不可以雇工？可以雇多少工？大家莫衷一是。包括中央高层领导，意见也不一致。

一度闹得沸沸扬扬的"傻子瓜子"问题直接摆到了邓小平的案头。

"傻子瓜子"是指安徽省芜湖市的一家个体户雇工经营、制作的瓜子。这位个体户的名字叫年广久。

当时担任芜湖市供销社业务科长的梁可森回忆说：

"瓜子作为当时来讲是国家二类的副产品，是省管的。如果一年调十几万斤瓜子回来，就是过年的时候，按户口本一户只供应一两斤。当时我们一年才调拨一批瓜子。年广久了解了农民生产的瓜子情况以后，他就到产区，直接从农民手上收购。比从供销社调拨差了几道环节，这差了几道环节他就可以把价格降下来。他是平时就能供应，我们到过年才有。所以这个样子，他就摆起了小摊位，几毛钱一包。然后回家就点钞票。

为了竞争需要，他也要扩大生产，所以他就雇人。炒货工人大概是30—40人。后来他又发展，到另外一个地方支起来一个工厂，据说有七八十人到百八十人。"

年广久后来自己回忆当年雇工的情形说："那时候刚上来就是一个到两个，随着生意的红火，慢慢再增加，到1980年就是138人。"

关于个体户的雇工问题，1979年2月中央批准的工商行政管理局长会议文件，准许个体经济发展，但不许雇工。1981年10月17日中央和国务院颁布的《关于广开就业门路，搞活经济，解决城镇就业问题的若干规定》，开了个小口子，允许个体户带两个帮手、五个学徒。政策界限是七个人，超过七个人就算是雇工。按照传统的社会主义观念，雇工就意味着剥削，性质就不一样了。

这时不少人都引经据典，用马克思对资本主义雇佣劳动的分析，指责雇工就是剥削，主张限制。1982年底中央书记处在讨论这一问题时就有不同意见。有人认为对雇工不加以限制，这样下去很危险，对社会主义制度是个冲击。1983年1月12日，邓小平在一次谈话中说："有个别的搞了雇工，冲击不了社会主义，这个问题容易解决，十年八年以后解决也来得及，没有什么危险。"

争论还在继续发酵着。1983年下半年，从上面来了一个调查组到安徽调查，有人主张取缔"傻子瓜子"。

第三章　城市经济改革实际上是对整个经济体制的全面改革

这年的年底,关于这一问题的争论更加激烈,有的部门甚至准备作出不准党员雇工的规定。邓小平要求不争论,他说:"不急于限制,看两年再说。"

1984年2月23日,中共中央书记处会议听取中央纪委检查委员会常务书记王鹤寿作中纪委关于《加强党的纪律的若干规定》的说明时,就《规定》中提出的共产党员不准雇工剥削问题进行了讨论。王鹤寿说:从当前我国经济生活中的实际情况看,雇工有多种情况,十分复杂,涉及一些重大的理论和实践问题。只有进行调查研究,才能对党员雇工问题作出合理的规定。2月28日,邓小平同薄一波谈话。对雇工问题提出两点意见:一、农村雇工,我说看两三年,没有什么了不起,将来经济发展了,如果有了偏差,一个命令就可以收回来。二、我们是搞社会主义的,要提倡党员搞合作生产,我们终归是要搞社会主义的。3月3日,薄一波致信胡乔木,将邓小平对雇工问题的意见告诉胡乔木。当天,胡乔木将薄一波转告的邓小平对雇工问题的意见转送陈云、赵紫阳、万里、王鹤寿等阅。

后来邓小平又多次说:"前些时候那个雇工问题,相当震动呀,大家担心得不得了。我的意见是放两年再看。那个能影响到我们的大局吗?如果你一动,群众就说政策变了,人心就不安了。你解决了一个'傻子瓜子',会牵动人心不安,没有益处,让'傻子瓜子'经营一段,怕什么?伤害了社会主义吗?""农村改革初期,安徽出了个'傻子瓜子'问题。当时许多人不舒服,说他赚了一百万,主张动他。我说不能动,一动人们就会说政策变了,得不偿失。像这一类的问题还有不少,如果处理不当,就很容易动摇我们的方针,影响改革的全局。"

邓小平还专门谈了对雇工问题的认识:"现在我们国内人们议论雇工问题,我和好多同志谈过,犯不着在这个问题上表现我们在'动',可以再看几年。开始我说看两年,两年到了,我说再看看。现在雇工的大致上只是小企业和农村已承包的农民，雇工人数同全国一亿多职工相比，数目很小。从全局看，这只不过是小小的一点。要动也容易，但是一动就好像政策又在变了。动还是要动，因为我们不搞两极分化。但是，在什么时候动，用什么方法动，要研究。动也就是制约一下。像这样的事情，我们要考虑到不要随便引起动荡甚至引起反复，这是从大局来看问题。重要的是，鼓励大家动脑筋想办法发展我们的经济，有开拓的精神，而不要去损害这种积极性，损害了对我们不利。"

根据邓小平的指示精神，个体经济越搞越搞活了。

"城市难些，要下大决心。城市不仅有工业问题，还有商业问题。改革很复杂，肯定会受到抵制，但不改革不行"

国营企业也在想法搞活。

曾任国家体制改革委员会党组书记的安志文后来回忆说："80年代的改革，是从对外开放、农村经济开始的。实行农村联产承包制以后，出现一个很大的情况，是乡镇企业的兴起。沿海建了特区，开放引进外资，建立合资企业。加上中国的企业，乡镇企业、合资企业，也有一部分民营企业，它的体制也要改。但它是市场的产物，不受国家计划的控制，当时比较活。乡镇企业起来了，合资企业有了，市场机制逐渐形成。国有企业是不能不改，不改就面临破产的威胁。当时外国人和很多经济学家到中国参观，说中国没有真正的企业，企业成了政府的附属。所以，你要搞活经济，首先要扩大企业的自主权。当时一句通俗的话，要给企业松绑。"

松什么绑？时任福建省福州市经委副主任的黄文鳞回忆说："我们主管部门对企业大概有五个统一，生产计划统一下单，原料采购供应统一调拨，产品统一购销，干部统一管理，工资奖金统一定额。这五个统一呢，就像五花大绑一样，把企业都绑住了。他们说，我们加班费、修厕所，也要上级主管部门去审批。因此，我们没有权利，没有动力,更谈不上合力。"

当时福建省福州市第二化工厂厂长汪建华和其他一些厂长经理都在思考这一问题。汪建华回忆说:"我们国家当时正处在一个改革开放初期阶段,那时我们老想到一个什么问题呢?如何搞活企业,把企业发展起来,身上有这个责任。我们互相在一起交流这个情况,如何搞活企业。最后,我们13个企业的领导同志,大家在一起谈这个话,委托我,组织福建省的厂长经理召开一个研究会,大家交流经验,看看如何搞活企业。"

1984年3月22日,在福州市第二化工厂的招待所,福建省厂长(经理)研究会成立大会召开了。

黄文鳞回忆说:"会上,我们请了福州第一家的中外合资企业的总经理介绍他们合资企业怎么搞活企业的情况。他说,我们的董事长、总经理权力很多,很大,积极性很高。这样一来,大家听后都很羡慕,而且坐不住了。大家说,如果我们的主管部门同样给我们这样的权力,我们一样可以搞活,甚至可以搞得更好。"

第二天,与会的55位代表,联名给省委书记项南、省长胡平写了一封信,要求给企业五条自主权:一、副职由厂长提名、上级任命,其他干部企业自行任免。二、实行职务浮动。三、有权支配奖励基金,实行浮动工资。四、计划外产品允许企业自销。五、试行厂长(经理)负责制。

信写完后,55个人一一签上自己的名字,就像六年前安徽小岗的农民为争得种地的自主权在协议上摁手印一样。

福建省委书记项南很快批示:此信情辞恳切,使人读后有一种再不改革,再不放权,就真不能前进的感觉。有必要将这封信公之于众。

时任福建省省长的胡平,谈到当时的情况时说:"这55个厂长经理的呼吁确实有积极意义,促进我们省政府在权力范围内我们先改,我们先办，不等中央了。我们就制订了一些配套文件，支持这55个厂长经理。"

松绑信的影响很快超出了起草者的预期。3月30日，《人民日报》摘要发表了这封信，其他全国性的报纸也纷纷介绍这封信的内容，使这件事的影响很快从福建扩大到全国。

在邓小平的支持下，为了顺应各地松绑放权的呼声，5月10日，国务院发出《关于进一步扩大国营工业企业自主权的暂行规定》，又称为"扩权十条"。扩大了企业在机构、人员、资产、工资奖金分配等方面的管理自主权，还允许企业完成计划后，可以自主采购原料、安排生产和销售，价格可以在国家定价的上下20%幅度内浮动，这就突破了国家单一定价，形成计划内外两种价格并存的价格"双轨制"。

5月20日，邓小平在会见外国客人时说，我们这次人大提出要解决城市中的改革问题。我们在农村已经做了，收效较大。城市难些，要下大决心。城市不仅有工业问题，还有商业问题。改革很复杂，肯定会受到抵制，但不改革不行。6月，国务院向六届全国人大二次会议提交的《政府工作报告》中指出："城市改革的步子要加快，要从解决国家与企业、企业与职工的关系入手，把适合于当前情况的各项改革措施初步配起套来，同步进行。"

"能不能像十一届三中全会一样，搞个经济体制改革的文件？如果能搞个经济体制改革的文件，这在政治上、实际上的动员作用很大。别的不要搞了"

7月28日，中共中央总书记胡耀邦和邓小平谈准备于下半年召开的十二届三中全会的议题问题。邓小平认为，会议最理想的方案是只讨论经济体制改革这一个问题。他说："能不能像十一届三中全会一样，搞个经济体制改革的文件？如果能搞个经济体制改革的文件，这在政治上、实际上的动员作用很大。别的不要搞了。"

9月9日，国务院总理给邓小平和其他中央政治局常委写了《关

第三章　城市经济改革实际上是对整个经济体制的全面改革

1985年4月15日，邓小平会见坦桑尼亚联合共和国副总理姆维尼时说，城市改革比农村改革更复杂，而且有风险。我们确定的原则是：胆子要大，步子要稳

于经济体制改革中的三个问题的意见》的信。信中提出："计划第一，价值规律第二，这一表述并不确切，今后不宜沿用"。"社会主义经济是以公有制为基础的有计划的商品经济。计划要通过价值规律来实现，要运用价值规律为计划服务"。邓小平、陈云分别在9月11日和12日批示同意。中共十二届三中全会决定的起草工作就是在新的指导方针下进行的。

10月6日，邓小平在会见中外经济合作讨论会的全体中外代表时说，即将召开的党的十二届三中全会的主题，就是城市和整个经济体制的改革。这意味着中国将出现全面改革的局面。由于城市改革的复杂性，可能会出些差错。但这影响不了大局，我们是走一步看一步，有不妥当的地方，改过来就是了。我们相信，城市改革也会成功，党的十二届三中全会将在中国的历史发展中写上很重要的一笔。

10月20日，中共十二届三中全会召开。全会通过了经济体制改革的纲领性文件《中共中央关于经济体制改革的决定》，在社会主义商品经济理论方面突破了传统的社会主义理论。主要表现在：一、打破了把社会主义同商品经济对立起来的传统观念，明确指出商品经济的充分发展，是社会经济发展不可逾越的阶段。也就是说，商品经济是同生产力发展水平相联系，而不是同社会制度相联系的经济形式，不到生产力高度发达之时，商品经济是不会退出历史舞台的。明确了社会主义阶段充分发展商品经济的必要性，把社会主义同商品经济统一起来。二、打破了把计划经济同商品经济对立起来的传统观念。《决定》指出："改革计划体制，首先要突破把计划经济同商品经济对立起来的传统观念，明确认识社会主义计划经济必须自觉依据和运用价值规律，是在公有制基础上的有计划的商品经济。""实行计划经济同运用价值规律、发展商品经济，不是互相排斥的，而是统一的，把它们对立起来是错误的。"这就跳出传统观念的框框，把计划经济和商品经济统一在社会主义经济之中。三、打破了把全民所有同国家直接经营企业混为一谈的传统观念，创造性地提出把国营企业的所有权和经营权适当分开，"使企业真正成为相对独立的经济实体，成为自主经营、自负盈亏的社会主义商品生产者和经营者"。解决了生产资料的全民所有权同企业经营权的关系这个长期没有解决的理论问题和实践问题。这个决定改变了"计划经济为主，市场调节为辅"的提法。

对于这个决定，邓小平给予了很高的评价。他说："这个决定，是马克思主义基本原理和中国社会主义实践相结合的政治经济学。我有这么一个评价。但是要到五年之后才能够讲这个话，证明它正确。"两天后，他又在中顾委第三次全体会议上说："这次经济体制改革的文件好，就是解释了什么是社会主义，有些是我们老祖宗没有说过的话，有些新话。我看讲清楚了。过去我们不可能写出这样的文件，没有前几年的实践不可能写出这样的文件。写出来，也很不容易通过，会被看作'异端'。我们用自己的实践回答了新情况下出现的一些新

第三章 城市经济改革实际上是对整个经济体制的全面改革

中共中央关于经济体制改革的决定

问题。不是说四个坚持吗?这是真正坚持社会主义,否则是'四人帮'的'宁要社会主义的草,不要资本主义的苗'。解放思想,我们老同志有这个任务。"

邓小平在十二届三中全会上

此后，党的十三大报告、十四大报告对《中共中央关于经济体制改革的决定》中关于商品经济的论述给予了很高的评价。十三大报告说："《中共中央关于经济体制改革的决定》明确指出，社会主义经济是公有制基础上的有计划的商品经济。这是我们党对社会主义经济作出的科学概括，是对马克思主义的重大发展，是我国经济体制改革的基本理论依据。"十四大报告也指出：《中共中央关于经济体制改革的决定》"提出我国社会主义经济是公有制基础上的有计划商品经济，突破了把计划经济同商品经济对立起来的传统理念，是对马克思主义政治经济学的新发展，为全面经济体制改革提供了新的理论指导"。

但是，"有计划的商品经济"仍未完全摆脱计划经济的束缚，只是在传统计划体制下承认商品经济。一方面，它把市场经济仍看作是"完全由市场调节"的经济，强调"我国实行的是计划经济，即有计划的商品经济，而不是那种完全由市场调节的市场经济"，因此，配置资源的主要手段和方法仍是行政性的计划。另一方面，它只承认产品是商品，不承认生产商品的全部要素是商品，认为"在我国社会主义条件下，劳动力不是商品，土地、矿山、银行、铁路等等一切国有的企业和资源也都不是商品"这就很大地限制了商品的范围。

针对这种情况，邓小平再次提出不要把计划经济和市场经济对立起来。1985年10月23日，他在会见美国高级企业家代表团团长格隆瓦尔德，回答市场经济和社会主义制度之间的矛盾是否很难解决时说："社会主义和市场经济之间不存在根本矛盾。问题是用什么方法才能更有力地发展社会生产力。我们过去一直搞计划经济，但多年的实践证明，在某种意义上说，只搞计划经济会束缚生产力的发展。把计划经济和市场经济结合起来，就更能解放生产力，加速经济发展。"他还指出，我们发挥社会主义固有的特点，也采用资本主义的一些方法（是当作方法来用的），目的就是要加速发展生产力。

1987年，在准备召开党的第十三次全国代表大会的过程中，邓

第三章　城市经济改革实际上是对整个经济体制的全面改革

小平进一步强调了这一观点。他说："为什么一谈市场就说是资本主义，只有计划才是社会主义呢？计划和市场都是方法嘛。只要对发展生产力有好处，就可以利用。它为社会主义服务，就是社会主义的；为资本主义服务，就是资本主义的。好像一谈计划就是社会主义，这也是不对的，日本就有一个企划厅嘛，美国也有计划嘛。我们以前是学苏联的，搞计划经济。后来又讲计划经济为主，现在不要再讲这个了。"

根据邓小平的讲话精神，十三大报告再次作出重大理论突破，指出"社会主义有计划商品经济的体制，应当是计划与市场内在统一的体制"。全党应当明确几个基本观念：第一，社会主义商品经济是同社会主义初级阶段联系在一起的，社会主义初级阶段是社会主义商品经济存在的历史条件。第二，社会主义商品经济的发展离不开市场的发育和完善。社会主义商品经济同资本主义商品经济的本质区别，在于所有制不同。第三，计划和市场的作用范围都是覆盖全社会的。新的运行机制，总体上来说应当是"国家调节市场，市场引导企业"的机制。十三大报告在计划和市场的关系上强调市场、价值规律的作用，反映了商品经济发展的新要求。有人评论说，这离确认有国家调控的市场经济，只隔一层纸了。这次会议以后，"以计划经济为主"的提法不再出现在党的文件上。

十三大以后，我国的经济体制改革沿着市场取向的道路继续前进。为适应有计划商品经济发展的需要，党和政府采取措施，开始破除原有计划体制内的许多条条框框，给企业"松绑"，促使企业转换经营机制，适应市场的要求，以便成为真正的自主经营、自负盈亏的商品生产者和经营者。

第四章　我们的目标是到本世纪末
　　　　人均达到八百美元

　　1984年5月29日，邓小平会见巴西总统菲格雷多时说："现在中国还很穷，国民生产总值人均只有三百美元。我们的目标是，到本世纪末人均达到八百美元。八百美元对经济发达国家来说不算什么，但

1984年5月29日，邓小平会见巴西总统菲格雷多

对中国来说,这是雄心壮志。它意味着到本世纪末,我国的国民生产总值达到一万亿美元。到那个时候,中国就会对人类有大一点的贡献。我国是社会主义国家,国民生产总值达到一万亿美元,日子就会比较好过。更重要的是,在这样一个基础上,再发展三十年到五十年,我们就可以接近发达国家的水平。"

这就是邓小平构思的中国现代化的发展战略。

"我们要实现的四个现代化,是中国式的现代化。我们的四个现代化的概念,不是像你们那样的现代化的概念,而是'小康之家'"

实现四个现代化,把我国建设成为一个现代化的社会主义强国,这是中华人民共和国成立后,以毛泽东为核心的第一代中央领导集体提出的矢志不移的奋斗目标。1964年12月21日,根据毛泽东的提议,周恩来在三届人大一次会议上宣布,我国今后的战略目标是:"要在不太长的历史时期内,把我国建设成为一个具有现代农业、现

1975年1月,周恩来在四届人大一次会议上重申"四个现代化"的宏伟目标

代工业、现代国防和现代科学技术的社会主义强国，赶上和超过世界先进水平。"这是我们党第一次完整科学地提出"四个现代化"，并将之确立为党的战略目标。

这个战略目标刚开始实施就因"文化大革命"而被迫中断。直到1975年1月13日，周恩来在四届人大一次会议所做的《政府工作报告》中，重申"四个现代化"的目标，提出要"在本世纪内，全面实现农业、工业、国防和科学技术的现代化，使我国国民经济走在世界的前列"。

"在本世纪内"成为我们实现四个现代化的一个期限。而这时，离我们党和国家确立实现四个现代化战略目标，已经过去了整整十年的时间。

邓小平第二次复出后，对实现这个目标也进行了深入的思考。

1975年9月15日，邓小平在全国农业学大寨会议上的讲话中就指出：我们应该有清醒的头脑，尽管有了工农业初步的基础，但我们还很穷、很落后，不管是工业、农业，要赶上世界先进水平还要几十年的时间。

同年10月7日，邓小平在会见英国保守党上院领袖卡林顿时说："中国有中国的问题，中国自己有自己的条件，因为我们人口多。即使我们的生产能力和总产值达到了美国的水平，人民的生活水平跟你们西方的水平还差了一个很大的距离。说赶上西方，就是比较接近，至少还要50年。这不是客气话，这是一种清醒的估计。"

为了实现四个现代化的目标，邓小平付出了他全部的心力和智慧。他主持起草周恩来在四届人大一次会议上的《政府工作报告》，向全党和全国人民宣传和介绍四个现代化的宏伟目标，为了使这个我们"赌了咒，发了誓"的雄心壮志能够早日实现，他着力领导了全面整顿。

但是，随着邓小平再一次被打倒，他为实现这个战略目标的努力

第四章 我们的目标是到本世纪末人均达到八百美元

也不得不中断。

粉碎"四人帮"、结束"文化大革命"后,尽管当时国民经济几近崩溃,我国的经济建设和现代化建设事业面临许多困难和问题,人们在许多问题上认识也不完全一致,但实现四个现代化很快成为全党和全国人民的共识。中国人民实现四个现代化的热情也开始空前高涨。但是,我们与世界先进国家比差距有多大,到本世纪末中国的经济发展将会是一个什么样子,大多数人并没有一个清醒的认识。

1978年2月,五届人大一次会议提出了中国未来23年实现四个现代化的目标,并提出:在1978年到1985年新建和续建包括十大钢铁基地、十大油气田在内的120个大型项目。按照这个目标要求,8年间国家财政收入和基本建设投资,都相当于过去28年的总和。

然而,四个现代化建设并没有因这个"全面跃进"规划出现"新局面"。相反,违反经济规律的"洋跃进",给本应急需调整的国民经济雪上加霜,造成了国家财政困难和国民经济比例失调更加严重的后果。邓小平后来总结说,这段时期"脑子有点热,对自己的估计不很切合实际,大的项目搞得太多,基本建设战线太长,结果就出现问题了"。

邓小平再一次为如何实现四个现代化的目标而思考、奔走。

从1977年冬到1978年秋,邓小平先后到了广东、成都、东北等地,他看到的实际情况是:社会主义搞了20多年还很穷,很落后;由于"文化大革命"的破坏和延误,同发达国家相比,我国经济上的差距可能是20年、30年,有的方面甚至是50年。

为了使更多的人了解世界各国现代化的进程,看看发达国家是怎样搞的。在邓小平的大力倡导下,1978年我国相继派出多批考察团出国考察,目的地大多是西方发达国家。邓小平本人也频繁出国访问、考察,先后访问了缅甸、尼泊尔、朝鲜、日本、泰国、马来西亚、新加坡、美国等国。

从一个更宽广的视野来看中国的发展水平，邓小平有了新的感悟。他说："最近我们的同志出去看了一下，越看越感到我们落后。什么叫现代化？50年代一个样，60年代不一样了，70年代就更不一样了。"访日期间，看到那里的劳动生产率比我国高几十倍，他感慨地说："我懂得什么是现代化了。"访美期间，在参观了福特汽车厂、约翰逊航天中心等大型现代化企业后，他"感到很有收获。"

中国与世界现代化先进水平之间的巨大差距，使邓小平感到："我们头脑里开始想的同我们在摸索中遇到的实际情况有差距"，我们要在本世纪末实现四个现代化的雄心壮志是不现实的。

进入1979年，因"洋跃进"造成的国民经济比例关系严重失调的局面日益显现。改革开放刚刚起步，就面临着不得不进行经济调整的局面。在领导经济调整的过程中，邓小平开始重新思考在基础薄弱、财力严重不足的情况下，中国的四个现代化到本世纪末究竟要达到一个什么水平。

1979年3月21日，邓小平在会见英国客人时，第一次提出了"中国式的四个现代化"的全新概念。他说："我们定的目标是在本世纪末实现四个现代化。我们的概念与西方不同，我姑且用个新说法，叫做中国式的四个现代化。现在我们的技术水平还是你们50年代的水平。如果本世纪末能达到你们70年代的水平，那就很了不起。"

两天后，他在政治局会议上又把他刚刚提出的"中国式的四个现代化"表述为"中国式的现代化"。他说："我同外国人谈话，用了一个新名词：中国式的现代化。到本世纪末，我们大概只能达到发达国家70年代的水平，人均收入不可能很高。"

3月30日，他在理论工作务虚会上的讲话中提出："中国式的现代化，必须从中国的特点出发。"并指出："底子薄"和"人口多，耕地少"是中国实现四个现代化和中国现代化建设"必须看到"和"必

第四章　我们的目标是到本世纪末人均达到八百美元

1979年3月21日，邓小平会见以马尔科姆·麦克唐纳为团长的英中文化协会执委会代表团时，提出"中国式的四个现代化"概念

须考虑"的"两个重要特点"。

"中国式的现代化"是什么样的现代化？

7月28日，邓小平第一次为"中国式的现代化"定出了标准。他说："搞现代化就是要加快步伐，搞富的社会主义，不是搞穷的社会主义。""当然我们不是像西方那样。如果我们平均每人收入达到1 000美元，就很不错，可以吃得好，穿得好，用得好。"两个多月后，在10月4日召开的中央政治局会议上，他参照国际上通用的人均国民生产总值，对这个标准做了详细的论证和说明。他说："中国式的现代化，就是把标准放低一点。特别是国民生产总值，按人口平均来说不会很高。""前一时期我讲了一个意见，等到人均达到1 000美元的时候，我们的日子可能就比较好过了。""现在我们的国民生产总值人均大概不到300美元，要提高两三倍不容易。"

1979年12月6日，邓小平会见了来访的日本首相大平正芳。

大平正芳，20世纪60年代担任池田内阁的官房长官。他曾在经济增长速度问题上，力排当时多数人的"稳定增长论"，制定了日本"国民经济倍增计划"，并大力推动实施。到 1970 年，这个计划果然实现了。从 1965 年 11 月到 1970 年 7 月，日本国民生产总值年增长率约达 10.5%，发展速度超过了所有的西方先进国家。大平在经济领域也声名鹊起。

会谈开始后，大平正芳一连向邓小平提出了两个他本人十分关注、日本国内议论较多的问题："中国根据自己独自的立场提出了宏伟的现代化规划，要把中国建设成伟大的社会主义国家。中国将来会是什么样？整个现代化的蓝图是如何构思的？"

对于大平正芳提出的问题，邓小平事先没有料到，但这也正是这段时期他思考最多的问题。他"想了一下"，大约过了一分钟的时间，给出了明确的回答："我们要实现的四个现代化，是中国式的四个现代化。我们的四个现代化的概念，不是像你们那样的现代化的概念，而是'小康之家'。到本世纪末，中国的四个现代化即使达到了某种目标，我们的国民生产总值人均水平也还是很低的。要达到第三世界中比较富裕一点的国家的水平，比如国民生产总值人均一千美元，也还得付出很大的努力。就算达到那样的水平，同西方来比，也还是落后的。所以，我只能说，中国到那时也还是一个小康的状态。"

后来，邓小平曾多次谈到他在大平先生的"启发下"提出小康目标的来龙去脉。用他自己的话说："这个回答当然不准确，但也不是随意说的。"

提出"小康"，对中国来说究竟意味着什么？

"小康"是"四个现代化的最低目标"，"就是还不富裕，但日子好过"。"社会存在的问题能比较顺利地解决。"邓小平说："目标放低一点好，可以超过它。""目标定低一点是为了防止产生急躁情绪，避免又回到'左'的错误上去。"

小康社会的现代化，是中国式的现代化。邓小平说："中国这样

第四章　我们的目标是到本世纪末人均达到八百美元

1979年12月6日，邓小平会见日本首相大平正芳，向客人解释"中国式现代化"的含义，第一次提出"小康"概念

的底子，人口这样多，耕地这样少，劳动生产率、财政收支、外贸进出口都不可能一下子大幅度提高，国民收入的增长速度不可能很快。"所以"我们的四个现代化是中国式的"。

"小康之家"的中国式的现代化，"不是西方的现代化"，"不能同西方比"。邓小平说："如果我们的国民生产总值真正达到每人平均1 000美元，那我们的日子比他们2 000美元还要好过。""因为我们这里没有剥削阶级，没有剥削制度，国民总收入完全用之于整个社会，相当大一部分直接分配给人民。他们那里贫富悬殊很大，大多数财富是在资本家手上。"

"小康之家"的"中国式的现代化"，是邓小平对过去设想的要在20世纪末"走在世界前列"，赶上或超过世界先进水平这样一个"全面实现四个现代化"的战略目标所作的重大调整和修改。

在明确了"在本世纪末我们肯定不能达到日本、欧洲、美国和第三世界中有些发达国家的水平"之后，邓小平用"小康之家"这样一个中国历史上普通百姓所向往的吃穿不愁、日子好过的理想社会状态来定位党在20世纪末所要实现的战略目标。同时，他又参照西方社会的标准，用世界上通用的衡量一个国家或地区生产水平和生活水平的人均国民生产总值，为"小康之家"这个笼统的、没有任何量化指标概念确定了人均1 000美元的标准。第一次把我们党的战略目标同人民群众的生活密切地联系起来，从而使长期以来十分抽象的经济发展战略，变成了与每一个中国人利益攸关的具体的、明确的发展目标。这就使得小康目标既能为广大的中国百姓所熟知，又易于为世界各国所理解，还能根据世界经济发展水平进行调整，使之成为一个生动的、动态的、开放式的发展目标。

"小康之家"是"四个现代化的最低目标"，是"目标定低"了的"中国式的现代化"，但要实现人均收入1 000美元的目标并不容易。据估计，中国如果要达到平均每人每年收入约1 000美元，大约每年需要8%—10%的增长率。而当时在制定长期规划时，确定第六个五年计划（1981年到1985年）的年均增长率为4%—5%。

这个新构想是否可行，能否按时实现，邓小平心里并没有底。1980年六七月间，邓小平先后到陕西、四川、湖北、河南等地视察。在湖北视察"二汽"的时候，邓小平就指出，这次出来到几个省看看，最感兴趣的是两个问题：一个是如何实现农村奔小康，达到人均1 000美元，一个是选拔青年干部。7月22日考察即将结束时，他听取河南省委第一书记段君毅、第二书记胡立教关于河南省经济发展情况的汇报。当段君毅、胡立教等汇报了十一届三中全会以来河南农村的发展变化和各项经济指标后，邓小平问："你们的账是怎么算出来的？"段君毅、胡立教回答说："我们在火车上算了一笔账，河南农业按照每年增长8%递增，就可以提前两年达到人均1 000美元。"

接着，段君毅、胡立教以河南新乡县七里营乡的刘庄村为例，就农村经济发展中农业、乡镇工业、副业在农业总产值中所占的比重和具体数字，向邓小平算了河南农村何时达到小康水平这本"账"。邓小平听后，提了一些问题，又让他们反复核算了一下，再三要求一定要实事求是地准确算。他对他们说："对如何实现小康，我作了一些调查，让江苏、广东、山东、湖北、东北三省等省份，一个省一个省算账。我对这件事最感兴趣。8亿人口能够达到小康水平，这就是一件很了不起的事情。""你们河南地处中原，是中州，处于中等水平，也是个标准，要认真算算账。""'中原标准''中州标准'，有一定的代表性。""河南能上去，其他一些省也应该能上去。"

"看来达到1 000美元也不容易，比如说800、900，就算800，也算是一个小康生活了"

经过实地调研、计算和研究各种条件，包括国际合作的条件，邓小平感到达到1 000美元并不容易。因此，他在1980年10月首次把1 000美元的目标调整为800至1 000美元。在1980年到1982年9月十二大召开前的两年间，他反复研究、论证这个指标。"经过这一时期的摸索"，他提出："看来达到1 000美元也不容易，比如说800、900，就算800，也算是一个小康生活了。"如果"到本世纪末人均国民生产总值达到1 000美元"，"国民生产总值就要超过1.2万亿美元，因为到那时我们人口至少有12亿"，"我们争取人均达到1 000美元，最低达到800美元"。

怎样实现最低800美元这个目标？邓小平做了精心的设计和规划，他提出争取20年翻两番；10年翻一番，两个10年翻两番，"到本世纪末人均国民生产总值达到800至1 000美元，进入小康社会。"

1982年9月，党的十二大正式把邓小平提出的20世纪末实现小康目标的构想确定为今后20年中国经济建设总的奋斗目标，即：从1981年到本世纪末的20年，力争使全国工农业的年总产值翻两番，即由1980年的7 100亿元增加到2000年的2.8万亿元左右。人民的物质文化生活达到小康水平。

需要说明的是,十二大报告中提出的到 20 世纪末"翻两番",用的是"全国工农业的年总产值",把 2.8 万亿元的总值换算为国民生产总值并按照不变价格以 1980 年人民币与美元的汇率计算,到 20 世纪末可以达到 1 万亿美元左右。按照人口年均增长 12.5‰计算,20 年后将达到 12 亿左右,人均国民生产总值是 800 美元。

十二大以后,党内党外,群情高涨,人们对未来的小康生活充满了美好的憧憬。这时,邓小平思考最多、关注最多的是,小康目标究竟是否符合中国的实际,能不能按时实现。这年 10 月,他在同国家计委负责人宋平谈话时说:"到本世纪末,20 年的奋斗目标定了,工农业总产值翻两番。靠不靠得住?十二大说靠得住,相信是靠得住的。但究竟靠不靠得住,还要看今后的工作。"这年年底,中国经济三年调整的任务大体完成,为随后的经济体制改革和现代化建设打下了一个较好的基础。

为了验证小康目标的现实可行性,1983 年 2 月,邓小平去了经济发展较快的江浙地区。十多天的时间里,他在苏州和杭州反复询问和论证的主题是:到 2000 年,能不能实现翻两番?有没有信心?人均 800 美元,达到这样的水平,社会上是一个什么面貌?发展前景是什么样子?

原苏州地委书记戴心思回忆说:"小平同志到苏州的时候,正好是我们党的十二大开过不久。那个时候,苏州和全国一样,大家都在议论'翻两番''奔小康'的问题。小平同志对江苏和苏州这个地方,他最关心的问题就是能不能翻两番,什么时候能够奔上小康。他问,'现在苏州农村的现状究竟是什么样子,你们对翻两番有没有信心?'因为当时有一种议论,好像基础差的地方翻番比较容易,因为基数低。基础好的地方,好像块头大,翻番比较难。当时江苏省委的一些领导同志和我们苏州地区的领导,我们的看法一致,就觉得不一定。可能基础好的地方翻番比较快。因为当时我们就估计苏州这个地方,

第四章　我们的目标是到本世纪末人均达到八百美元

1983年2月，邓小平南下苏州、杭州，深入实际，论证小康目标的可行性。图为邓小平同江苏省省长顾秀莲交谈

翻两番肯定不要到 2000 年。"

邓小平一到苏州，便急于了解当地的情况。

2月7日下午，江苏省委的领导和苏州地委的领导来到邓小平下榻的南园宾馆新平房的会客室。

邓小平习惯性地点燃一支香烟，听取江苏同志的汇报。

邓小平首先问道："到 2000 年，江苏能不能实现翻两番？"

江苏省领导同志回答："从江苏经济发展的历史看，自 1976 年至 1982 年，6 年时间，全省工农业总产值就翻了一番。照这样的增长速度，就全省而言，用不了 20 年时间，就有把握实现翻两番。"

"苏州有没有信心，有没有可能？"邓小平又问。

苏州工农业生产的基数较高，是江苏省经济最发达的地方，在国内经济水平较为发达的地区中具有代表性。

当时，正值苏州地区和苏州市合并前夕，按照新的区划，苏州市将下辖吴县、吴江、昆山、太仓、常熟、沙洲六个县。1978年，六个县的工农业总产值为65.5928亿元，国民生产总值为31.9053亿元。到1982年底，工农业总产值增加到104.8813亿元，人均超过800美元，国民生产总值增加到了47.6133亿元。四年间，工农业总产值和国民生产总值分别以12.65%和10.49%的年平均速度递增。这一递增速度高于全省的平均水平。按这样的发展势头，苏州翻一番的奋斗目标有五到六年就已经足够了，再翻一番，用十年的时间也就差不多了。留点余地，到1995年一定能够实现翻两番的目标。

"像苏州这样的地方，我们准备提前五年实现党中央提出的奋斗目标。"江苏省的领导同志回答说。

听到这里，邓小平十分满意地点点头，脸上露出了充满信心的微笑。

这里谈兴正浓，原来预定的会见时间已经到了，工作人员来到门口，看到邓小平又点燃了一支烟，明白谈话还要继续下去。

邓小平说："人均800美元，达到这样的水平，社会上是一个什么面貌？发展前景是什么样子？"

江苏的负责人根据苏州的实践，从政治、经济和文化、教育等六个方面向他描述出了一幅未来小康社会的美好蓝图：人民的吃、穿、用问题解决了，物质生活在一个较高的水平上有了保障；住房问题解决了，人均居住面积达到20平方米；就业问题解决了，农副工三业协调发展，人人得到妥善安排，本地劳动力不外流，相反开始吸收外地劳动力，做工务农；教育、文化等事业经费有了保障，中小学教育得到普及，各种文体设施及其他社会福利事业普遍建立起来；人们的精神面貌显著变化，观念更新，旧俗收敛，新风光大，犯罪活动减少，社会治安明显好转；一批初步繁荣富庶、文明昌盛、安定祥和的社会主义新农村已经和正在不断涌现出来。

邓小平听得仔细，几乎每一条都熟记于心。后来回到北京后，他先后同中央负责同志和中顾委的同志反复讲这几条，他说："这几条就了不起啊！"

2月9日下午，邓小平来到杭州，住进西湖边上的刘庄宾馆1号楼。邓小平同前来迎接的中共浙江省委领导铁瑛、李丰平等一一握手。铁瑛提出请小平同志先休息几天。邓小平一听连连摇手说："我不累，大家进屋里一块谈谈。"

1983年2月，邓小平到苏州、杭州视察，调查小康目标实现的可能性

大家刚一坐定，邓小平便兴致勃勃地说开了。看得出，他心里很高兴。邓小平说："我这次在苏州，与江苏的同志主要谈到2000年是不是可以翻两番，达到小康的问题。"他告诉浙江的同志，现在苏州工农业总产值人均已接近800美元，苏州的同志谈他们已解决了六个方面的问题。他一一细数。

接着，铁瑛汇报了浙江翻两番的情况："浙江1982年工农业生产总值已经接近人均600美元，我们分析了全省的工农业发展情况，到

2000年，翻两番半或三番是可能的。"

邓小平迫不及待地问："到2000年是多少？"

回答是大约1 200美元。

邓小平紧接着问："你们的收入在全国占第几位？"

省长李丰平回答说："这两年浙江的发展势头很好。1982年农业获得了建国以来的最好收成，比上年增长15%，全省工农业总产值比上年增长10%，人均达到了500多美元，名列全国第七位。"

邓小平说："北京、上海、天津三个市可以除外，你们是第四位。辽宁、黑龙江的重工业产值高，人民生活水平不如江浙。生活好了，人就不愿意往外走。江苏、浙江，还有山东，这两年也上得快，鲁西北这两年生活也好了，人也不往外走了。苏州现在已达到了或者接近每人800美元的水平。他们已解决了知识青年的就业问题。"

说到这里，邓小平又问道："你们考虑，到了800美元，社会面貌是什么面貌？"还没等浙江的同志回答，邓小平自己就说，吃、穿没有问题，用也基本没有问题；人不愿到外面去，农民也不要往外走；就业问题解决了；文化有很大发展，教育上普及了中学，教师的待遇也不低。

邓小平又问："江苏从1977年到1982年的六年时间里，工农业总产值翻了一番。照此下去，到1988年前后可以达到翻两番。你们呢，你们能不能实现这个目标？"

"如果顺利的话，翻两番不成问题。"铁瑛接过话茬，颇有信心地说。

看到浙江的同志信心十足，邓小平笑着说："你们浙江能不能多翻一点呢？像宁夏、甘肃翻两番就难了。"

李丰平回答说："1980年浙江人均330美元，预计1990年可以达到人均660美元，到2000年达到1 300美元，通过努力，争取翻三番。"

"噢，你们有信心能翻两番半到三番？"邓小平面带微笑，很认真地反问道，"你们有什么措施作保证吗？"

"有的。"铁瑛接着汇报了省委目前抓紧的五项措施。

汇报一直进行了两个多小时。邓小平全神贯注地听着、问着，看不出有丝毫的疲惫。

邓小平最后说："你们是沿海发展比较快的一个省，你们的工作不错，我很高兴！是啊，到 2000 年，江苏、浙江应该多翻一点，拉一拉青海、甘肃、宁夏这些基础落后的省，以保证达到全国翻两番的目标。"

苏杭之行使邓小平对"翻两番"、实现"小康"目标充满了信心。在返京的列车上，当有人问他此次江浙之行的感想时，一向话不多的邓小平只说了六个字："到处喜气洋洋。"

3月2日，回到北京后不久，邓小平即约请中央负责人谈话。他一条不漏地介绍了他在苏州了解到的达到小康目标时社会状况：第一，人民的吃穿用问题解决了，基本生活有了保障；第二，住房问题解决了，人均达到 20 平方米；第三，就业问题解决了，城镇基本上没有待业劳动者了；第四，人不再外流了，农村的人总想往大城市跑的情况已经改变；第五，中小学教育普及了，教育、文化、体育和其他公共福利事业有能力自己安排了；第六，人们的精神面貌变化了，犯罪行为大大减少。他充满信心地说："看来，四个现代化希望很大。"他同时要求：到本世纪末实现翻两番，要有全盘的更具体的规划，各个省、自治区、直辖市也都要有自己的具体规划，做到心中有数。落后的地区，如宁夏、青海、甘肃如何搞法，也要做到心中有数。我们要帮助各省、自治区、直辖市解决各自突出的问题，帮他们创造条件，使他们的具体规划落到实处。

小康社会的这六条标准，既有经济、政治、文化、教育，也有就业、人的精神面貌等方面，较之"小康之家"，这是一个更具体、更清晰、更全面、更强调协调发展的社会目标。

20世纪末达到小康水平，这只是实现现代化的一个初步目标，是今后发展的一个新起点。

邓小平在验证了"小康"目标的可行性后，开始更多地关注"小康"目标实现后中国未来更长远的发展目标。他说，我们虽然活不到那个时候，但有责任提出那个时候的目标。

1980年12月25日，邓小平第一次对实现小康目标后的发展战略作了设想。他提出，经过20年的时间，我国现代化经济建设的发展达到小康水平后，还要"继续前进，逐步达到更高程度的现代化。"

1984年1月，邓小平到了深圳，当深圳市委的负责人介绍到深圳经济特区的工业产值1982年达到3.6亿元，1983年达到7.2亿元时，邓小平脱口而出："那就是一年翻一番？"显然，他对这个递增的速度非常关注。在深圳河畔渔民村，老支书吴伯森告诉他，这个村1983年人均年收入2 800多元，户户是万元户。当有人问他像渔民村这样的生产和生活水平，全国人民做到要多少年时，邓小平想了想回答说："大约需要100年，至少也要70年，就是到20世纪末，然后再加50年。"

深圳之行，引发了邓小平对小康目标实现后未来中国经济发展目标的关注和思考。回京不久，他在4月18日明确提出：我们的第一个目标就是到本世纪末达到小康水平，第二个目标就是要在30年至50年内达到或接近发达国家的水平。从而把规划我国经济发展目标的时限由20世纪末延伸到21世纪中叶，目标定在"接近发达国家水平"。他的这个意思，在同年10月6日会见参加中外经济合作问题讨论会全体代表时、在10月22日的中顾委第三次全体会议上等很多重要场合都讲过。

这一年，仅这个问题，他就谈了十多次。

1984年，是我国进入新时期后经济发展最好的时期。这一年，

第四章 我们的目标是到本世纪末人均达到八百美元

1984年10月22日，邓小平在中顾委第三次全体会议上阐述实现小康目标对中国的意义

我国工农业总产值年增长14.2%。按照比"六五"计划确定的1981年到1985年年均增长4%到5%的目标高出了近10个百分点。这一年，党的十二届三中全会通过了《中共中央关于经济体制改革的决定》，我国进入了全面改革的新的发展阶段。

"我们制定的目标更重要的还是第三步，在下世纪用三十年到五十年再翻两番，大体上达到人均四千美元。做到这一步，中国就达到中等发达的水平。这是我们的雄心壮志"

全面改革加速了经济的发展。到1985年10月，面对经济发展的大好形势，邓小平十分乐观地预见，20世纪末人均国民生产总值800美元的"目标肯定能实现，还会超过一点"。因此，到1986年6月，他对人均指标又作了一个调整，把人均800美元改为800美元至1 000美元。此后，他一直沿用800至1 000美元或1 000美元的说法。

这段时间，邓小平在表述经济发展战略时还有一个提法上的变化，即他在 1987 年 2 月 18 日，对 21 世纪中叶的发展目标作了一个调整，把之前提出的"接近发达国家的水平"改为"达到中等发达国家的水平"。这一年的 3 月 8 日，他在会见坦桑尼亚总统姆维尼时谈到，在本世纪末有了总产值 1 万亿美元这个基础，争取达到中等发达国家的水平是有希望的。1987 年 4 月，他明确提出："到本世纪末，中国人均国民生产总值将近达到 800 至 1 000 美元，看来 1 000 美元是有希望的。""那时人口是 12 亿至 12.5 亿，国民生产总值就是 1 万至 1.2 万亿美元了。""更重要的是，有了这个基础，再过 50 年，再翻两番，达到人均 4 000 美元的水平"，"那时，15 亿人口，国民生产总值就是 6 万亿美元，这是以 1980 年美元与人民币的比价计算的，这个数字肯定是居世界前列的"。从而确定了 20 世纪中叶达到"人均 4 000 美元"和"国民生产总值 6 万亿美元"的量化目标，并在时间上和发达程度上正式确定为"50 年"和"中等发达"。

1987 年 4 月 30 日，邓小平在同西班牙政府副首相格拉的会谈中，第一次完整描绘了"三步走"经济发展战略。他说："我们原定的目

1987 年 4 月 30 日，邓小平会见西班牙工人社会党副总书记、政府副首相格拉时，阐述了完整的三步走发展战略

标是，第一步在八十年代翻一番。以一九八〇年为基数，当时国民生产总值人均只有二百五十美元，翻一番，达到五百美元。第二步是到本世纪末，再翻一番，人均达到一千美元。实现这个目标意味着我们进入小康社会，把贫困的中国变成小康的中国。那时国民生产总值超过一万亿美元，虽然人均数还很低，但是国家的力量有很大增加。我们制定的目标更重要的还是第三步，在下世纪用三十年到五十年再翻两番，大体上达到人均四千美元。做到这一步，中国就达到中等发达的水平。这是我们的雄心壮志。"

1987年10月，在党的十三大上，邓小平提出的这个分三步实现现代化的经济发展战略，得到了全党的确认。

第五章 "一国两制"的构想是行得通的

1984年,对中国内地和香港来说都是极为不平常的一年。

这年的2月1日是中国的农历除夕,中国人极为重视的大年夜。晚上8时,大江南北的中国家庭,此时大都吃过了年夜饭,一家老小开始围坐在一起观看中央电视台的春节联欢晚会。

香港歌手张明敏演唱的一曲《我的中国心》,感动了所有的中国人。"河山只在我梦里,祖国已多年未亲近。可是不管怎样也改变不了我的中国心。长江,长城,黄山,黄河,在我心中重千钧。不论何时,不论何地,心中一样亲……"这是香港演艺人员第一次应邀在内地的"春晚"上表演。

这年的9月26日,是中国历史上一个里程碑式的日子。

这一天,中英两国政府在北京人民大会堂举行关于香港问题的联合声明的草签仪式。

人民大会堂西大厅布置得格外庄严。在大厅中央"松柏长青"的屏风旁,放置着一张铺有墨绿色绒布的长桌,桌子的中央插着中国和英国两国的国旗。屏风上那幅"松柏长青"的图画中的几只和平鸽,或雀跃枝头,或在半空飞翔。

上午9点钟,一百多名中外记者便进入了草签仪式现场,特别是36名胸前挂着"采访证"的香港记者,更是在第一时间一拥而入,占据着更为有利的拍照位置。

9时55分，中国方面出席签字仪式的姬鹏飞、姚广、周南等25人步入会场。稍后，英国方面出席签字仪式的代表伊文思、尤德、麦若彬、欧威廉等也鱼贯而入。双方成员一一握手，接着各就各位。周南和伊文思分坐在长桌左右两方，其余42名中、英官员分三排站立在桌后的巨型屏风前。

10点，草签仪式开始了，周南和伊文思在外交部条约法律司副处长张愉（中方成员）和英国驻北京大使馆一等秘书欧威廉（英方成员）的协助下，先后在三份协议文本上签字并盖印。

运用邓小平提出的"一国两制"构想，中英两国政府成功地解决了香港问题。

"台湾可以存在不同的社会制度，还可以保留原来的社会制度、经济制度"

台湾自古以来就是中国神圣领土的一部分，台湾人民与大陆人民有着悠久、共同的历史文化，有着不可分割的血肉联系。1949年蒋介石集团退守台湾，人为地造成了台湾与祖国大陆分离的局面。当辽沈、淮海、平津三大战役的硝烟还未散尽之时，以毛泽东为代表的中国共产党人就提出了"中国人民一定要解放台湾"的口号。1950年6月朝鲜战争爆发，美国第七舰队进入台湾海峡，阻碍了中国人民解放军渡海作战解放台湾的计划。一道海峡成为隔绝两岸人民的鸿沟。台湾和大陆的统一开始成为一个悬而未决的问题。

为了结束人为造成的海峡两岸分裂的不幸局面，中国共产党人一直在积极探寻实现台湾回归祖国的途径和办法。20世纪50年代中期以前，"武力解放台湾"一直是中国共产党人的主导方针。1955年5月，周恩来在全国人大常委会第十五次会议上宣布："中国人民解放台湾有两种可能的方式，即战争的方式和和平的方式。中国人民愿意在可能的条件下，争取用和平的方式解放台湾。"这是中国共产党人第一次公开提出和平解放台湾的主张。

此后，随着社会主义建设的全面展开，中国共产党进一步确定了争取用和平方式解放台湾的思想。毛泽东、周恩来多次在不同场合进一步阐明和平解放台湾的具体方针政策。

但是，由于美国的阻挠和国民党当局的错误政策，和平统一的进程受到严重阻碍。海峡两岸还一度造成严重对峙的形势。

进入20世纪70年代，美国总统尼克松1972年2月访问北京。周恩来和尼克松签订了中美上海联合公报，美国终于承认台湾是中国的一部分。解决台湾问题开始出现了转机。

1973年3月，中共中央决定恢复邓小平党的组织生活和国务院副总理职务。复出后的邓小平非常关注台湾问题。从1974年11月起，他接替生病住院的周恩来总理主持关于中美关系正常化的谈判。他在谈判中提出：关于台湾问题和中美关系正常化，我们有三个原则，不能有别的考虑：第一，坚持上海公报的原则，不能考虑"两个中国"或"一中一台"或变相的"一中一台"，如我们所理解的倒联络处，实际上也是"一中一台"，中方不能考虑。第二，台湾问题只能在中国人之间作为内政自己来解决，至于用什么方式，和平的还是非和平的，如何解决，那是中国人自己的事，是中国的内政问题。第三，作为一个原则问题，我们不能承认在解决这个问题过程中，其他国家参与什么保证，包括美国的保证。我们不能在这个内政问题上、在时间和方式上，承担什么义务或许诺。邓小平还曾提出，解放台湾的方式，我们希望通过和平谈判来解决。如果和平方式不可能，也要考虑到非和平方式，两种方式都应该考虑进去。首先我们做工作，希望一个阶段内能够用和平方式，希望通过一段比较长时间的工作，使台湾人民了解我们祖国的面貌，了解我们祖国的情况，了解我们的政策，了解关于解放台湾以后的政策。我们还要考虑，特别是要同台湾人民商量。不过可以说，解放台湾以后，不可能把大陆上的一套马上搬

第五章 "一国两制"的构想是行得通的

过去。

1975年邓小平主持党中央日常工作后，强调全党讲大局，把国民经济搞上去。这个大局具体是：第一步，到1980年建成一个独立的比较完整的工业体系和国民经济体系；第二步，到20世纪末把我国建设成为具有现代农业、现代工业、现代国防和现代科学技术的社会主义强国。一切工作都必须服从这个大局。邓小平说，我们现在需要一个和平的国际环境来建设我们国家。在中美关系正常化的接触中，中国政府坚持台湾问题是中国的内政，解决台湾问题美国必须按照日本方式，即撤军、废约、断交，不能有别的方式。但是，由于当时国内外条件尚不成熟，特别是由于后来国内"左"的错误逐渐发展和严重，邓小平第三次被打倒，中美关系正常化进程陷于停顿，解决台湾问题也就没有提上具体日程。

粉碎"四人帮"以后，邓小平1977年7月重新出来工作，党的十届三中全会恢复了他原来担任的党政军领导职务。从这个时候开始，如何把我们国家建设好，怎样尽快结束民族分裂状态，实现祖国统一，成为他反复思考的一个中心问题。

这时的国际形势也发生了一些变化。

20世纪70年代中后期，随着美苏两国各自长期积累的国内政治经济和社会问题日益突出，东西方联盟内部关系逐步出现了一些新的重大变化，二战后出现的两个超级大国全球对抗、东西方"冷战"进入了"历史末期"。过去一段时间内，中国曾注重强调战争的危险性，这时邓小平冷静观察和客观分析国际形势，改变了战争不可避免的估计，认为世界和平因素的增长超过战争因素的增长，世界大战是可以避免的，争取较长时期的和平是可能的。应当争取和充分利用较长的和平时期，一心一意集中精力从事社会主义现代化建设。因此，确立用和平方式统一祖国是以邓小平为核心的中国共产党人的主导思想。

中美两国从各自的战略利益出发，都有意恢复中美关系正常化的谈判。1977年美国卡特政府上台后，认为美国要对抗苏联的挑战，美中关系正常化是符合美国战略利益的。因此，在邓小平第三次复出后不到一个月，卡特就主动派国务卿万斯来北京，探讨中美关系正常化问题。自然，台湾问题仍是中美关系中最主要的障碍。万斯提出中美关系正常化后须保证美国同台湾的贸易、投资、旅游、科学交流以及其他私人联系不受影响。他还表示：美国政府将在适当时候发表声明，重申美国关心并有兴趣使中国人自己和平解决台湾问题，希望中国政府不发表反对美国政府声明的声明，不要强调武力解决问题。如果中国接受这些条件，美国将承认中华人民共和国政府是中国唯一合法政府，美台"外交关系"和《共同防御条约》均将消失，美国将从台湾撤出全部军事人员和军事设施。邓小平在会见万斯时说，这个关于中美关系正常化的方案比上海公报后的探讨不是前进了，而是后退了。我们多次说过，要实现中美关系正常化，在台湾问题上有三个条件，即废约、撤军、断交，按日本方式本身就是一个让步，现在是要美国下决心。至于台湾同大陆统一的问题，还是让中国人自己来解决，我们中国人是有能力解决这个问题的，奉劝美国朋友不必为此替我们担忧。"台湾问题是中国的内政，别人不能干涉。我们准备在按三个条件实现中美建交以后，在没有美国参与的条件下，力求通过和平方式解决台湾问题，但不排除用武力解决。""中国人民、中国政府当然会考虑台湾的实际情况，采取恰当的政策来解决台湾问题，实现国家统一。"

1978年1月，邓小平又对来访的美国客人说，世界上有些人总觉得中国人似乎不那么喜欢和平。在某种意义上说，中国人也不怕战争。但就我们国家现在的状况来说，确实我们比世界上任何人更希望有一个和平的环境好好建设一下我们的国家。所以，我们要力争用和平方式解决祖国的统一问题。

中美两国的建交谈判是从1978年7月开始的。在谈判中，用什么方式解决台湾问题，中美双方各执己见，未取得一致。美国希望中国只用和平方式解决台湾问题。中国则强调解决台湾问题的方式是中国的内政，不容他人干涉。最后是双方就此各自发表一个声明。美国的声明中表示它期待台湾人民将有和平的未来，关心由中国人自己和平解决台湾问题。中国则在声明中指出：台湾回归祖国、完成国家统一的方式完全是中国的内政。就在双方争执的过程中，邓小平于10月出访日本，出席《中日和平友好条约》互换批准书的签字仪式。行前，他对日本著名文艺评论家江藤淳说，我们的国内政策在台湾将根据台湾的现实来处理。比如说，美国在台湾有大量的投资，日本在那里也有大量的投资，这就是现实。我们正视这个现实。《中日和平友好条约》的签订，对中美关系的正常化起到了重要的推动作用。

11月14日，邓小平又对缅甸总统吴奈温说，在解决台湾问题时，我们会尊重台湾的现实。比如，台湾的某些制度可以不动，美、日在台湾的投资可以不动。那边的生活方式可以不动，但是要统一。后来，他对美国客人说得更加明了：台湾归还中国，实现祖国统一，在这个前提下，我们将尊重台湾的现实来解决台湾问题。台湾的社会制度同我们现在的社会制度当然不同，在解决台湾问题时，会照顾这个特殊问题。我们是社会主义国家，台湾可以存在不同的社会制度，还可以保留原来的社会制度、经济制度。这是国家统一的情况下允许保留的。中美建交谈判历时近半年，终于达成协议，于1978年12月16日发表《中华人民共和国和美利坚合众国关于建立外交关系的联合公报》，宣布从1979年1月1日起，中美双方互相承认，并建立外交关系。

中美建交，美国与台湾废除《美台共同防御条约》，撤离在台的军事人员，与台湾断交，使得台湾问题的和平解决向前进了一步。

1978年12月，中国共产党召开了十一届三中全会，这是党的历史上的重要转折。中国共产党重新确立了实事求是的思想路线，作出了全党工作重心转移到经济建设上来的战略决策。为了实现这一转变，我们的内政外交方针需作一系列相应的调整，以经济建设为中心，一切工作都服从并服务于这个中心。作为中国统一中最重要的台湾问题，用和平方式和非和平方式解决，就显得尤其重要。显然，实行和平统一对社会主义现代化建设更为有利。邓小平这样说过，我们采取和平统一祖国的政策，道理很简单，有利于中国自己的社会主义建设，有利于实现四个现代化。有人说中国好战，其实中国最希望和平。中国希望至少20年不打仗。我们面临发展和摆脱落后的任务。我们希望有一个和平的国际环境，一打仗，这个计划就吹了，只好拖延。从现在到本世纪末是一个阶段，再加30至50年，就是说我们希望至少有50年至70年的和平时间。我们提出维护世界和平不是在讲空话，是基于我们自己的需要。利用和平方式实现祖国的统一，有利于实现国内外的和平与稳定，可以避免因为战争或动乱而影响现代化建设。如台湾问题始终是中美关系中存在的主要障碍问题，也是一个热点和爆发点，解决不好，可能成为一个爆发性的问题，从而影响到整个世界的和平与稳定。

基于这种认识，党中央进一步考虑，如果台湾保留其资本主义制度，使两种不同的社会制度在一个国家内和平共处并长期共存，不仅有利于保持台湾的稳定与发展，而且也有利于祖国大陆的对外开放，加速大陆的现代化进程。保持台湾的资本主义制度长期不变，资本主义经济依然存在，两种经济之间开展和平竞赛，有利于双方通过多种形式开展经济合作，取长补短，有利于更快地实现中华民族的繁荣昌盛，使中国更快地进入世界强国之林。

1979年1月1日，中华人民共和国全国人民代表大会常务委员会发表了《告台湾同胞书》，郑重地宣布了中国共产党和中国政府关于台湾回归祖国、实现国家统一的大政方针，引起了海内外的强烈反响。《告台湾同胞书》指出："统一祖国这样一个关系全民族前途的重大任务，现在摆在我们大家的面前"，"早日实现祖国统一，不仅是全中国人民包括台湾同胞的共同心愿，也是全世界一切爱好和平的人民和国家的共同希望"。"在大陆上的各族人民，正在为实现四个现代化的伟大目标而同心勠力。我们殷切期望台湾早日归回祖国，共同发展建国大业。我们的国家领导人已经表示决心，一定要考虑现实情况，完成祖国统一的大业，在解决统一问题时尊重台湾现状和台湾各界人士的意见，采取合情合理的政策和办法，不使台湾人民蒙受损失。"通过商谈，结束军事对峙状态，"双方尽快实现通航通邮"，"发展贸易，互通有无，进行经济交流"。

同一天，政协全国委员会在人民大会堂举行茶话会，座谈讨论《告台湾同胞书》。政协主席邓小平在会上说，今天是1979年元旦，这是个不平凡的日子。说它不平凡，不同于过去的元旦，有三个特点：第一，是我们全国工作的着重点转移到四个现代化建设上来了；第二，中美关系实现了正常化；第三，把台湾回归祖国、完成祖国统一的大业提到具体的日程上来了。

尤为引起世界瞩目的是，就在这一天，国防部长徐向前发表声明，停止炮击大、小金门等国民党军据守的岛屿，福建前线轰鸣了几十年的炮声从此再也听不到了。这是新时期中国共产党人对台政策的重大转变。

1979年1月，邓小平在全国政协关于《告台湾同胞书》的座谈会上讲话

1979年1月,邓小平应邀访美。行前他多次会见美国客人,阐述了中国政府关于解决台湾问题的原则立场。1月2日,他在会见美国众议院银行、财政和城市事务委员会访华团时说,解决台湾回归祖国,完成国家统一的问题,是中国的内政。我们对台湾问题的解决是采取现实态度的。他提到了1月1日发表的中华人民共和国全国人民代表大会常务委员会《告台湾同胞书》时说,我们的态度是真诚的,也是合情合理的。他还表示,我们允许包括美国、日本在内的各国同台湾继续保持民间的贸易、商务、投资等关系。1月8日,他又对来访的美国客人解释我们的现实态度,这就是台湾同美国保持民间贸易,社会制度不变,生活方式不变,人民生活条件不仅不会降低,而且可以提高。此后不久,他又进一步指出,台湾作为一个地方政府当局拥有自己的权力,但必须是在一个中国的条件下。它可以有自己一定的军队,同外国的贸易、商业关系可以继续,民间交往可以继续,现在的政策、现行的生活方式可以不变,资本主义经济可以不变。要求就是一条,一个中国,不是两个中国,爱国一家。

带着这些具有创见性的新构想,作为中华人民共和国的副总理,邓小平这位新中国成立以来踏上美利坚合众国国土的中国级别最高的领导人,受到了美国政府的隆重接待。邓小平访美震动了世界。1月30日,邓小平在美国参众两院发表的演说中指出,我们不再用"解放台湾"这个提法了。只要台湾回归祖国,我们将尊重那里的现实和现行制度。我们一方面尊重台湾的现实,另一方面一定要使台湾回到祖国的怀抱。在尊重台湾现实的情况下,我们要加快台湾回归祖国的速度。

1981年9月30日,全国人大常委会委员长叶剑英向新华社记者发表谈话,阐述关于台湾回归祖国实现和平统一的九条方针,建议举行中国共产党和中国国民党两党对等谈判,实行第三次合作,共同完成祖国统一大业。双方可先派人接触,充分交换意见。建议双方为共同通邮、通商、通航、探亲、旅游以及开展学术、文化、体育交流提供方便，以达成有关协议。提出国家实现统一后，台湾可作为特别行政区享有高度的自治权，并可以保留军队。中央政府不干预台湾地方事务。台湾现行社会、经济制度不变，生活方式不变，同外国的经济、文化关系不变。私人财产、房屋、土地、企业所有权、合法继承权和外国投资不受侵犯。台湾当局和各界代表人士可以担任全国性政治机构的领导职务，参与国家管理。台湾地方财政遇有困难时，可由中央政府酌情补助。台湾各族人民、各界人士愿回祖国大陆定居者，保证妥善安排，不受歧视，来去自由。欢迎台湾工商界人士回祖国大陆投资，兴办各种经济事业，保证其合法权益和利润。热诚欢迎台湾各族人民、各界人士、民众团体通过各种渠道、采取各种方式提供建议，共商国是。这就是海外广为称颂的"叶九条"，也是新时期中国共产党对台方针政策的进一步深化和发展。

1982年1月11日，邓小平在会见一位海外朋友时说，九条方针是以叶副主席的名义提出来的，实际上就是一个国家两种制度。同年10月，他又说，我们不用我们的制度和思想统一台湾，台湾也不可拿它的制度和思想来统一大陆，只有在这样的基础上才可以谈得上合作，相互容纳，台湾保持台湾的制度，大陆保持大陆的制度，这样就不发生你吃我、我吃你的问题。如果我们要用我们的制度和思想统一台湾不现实、不可能，那就只有用武力，我们现在不采取这个方法，目的是让我们民族统一起来，着眼于民族利益。

1983年3月，一些海外学者在美国旧金山举办了"中国统一之展望"的讨论会，此举受到了中国政府的关注和欢迎。3个月后，参加人之一，美国新泽西州西东大学教授杨力宇来到北京。6月26日，邓小平会见他时说，和平统一已成为国共两党的共同语言。但不是我吃掉你，也不是你吃掉我。我们不赞成台湾"完全自治"的提法。自治不能没有限度，既有限度就不能"完全"。"完全自治"就是"两个中国"，而不是一个中国。制度可以不同，但在国际上代表中国的，只能是中华人民共和国。我们承认台湾地方政府在对内政策上可以搞自己的一套。台湾作为特别行政区，虽是地方政府，但同其他省、市以至自治区的地方政府不同，可以有其他省、市、自治区所没有而为自己所独有的某些权力，条件是不能损害统一的国家的利益。他还指出，祖国统一后，"台湾特别行政区可以有自己的独立性，可以实行同大陆不同的制度。司法独立，终审权不须到北京。台湾还可以有自己的军队，只是不能构成对大陆的威胁。大陆不派人驻台，不仅军队不去，行政人员也不去。台湾的党、政、军等系统，都由台湾自己来管。中央政府还要给台湾留出名额。"这就是著名的"邓六条"。

讲话发表后，港、澳、台地区反应强烈。一切爱国的人们都为中共实现统一祖国的博大胸怀和实事求是的精神所感动，没有任何理由怀疑中共的诚意了。

"邓六条"的发表，使"一国两制"构想更加完备、充实，更加具体化、系统化。由此，祖国的统一事业进入了一个新阶段。

"在本世纪和下世纪初相当长的时期内，香港还可以搞它的资本主义，我们搞我们的社会主义。就是到 1997 年香港政治地位改变了，也不影响他们的投资利益"

"一国两制"的构想提出后，最先被用来解决香港问题。

香港问题是历史遗留问题。

香港，包括香港岛、九龙、新界三个部分，自古以来就是中国领土。1840 年英国发动鸦片战争，强迫清政府于 1842 年签订了丧权辱国的《南京条约》，永久割让香港岛。1856 年英法联军发动第二次鸦片战争，1860 年英国迫使清政府缔结《北京条约》，永久割让九龙半岛尖端。1898 年英国人乘列强在中国划分势力范围之机逼迫清政府签订《展拓香港界址专条》，强行租借九龙半岛大片土地以及附近 200 多个岛屿（后统称"新界"），租期 99 年，1997 年 6 月 30 日期满。

第五章 "一国两制"的构想是行得通的

由于上述三个条约都是侵略战争的产物,因而在国际法上是无效的,所以中国人民从来都不承认这些不平等条约。辛亥革命后的历届中国政府也都没有承认过这些条约。抗日战争时期,国民党政府曾向英国提出收回香港的问题。1943 年,双方达成协议,在战胜日本后重新考虑新界的租借问题。但是抗战胜利后,因国民党政府忙于打内战,协议又被搁置。

中华人民共和国成立后,中国政府的一贯立场是:香港是中国的领土,中国不承认帝国主义强加的三个不平等条约,主张在适当时机通过谈判解决这一问题,未解决前暂时维持现状。到了 20 世纪 70 年代末,随着"新界"租期届满日益临近,国际市场上投资者日益持观望态度。这种观望态度在地产业投资上最为突出。因为地产业的投资受租借期的很大限制,而租借期限的日趋迫近使投资者愈来愈裹足不前。这种情况不仅使港英政府的财政收入大为减少,而且对香港整个经济的发展产生了很大的消极影响,英国政府作出了这样一种估计:"若不设法采取步骤去减低 1997 年这个期限所带来的不明朗情况,在 80 年代初期至 80 年代中期,便会开始出现信心迅速崩溃的现象。"

1979 年出任英国首相兼首席财政大臣的撒切尔夫人在香港问题上受到的压力很大。随着 1997 年的日益临近,英国政府不断派其代表试探中国关于解决香港问题的立场和态度。

1979 年 3 月下旬,香港总督麦理浩访华,向中国政府提出 1997 年租地契约到期的问题。3 月 29 日邓小平会见他时,谈到了中国政府对香港问题的立场和态度。他说:"我们历来认为,香港主权属于中华人民共和国,但香港又有它的特殊地位,香港是中国的一部分,这个问题本身不能讨论。但可以肯定的一点,就是即使到了 1997 年解决这个问题时,我们也会尊重香港的特殊地位。""中国政府可以明确地告诉你,告诉英国政府,即使那时作出某种政治解决,也不会伤害继续投资人的利益。请投资的人放心,这是一个长期的政策。""在本世纪和下世纪初相当长的时期内，香港还可以搞它的资本主义，我们搞我们的社会主义。就是到 1997 年香港政治地位改变了，也不影响他们的投资利益。"

1979 年 3 月，香港总督麦理浩访问中国，邓小平代表中国政府第一次阐述解决香港问题的立场和态度

麦理浩的这次来访，传达了英国政府希望与中国政府接触、了解中国政府对确定 1997 年后香港地位的态度的信息。邓小平的这次谈话后，中国政府把解决香港问题提上了议事日程。

1981 年 4 月，英国外交大臣卡林顿访华。邓小平在回答如何继续保持香港的稳定和繁荣问题时说："他们的生活方式、政治制度不变，这是我们的一项长期政策，而非权宜之计。可以告诉香港的投资者，放心好了。在未来的 16 年内或 16 年后，即使香港的地位有变化，投资者的利益也不会受到损害。对这个问题我们可以郑重地说，我在 1979 年同麦理浩爵士谈话时所作的保证，是中国政府正式的立场，是可以信赖的。"

1982 年 1 月，英国掌玺大臣艾坚斯访华。同年 4 月，英国前首相希思访问中国。希思回顾了 1974 年 5 月访问中国时与毛泽东会见的

第五章 "一国两制"的构想是行得通的

1981年4月3日,邓小平会见英国外交大臣卡林顿时指出,在未来的16年内或16年后,即使香港的地位有变化,投资者的利益也不会受到损害

情景,他对邓小平说:"那次你也在座,当时毛主席和周总理说,反正要到1997年,还早哪,还是让年轻人去管吧。现在离1997年只有15年的时间,你是如何考虑在此期间处理香港问题的?因为很多人都要在香港投资,怎样才能使投资者不要担心呢?"邓小平指出,香港的主权是中国的。中国要维护香港作为自由港和国际金融中心的地位,也不影响外国人在那里的投资,在这个前提下,由香港人,包括在香港的外国人管理香港。我们新宪法有规定,允许建立特别行政

1974年5月,邓小平陪同毛泽东会见来访的英国前首相希思。在谈到香港问题时,毛泽东指着邓小平说:"这是他们的事了。"

139

区，由香港人自己组成政府，不管是华人、英国人或其他人都可以参加。香港的各种制度也不变，对外可用"中国香港"的名字发展民间关系，如贸易、商业关系。到那时可能还保留护照。对英国来说，商业方面不会受到任何影响，还可以发展。邓小平在谈到1997年收回香港问题时说，如果中国那时不把香港收回来，我们这些人也交不了账。新界的租借，香港岛、九龙半岛的割让，是过去的不平等条约定的，现在实际上是废除条约的问题。邓小平还表示："如果可能，我们愿意同贵国政府正式接触，通过谈判来解决这一问题。"现在是"考虑解决香港问题的时候了"。

摸清了中国政府的意图后，撒切尔夫人匆忙上阵。

1982年4月6日，邓小平会见希思

"主权问题不是一个可以讨论的问题。现在时机已经成熟，应该明确肯定：一九九七年中国将收回香港。就是说，中国要收回的不仅是新界，而且包括香港岛、九龙"

1982年9月22日，北京首都机场、天安门广场和钓鱼台国宾馆上空，米字旗和五星红旗交相飘扬，贯穿东西的长安街上多处挂上了欢迎彩旗。明眼的北京人一看就知道，一定是有重要的英国领导人来访。此前《人民日报》报道了英国首相玛格丽特·撒切尔夫人将于9月22日访问中国的消息。

22日下午1点20分，一架英国皇家空军专机在北京首都机场徐徐降落。走下飞机的是有"铁娘子"之称的英国首相撒切尔夫人。中国外交部副部长章文晋及其夫人、外交部西欧司司长王本祚、香港总督尤德爵士、有世界"船王"之称的香港巨富包玉刚等前往机场迎接。

撒切尔夫人此行访问中国，意义非同寻常。她是为同中国方面会谈解决香港问题而来的。选择9月来华，撒切尔夫人是有考虑的。就在此前的几个月，英国和阿根廷因为历史遗留问题，爆发了马尔维纳斯群岛之战，凭借着船坚炮利，英国取得了胜利。这次北京之行，撒切尔夫人意在挟马岛胜利的余威，与中国谈判香港问题，幻想可以继续保持英国强占香港的三个不平等条约有效。行前，她也曾声明"有关香港的三个条约有效"，意在国际上大造舆论，并借机试探中国的反应。

9月23日，撒切尔夫人与中国总理开始讨论香港问题。会谈一开始，她便摆出强硬的态势，坚持三个条约仍然有效。中国方面正式通知英方，中国政府决定在1997年收回整个香港地区，同时阐明中国收回香港后将采取特殊政策，包括设立香港特别行政区，由香港当地中国人管理，现行的社会、经济制度和生活方式不变，等等。撒切尔夫人则提出，如果中国同意英国1997年后继续管治香港，英国可以考虑中国提出的主权要求。

9月24日上午，邓小平在人民大会堂福建厅会见撒切尔夫人。

对于这次会谈，双方都感到这次要摊牌了。一开始气氛就令人紧张。

这天上午，撒切尔夫人身着蓝底红星丝质西装裙，脚踏黑色高跟

1982年9月24日，邓小平在人民大会堂福建厅会见撒切尔夫人

鞋，挽黑色手袋，戴一条珍珠项链，显得雍容华贵，仪态万千。她先到人民大会堂新疆厅会晤邓颖超，然后再往与之隔邻的福建厅和邓小平会谈。

参加这次会谈的英方代表是：香港总督尤德、首相首席私人秘书巴特勒、英国驻中国大使柯利达。参加这次会谈的中国方面的代表是：国务委员兼外交部部长黄华、外交部副部长章文晋、中国驻英国大使柯华。

会谈正式开始前的寒暄就多少有点剑拔弩张。撒切尔夫人和邓小平一见面时就说："我作为现任首相访华，看到你很高兴。"

不料，邓小平却说："是呀，英国的首相我认识好几个，但我认识的都下台了，欢迎你来呀。"

接着，宾主双方就座。邓小平半靠在沙发上，状态轻松，撒切尔夫人却正襟危坐，双手平放在膝上。这时由于有大批记者拍照，两人仍然在互相寒暄。

撒切尔夫人说："知道你是刚从外地回来。"

邓小平说："我是陪同北朝鲜金日成主席去了四川。"

第五章 "一国两制"的构想是行得通的

"此行必定愉快？"撒切尔夫人进一步问道。

"不错！我们在四川吃过好几次川菜，我本身很喜欢川菜，中国是以川菜和粤菜最为著名。"

说到这里，邓小平转问陪同在侧的港督尤德爵士是喜欢川菜还是喜欢粤菜。尤德说："我两样都喜欢。不过，我的外交生活正是从四川方面开始的。"

邓小平说："那么你也是四川人了。"

撒切尔夫人也从旁打趣说："尤德爵士说的话很像外交辞令。"略微停顿了一下，她又发表了自己的看法："我倒觉得苏州菜风味不错。"这大概是由于她五年前曾以保守党领袖身份访问中国，到过苏州等地参观，所以有此说法。

邓小平显然不大同意撒切尔夫人的说法，笑笑说："以游客来说，总是到哪里说哪里的菜好。"

撒切尔夫人怔了一下。

这时，记者被请离现场。会谈转入正题。

撒切尔夫人摆出一副先声夺人的架势，对邓小平说，必须遵守有关香港问题的三个条约。条约虽然写在纸上，但任何手段都不可能消除它存在的事实。

邓小平听到这句话，表情非常严肃地对撒切尔夫人说，主权问题不是一个可以讨论的问题。现在时机已经成熟，应该明确肯定："一九九七年中国将收回香港。就是说，中国要收回的不仅是新界，而且包括香港岛、九龙。"邓小平表示，中国在这个问题上没有回旋余地。中国和英国就是在这个前提下来进行谈判，商讨解决香港问题的方式和办法。

和全中国人民一样，邓小平对帝国主义强加给中国人民的不平等条约倍感耻辱。他坚决地说："如果中国在一九九七年，也就是中华人民共和国成立四十八年后还不把香港收回，任何一个中国领导人和政府都不能向中国人民交代，甚至也不能向世界人民交代。如果不收回，就意味着中国政府是晚清政府，中国领导人是李鸿章！"

李鸿章是晚清军政重臣。他于1870年起任直隶总督兼北洋大臣，曾代表清政府主持签订了中英《烟台条约》《中法新约》《中日马关条约》《中俄密约》及《辛丑条约》等一系列割地赔款、丧权辱国的不平等条约。

邓小平表示："现在，当然不是今天，但也不迟于一、二年的时间，中国就要正式宣布收回香港这个决策。我们可以再等一、二年宣布，但肯定不能延长更长的时间了。"邓小平说的这番话，表达了中国领导人恢复行使对香港主权的强烈决心。

撒切尔夫人听后，无可奈何地摇了摇头。接着，撒切尔夫人提出，谈判的题目就是一个归属问题。

邓小平马上反驳说，是三个问题：一个是"主权问题"；再一个问题，是"一九九七年后中国采取什么方式来管理香港，继续保持香港繁荣"；第三个问题，是"中国和英国两国政府要妥善商谈如何使香港从现在到一九九七年的十五年中不出现大的波动"。

原本打算用谈主权问题来迫使中国最终同意以主权换治权的撒切尔夫人，此时在邓小平面前不得不承认失败，表示同意邓小平提出的三个问题。

撒切尔夫人话锋又转到保持香港繁荣的问题上，她认为，香港只有在英国的管辖下才能继续繁荣。

邓小平说："保持香港的繁荣，我们希望取得英国的合作，但这不是说，香港继续保持繁荣必须在英国的管辖之下才能实现。香港继续保持繁荣，根本上取决于中国收回香港后，在中国的管辖之下，实行适合于香港的政策。"

说到这里，撒切尔夫人又用多少带有点要挟的口气说，如果香港不能继续保持繁荣，对中国的四个现代化建设将会带来很大的影响。

邓小平十分自信地表示，影响不能说没有，但说会在很大程度上影响中国的建设，这个估计不正确。如果中国把四化建设能否实现放在香港是否繁荣上，那末这个决策本身就是不正确的。

最后，撒切尔夫人拿出了她的杀手锏，用威胁的口吻说："如果中国宣布收回香港，将会给香港带来灾难性的影响。"

邓小平坚定地说："我还要告诉夫人，中国政府在做出这个决策的时候，各种可能都估计到了。""如果在十五年的过渡时期内香港发生严重的波动，怎么办？那时，中国政府将被迫不得不对收回的时间和方式另作考虑。如果说宣布要收回香港就会像夫人说的'带来灾难性的影响'，那我们要勇敢地面对这个灾难，做出决策。"

撒切尔夫人听后，无言以对。

最后，邓小平建议双方达成这样一个协议，即双方同意通过外交途径开始进行香港问题的磋商。"前提是一九九七年中国收回香港，在这个基础上磋商解决今后十五年怎样过渡得好以及十五年以后香港怎么办的问题。"撒切尔夫人表示同意。

难怪外电在评述这次会晤时说，撒切尔夫人是锋芒毕露，邓小平是绵里藏针。撒切尔夫人尽管受丘吉尔影响极深，有"铁娘子"之称，尽管她坚持"鲜明的传统保守主义哲学和强硬的经济政策"，但在邓小平的面前，她毕竟还年轻……

由于邓小平在会谈前没有对记者发表任何谈话，而事前有关人员曾表示，邓小平经常有对记者讲几句话的雅兴。所以香港记者在被请离场后，仍然期待会谈结束后在邓小平送客人出门时能拦住他，请他对香港同胞讲几句话。于是大家耐着性子站了两个小时，结果未能如愿。会谈结束后连邓小平的影子也没有见着。只见撒切尔夫人落寞地从门口走出来，脸色凝重。当她步下人民大会堂北门石阶时，抬头看见石阶右下方的记者，突然绽开笑脸，拧过头来向记者点头示意。当她走下石阶时，其高跟鞋与石阶相绊，顿使身体失去平衡，栽倒在石阶地上，以致皮鞋、手袋也被摔到了一边。在旁的英国驻华大使柯利达、一名军人及一名穿灰色中山装的工作人员见状，马上在第一时间将撒切尔夫人扶起，另外有人为她拾起手袋，并拍拍沾在上面的灰尘。撒切尔夫人不愧为铁娘子，起身后神态自若，接过别人递过来的手袋时还不忘道谢。随后，她轻挽裙摆猫腰钻进停在石阶下的红旗牌小轿车内，坐好后又向记者挥手微笑，显示其处变不惊的铁娘子本色。

会谈结束了。撒切尔夫人在当天下午向中外记者发布声明说：今天两国领导人在友好的气氛中就香港前途问题进行了深入的讨论，双方领导人就此问题阐述了各自的立场。双方本着维持香港的繁荣和稳定的共同目的，同意在这次访问后通过外交途径进行商谈。

中国新华社在发布这一声明的同时，还加上了一段话："至于中国政府关于收回整个香港地区主权的立场是明确的、众所周知的。"

："'12条'里面有个'50年不变'，这样规定可以使香港人放心，减少他们的疑虑；可以使人们更感到我们政策的连续性、可靠性，有利于我们和英国谈判，有利于顺利收回香港和保持香港的繁荣"

邓小平和撒切尔夫人会谈后，根据双方达成的协议，中英两国开始通过外交途径就解决香港问题进行商谈。

谈判开始前，国务院港澳事务办公室草拟了关于解决香港问题的12条方针。1983年4月4日，邓小平在审阅国务院港澳办公室《关于解决香港问题的修改方案的请示报告》上批示："我看可以。兹事体大，建议政治局讨论。"4月22日，中共中央政治局召开扩大会议进行审议。邓小平在会上说："这个12条，是我们下个月开始同英国谈判的基本方针。谈判首先要确定前提，就是1997年中国收回香港，这个问题是不容讨论的。第二是1997年中国收回香港之后，香港怎么办？怎么样保持香港的繁荣？保持的办法就是若干不变。第三是从现在起到1997年这14年过渡时期中，怎么保证香港不出乱子，双方都不做损害香港繁荣的事情，怎么做到顺利交接，确定香港人怎么样在各行各业，特别是政治、经济、法律、对外事务等方面逐步参与的方式。"邓小平还说："谈判可能谈好，也可能谈不好，如果谈不好，明年9月，我们也要单方面宣布1997年收回香港，并同时宣布中国收回香港以后的一系列政策，就是这'12条'。'12条'里面有个'50年不变'，这样规定可以使香港人放心，减少他们的疑虑；可以使人们更感到我们政策的连续性、可靠性，有利于我们和英国谈判，有利于顺利收回香港和保持香港的繁荣。所以'50年不变'是个大问题。"在谈到培养治港人才的问题时，邓小平说："将来特别行政区政府由香港爱国者为主体组成。爱国者的标准就一条，赞成中国收回香港，拥护国家统一。现在就要考虑培养人才，并逐步参与管理。为此，有必要在香港成立若干政治性社团，以便从中锻炼一批政治人物。"

原定从5月开始的中英关于香港问题的谈判，因两国在议程问题上存在分歧，会谈未能如期举行。

6月25日上午，邓小平会见出席第六届全国人民代表大会第一次会议和政协第六届全国委员会第一次会议的港澳地区人大代表和政协委员。他在谈到中英关于香港问题的谈判情况时说："为了照顾英国，我们谈判可能不从收回香港问题开始，而先从1997年后香港实行什么制度、什么政策谈起。这个政策充分照顾外国人首先是英国人的利益。不仅保护中国人的利益不受损害，外国人的利益也不受损害。港人治港要有什么条件？只要一个条件，就是爱国者。什么是爱国者？赞成、主张祖国统一的就是爱国者。"在谈到人们总是担心1997年以后我们谈的这一套会不会"变"的问题时，他指出：我们说不变。只讲不变还是空的。我们考虑定个年限，总的是保持香港自由港、国际金融中心的地位，还有法律等等。我们先来个50年不变好不好？50年够长了。讲50年比不讲年限好，更能使大家放心。今天讲的有一点新话，就是50年。中国根基在大陆，不在台湾，不在香港。四个现代化建设，香港出了点力，以后甚至出力更小也有可能，但我们不希望小。中国的建设不能依靠"统一"来搞，主要靠自力更生，靠大陆的基础。当然还要实行对外开放，吸收外资，但主要以自力更生为主。所以香港也好，台湾也好，不要担心统一以后大陆向你们伸手，不会的。最近港币贬值是有人为因素的。我们一定要使英国人承担责任，不要做损害香港的事。在谈到14年过渡问题时，邓小平说："第一双方不要捣乱，文明点讲，双方都不要做损害香港繁荣的事情。中国政府不会捣乱，英国人就难说了。谈判的焦点可能就是这个问题。英国人对我们1997年后的政策的可行性、可靠性问题明了了，确实相信我们1997年后的政策不变，问题就好办。香港要培养人才，逐步参与他们的管理，行政也好，司法也好，财政各方面都要参与，搞好交替。香港的爱国者要考虑怎么样推荐和培养一批合格的人，特别是年轻人，逐步参与，将来才能把香港管好。在过渡时期，中央政府还准备采取措施参与香港的经济活动。这是增强港人信心的重要措施。1997年以后北京不派总督，不派头头。将来香港采取什么形式，由你们香港人去定。名字叫特别行政区。我们派个小军队去，不要香港负担费用。"

"英国想用主权来换治权是行不通的，希望不要在治权问题上纠缠，不要搞成中国单方面发表声明收回香港，而是要中英联合发表声明"

7月12日，中英双方开始了第一轮谈判。

但在前四轮的谈判中，由于英方仍然坚持1997年英国继续管治香港的立场，会谈毫无进展。在前三轮谈判中，英方名义上同意交还主权，却坚持治权不放，并通过宣传工具制造种种舆论，说什么香港的繁荣离不开英国的管理，主张"以主权换治权"。当时英方还打出三张"牌"：一是"信心牌"，说香港人对中国政府接管没有信心；二是"民意牌"，说香港人不愿这么干；三是"经济牌"，即抽走资金等。9月,英资财团首先在伦敦大量抛售港币,引起港币暴跌,造成了抢购、挤兑和撤资的风潮。

就在中英香港谈判出现紧张状态之际,希思再一次访问中国。9月10日,邓小平在会见希思时请其转告撒切尔夫人:"英国想用主权来换治权是行不通的,希望不要在治权问题上纠缠,不要搞成中国单方面发表声明收回香港,而是要中英联合发表声明。"在香港问题上,希望撒切尔夫人和她的政府采取明智的态度,不要把路走绝了。中国1997年收回香港的政策不会受任何干扰,不会有任何改变,否则我们就交不了账。从现在到1997年还有14年,这14年要过渡好,核心是1997年能顺利收回香港,不会引起动荡。比较顺当地交接对各方面都有好处。过渡期有个香港人参与管理的问题。参与管理,不当主角可以,但要开始知道哪些方面的管理。无论政治、经济、商业和金融方面等等,不知道怎么行,一下子拿过来怎么行!所以要逐步熟悉、参与,整个过程就完满了。希望本月22日开始的中英第四轮会谈,英方不要再纠缠主权换治权问题,要扎扎实实地商量香港以后怎么办,过渡时期怎么办。这对彼此最有益处。

希思回国后向英国政府转达了邓小平的谈话内容。

10月,撒切尔夫人来信提出,双方可在中国建议的基础上探讨香港的持久性安排。这样会谈再开。第五、六轮会谈中,英方确认不再坚持英国管治,也不谋求任何形式的共管,并理解中国的计划是建立在1997年后整个香港的主权和管治权应该归还中国这一前提的基础上。至此,中英会谈的主要障碍开始排除。

从1983年12月第七轮会谈起,谈判走入了以中国政府关于解决香港问题的基本方针为基础进行讨论的轨道。根据中国政府的基本方针政策,未来的香港特别行政区直辖于中华人民共和国中央人民政府。除外交和国防事务属中央人民政府管理外,香港特别行政区享有高度的自治权。中央人民政府将在香港特别行政区派驻部队,负责其防务。特别行政区政府将由当地人组成，英籍和其他外籍人士可担任顾问或政府一些部门中最高至副司级的职务。虽然英方明确承诺过不再提出任何与中国主权原则相冲突的建议，但讨论中仍不时提出许多与其承诺相违背的主张。例如，一再以"最大程度的自治"来修改中方主张的"高度自治"的内涵，反对香港特区直辖于中央政府；一再要求中方承诺不在香港驻军，企图限制中国对香港行使主权，并要求在香港派驻性质不同于其他国家驻港总领事的"英国专员"代表机构，试图将未来香港特区变成一个英联邦成员或准成员；英方还提出持有香港身份证的海外官员可以担任"公务员系统中直至最高层官员"，并要中方承诺在1997年后原封不动地继承香港政府的结构以及过渡时期英方可能作出的改变，等等。英方上述主张的实质是要把未来香港变成英国能够影响的某种独立或半独立的政治实体，直接抵触中国主权原则。中方理所当然地坚决反对，未予采纳。

从1984年4月中英第12轮会谈后，双方转入过渡时期香港的安排和有关政权移交事项的谈判。

在香港设立联合机构问题是谈判中遇到的最困难的问题之一。中方提出了关于过渡时期的安排和有关政权交接的基本设想，建议在香港设立常设性中英联合小组，任务是协调中英协议的执行，商谈有关实现政权顺利移交的具体措施。对此英方坚决反对，强调不要正式确定1997年前为"过渡时期"，不应建立任何常设机构，以免造成中英"共管"的印象。

4月，英国外交大臣杰弗里·豪访问中国。邓小平在会见杰弗里·豪时说："我们已经多次宣布，1997年恢复对香港行使主权后，香港现行制度50年不变。我们采取这一主张是同我国四个现代化的长远目标联系起来考虑的。解决香港问题是中英两国之间的事，与其他国家无关。香港问题只能由我们两家解决。双方的协议应该更原则一些，太烦琐了往往会出差错，不合实际，也会束缚1997年后香港特区的自治权。解决香港问题将是中英合作的一个范例,这不仅会增强和发展两国的友好合作关系,而且会产生很大的国际影响。"

邓小平针对当时香港发生的一些问题说:"过渡时期这13年不会是很平静的,有人要起破坏作用,并且已经有了信号。现在意识到,提出来是必要的。英方也要想到这个问题,采取预防措施。必须看到在过渡时期内有很多事情要做,需要双方合作。没有一个机构怎么行?可以考虑这个机构设在香港,轮流在香港、北京、伦敦开会。"

杰弗里·豪表示同意双方在此基础讨论。

会见结束后,邓小平同时任国务委员兼外交部部长的吴学谦和国务院港澳办公室秘书长鲁平谈话。他说:要了解香港的金融和人事方面的问题,处理过渡时期香港人的逐步参与问题。中心的问题是参与,主要是香港人的逐步参与,中国银行、香港的华人银行也要参与。这个问题很重要。

但是,在4月至7月三个多月的谈判中,英方仍反对在香港设立联合小组,谈判陷入僵局。

"我国政府在恢复对香港行使主权之后,有权在香港驻军,这是维护中华人民共和国领土的象征,是国家主权的象征,也是香港稳定和繁荣的保证"

驻军问题是中英谈判中争论最大的问题。

邓小平在这个问题上说得更是斩钉截铁:"中国有权在香港驻军,中国一定要在香港驻军。"

4月,杰弗里·豪来访时,曾向邓小平再次表示希望中方不要在香港驻军,担心驻军会干预香港特别行政区的内部事务,损害香港的"高度自治"。邓小平说:"1997年后,我们派一支小部队去香港,这不仅象征恢复对香港行使主权,对香港来说,更大的好处是一个稳定的因素。"

据当时参加中英谈判的原国务委员、国务院港澳办原主任姬鹏飞回忆说："驻军问题吵了好久。驻军问题是驻不驻啊？他们说你们不驻好了，我们说一定要驻军。不是在报纸上人家公开了吗？说是不驻军。有些人不是不主张驻军吗？所以小平同志就拍了桌子，召集香港代表来谈谈。香港不驻军，我们怎么体现收回香港？香港要象征性地驻军。香港收回来了，驻军是我们主权的表现，不驻军就是表明我们没有收回。"

这里说的邓小平"拍了桌子"是发生在5月的事。5月2日，香港《明报》刊出一篇报道，点名道姓说中央某一位负责人对记者表示，中国将不在香港驻军。5月，六届全国人大二次会议和政协六届二次会议在北京召开。5月24日晚，港澳记者被负责安排接待的工作人员通知，第二天上午9点10分要准时在宾馆大堂集合，10点在人民大会堂有"重要人物会见"。哪位"重要人物"没有说，但有的记者猜测是邓小平。

5月25日上午10时，邓小平在人民大会堂会见了港澳地区的全国人大代表和全国政协委员，并和大家合了影。正当记者拍照拍得差不多的时候，邓小平开始说话了："有这个机会，我和记者讲几句话。"

邓小平神色凝重地说："中央对香港问题的发言，除了我本人和负责具体问题的姬鹏飞等人之外，所有其他人的发言都无效，都不算正式的。我要在这里辟谣，黄华、耿飚讲的将来不在香港驻军问题，不是中央的意见。你们去登一条消息，没有那回事，香港要驻军的，既然香港是中国的领土，为什么不能驻军！这个英国外相豪（杰弗里·豪）和我会谈时，他也承认。他也说，当然希望中国不驻军，用另外一种形式。但是他承认中国政府既然收回香港主权，有权在香港驻军。这个明确得很，难道连这一点权力都没有吗？没有驻军这个权力，还叫什么中国领土！"

在记者们退场后，邓小平又指出："我国政府在恢复对香港行使

第五章 "一国两制"的构想是行得通的

1984年5月25日,邓小平会见港澳地区记者,谈中国在香港驻军问题

主权之后,有权在香港驻军,这是维护中华人民共和国领土的象征,是国家主权的象征,也是香港稳定和繁荣的保证。请代表和委员们充分相信,只要按照我国政府的政策办事,香港问题是会得到圆满解决的,真正爱国的、爱香港的人是不会失望的。"

1984年5月25日,邓小平在会见出席六届全国人大二次会议和全国政协六届二次会议港澳地区的人大代表及政协委员时强调:"中国一定要在香港驻军!"

事后，邓小平了解到黄华没有说过驻军问题的话，他表示自己错怪黄华了，还当面向黄华表示了歉意。

"中英会谈我们会同英国解决，不会受到任何干预，过去的所谓'三脚凳'，我们一直不承认，我们只承认两脚，没有三脚"

6月22日、23日，邓小平连续两天在人民大会堂四川厅会见了两批香港人士，他们是：以香港工业总会主席唐翔千、香港总商会主席唐骥千和香港中华厂商联合会会长倪少杰为首的香港工商访问团，香港知名人士钟士元、邓莲如和利国伟。

这两次会见谈话超过三个小时，邓小平在谈话中重申了中国政府在香港问题上的原则立场，他对客人们所提的一系列问题做了明确的回答，并详尽地阐明了中国政府的方针、政策。

6月23日的这次会见气氛非常严肃，不同寻常。事情是这样的：一个多月前，香港立法、行政两局非官守议员钟士元等九人赴英国游说，在机场上发表了并不能代表香港人立场而降低自己威信的很不得体的一份声明，遭到了舆论指责，在香港引起了一场不小的风波。未几，钟士元、邓莲如、利国伟又组成访问团赴北京，摆出了一副"为民请命"的架势，被中国方面视为干扰中英会谈。

6月23日上午10时，邓小平在人民大会堂会见了这三位两局议员。在会谈前既没有与三位合影留念，也没有迎出厅外与他们握手。显然，邓小平对他们是有所不满的。直到港澳办工作人员邓强进来通知他钟士元一行已到时，邓小平才露出笑容起身走到会见大厅。钟士元等从门外进来，即趋前与邓小平握手，他说："邓主任，你好，我是香港来的钟士元。"接着他向邓小平介绍了身后的邓莲如、利国伟。邓小平与他们一一握手，并对邓莲如说我们是同宗。

然后，邓小平没有与他们闲谈，也没有说什么客套话，开门见山地说："我欢迎你们以个人身份到北京来走走，听说你们有不少意见，我愿意听取。"

邓小平言辞很严肃,钟士元一听有点不对劲立刻接口说:"我们三个香港行政立法两局非官守议员(加重语气)很荣幸有这个机会来拜见邓主任及其在座的中国领导人。今日来到北京,是我们的头一次,能到北京来参观,我感到非常荣幸。"

邓小平又说:"你们利用这个机会来了解北京,了解一下中华人民共和国,了解一下我们这个中华民族,很有好处。你们三位的立场,我们相信不是完全一样的。你们前不久伦敦之行,情况我们都了解,你们有话都可以讲,但是我要讲一句,中华人民共和国政府决定的方针、立场和政策是坚定不移的,不管这些方针立场有多少人了解,我们相信这是符合500万香港人的利益的。我们听到不同观点的人有不同意见,但我们不承认这些意见是代表全部香港人利益的。中英谈判你们是了解的,中英会谈我们会同英国解决,不会受到任何干预,过去的所谓'三脚凳',我们一直不承认,我们只承认两脚,没有三脚……"

邓小平直言无隐。会谈继续进行。

第二天上午11时,钟士元一行在离京前夕,于下榻的建国饭店,以每小时380元外汇券的时租租用了一个临时新闻发布中心,对在京记者讲了他们此行的一些活动,并不厌其烦地解答了记者的许多提问。其后,他们又在会场与记者共用茶点,谈笑风生,对昨天同邓小平的交谈表示满意。

邓小平这两次同香港人士的会谈主要讲了五个问题。

一是对香港的政策不会改变。香港人士问到中国对香港的政策会不会改变,邓小平回答得很干脆:"中国政府为解决香港问题所采取的立场、方针、政策是坚定不移的。"

邓小平指出:"我们多次讲过,我国政府在一九九七年恢复行使对香港的主权后,香港现行的社会、经济制度不变,法律基本不变,生活方式不变,香港自由港的地位和国际贸易、金融中心的地位也不变，香港可以继续同其他国家和地区保持和发展经济关系。我们还多次讲过，北京除了派军队以外，不向香港特区政府派出干部，这也是不会改变的。我们派军队是为了维护国家的安全，而不是去干预香港的内部事务。我们对香港的政策五十年不变。我们说这个话是算数的。"

"近几年来，中国一直在克服'左'的错误。经过五年半，现在已经见效了。正是在这种情况下，我们才提出用'一个国家，两种制度'的办法来解决香港和台湾问题。"

邓小平强调说，"一个国家，两种制度"，我们已经讲了很多次了，全国人民代表大会已经通过了这个政策。有人担心这个政策会不会变。我说不会变。核心的问题，决定的因素，是这个政策对不对。如果不对，就可能变。如果是对的，就变不了。进一步说，中国现在实现对外开放、对内搞活经济的政策，有谁改得了？如果改了，中国百分之八十的人的生活就要下降，我们就会丧失人心。我们的路走对了，人民赞成，就变不了。

二是"一个国家，两种制度"的解决办法好。邓小平具体阐述了一个国家两种制度的政策。他说："'一个国家，两种制度'的构想是我们根据中国自己的情况提出来的，而现在已成为国际上注意的问题了。中国有香港、台湾问题，解决这个问题的出路何在呢？是社会主义吞掉台湾，还是台湾宣扬的'三民主义'吞掉大陆？谁也不好吞掉谁。如果不能和平解决，只有用武力解决，这对各方都是不利的。实现国家统一是民族的愿望，一百年不统一，一千年也要统一的。怎么解决这个问题，我看只有实行'一个国家，两种制度'。世界上一系列争端都面临着用和平方式来解决还是用非和平方式来解决的问题。总得找出个办法来。新问题就得用新办法来解决。"

邓小平指出，我们采取"一个国家，两种制度"的办法解决香港问题，不是一时的感情冲动，也不是玩弄手法，完全是从实际出发的，香港问题的成功解决，这个事例可能为国际上许多问题的解决提供一些有益的线索。

邓小平强调，从世界历史来看，有哪个政府制定过我们这么开明的政策？从资本主义历史看，从西方国家看，有哪一个国家这么做过？

第三，要相信香港的中国人能治理好香港。谈到有些人存在着不相信港人能治理好香港的看法时，邓小平指出，不相信中国人有能力管好香港，这是老殖民主义遗留下来的思想状态。他说，鸦片战争以来的一个多世纪里，外国人看不起中国人，侮辱中国人。中华人民共和国建立后，改变了中国的形象，中国今天的形象，不是晚清政府、不是北洋军阀、也不是蒋氏父子创造出来的。是中华人民共和国改变了中国的形象。凡是中华儿女，不管穿什么服装，不管是什么立场，起码都有中华民族的自豪感。香港人也是有这种民族自豪感的。

邓小平说，香港人是能治理好香港的。要有这个自信心。香港过去的繁荣，主要是以中国人为主体的香港人干出来的。中国人的智力不比外国人差，中国人不是低能的，不要总以为只有外国人才干得好。要相信我们中国人自己是能干得好的。

邓小平指出，所谓香港人没有信心的问题，这不是香港人的真正意见。他说，目前中英谈判的内容还没有公布，很多香港人对中央政府的政策不了解，他们一旦真正了解了，是会完全有信心的。我们对解决香港问题所采取的政策，是国务院总理在第六届全国人民代表大会第二次会议的政府工作报告中宣布的，是经过大会通过的，是很严肃的事。如果现在还有人谈信心问题，对中华人民共和国、对中国政府没有信任感，那末，其他一切都谈不上了。我们相信香港人能治理好香港，不能继续让外国人统治，否则香港人也是决不会答应的。

第四，以爱国者为主体的港人来治理香港。当香港人士问到港人治港的含义以及港人治港是由谁来治的问题时，邓小平指出，港人治港有个界限和标准。港人治港的标准就是必须由以爱国者为主体的港人来治理香港。未来香港特区政府的主要成分是爱国者，当然也要容纳别的人，还可以聘请外国人当顾问。什么叫爱国者？爱国者的标准是，尊重自己民族，诚心诚意拥护祖国恢复行使对香港的主权，不损害香港的繁荣和稳定。只要具备这些条件，不管他们相信资本主义，还是相信封建主义，甚至相信奴隶主义，都是爱国者。我们不要求他们都赞成中国的社会主义制度，只要求他们爱祖国，爱香港。

第五，做好1997年前过渡时期的工作。邓小平说："到一九九七年还有十三年，从现在起要逐步解决好过渡时期问题。在过渡时期中，一是不要出现大的波动、大的曲折，保持香港繁荣和稳定；二是要创造条件，使香港人能顺利地接管政府。香港各界人士要为此作出努力。"

邓小平的这两次谈话后来被合编为《一个国家，两种制度》，收入《邓小平文选》第三卷。

"我们希望过渡时期不出现问题，但必须准备可能会出现一些不以我们意志为转移的问题"

7月，英国外交大臣再次访华。邓小平在会见他时说："'一个国家，两种制度'的构想不是今天形成的，而是几年以前，主要是在我们党的十一届三中全会以后形成的。这个构想是从中国解决台湾问题和香港问题出发的。十亿人口大陆的社会主义制度是不会改变的，永远不会改变。但是，根据香港和台湾的历史和实际情况，不保证香港和台湾继续实行资本主义制度，就不能保持它们的繁荣和稳定，也不能和平解决祖国统一问题。因此，我们在香港问题上，首先提出要保证其现行的资本主义制度和生活方式，在一九九七年后五十年不变。"

邓小平强调说，我们非常关注香港的过渡时期，我们希望在香港的过渡时期内不要出现以下几种情况：第一，希望不要出现动摇港币地位的情况。港币发行量究竟多少？港币信誉好是因为储备金雄厚，多于发行量，不能改变这种状态。第二，我们同意可以批出1997年后50年内的土地契约，而且同意港英政府可以动用这种卖地收入，但希望用于香港的基本建设和土地开发，而不是用作行政开支。第三，希望港英政府不要随意增加人员和薪金、退休金金额，那将会增加将来特别行政区政府的负担。第四，希望港英政府不要在过渡时期自搞一套班子，将来强加于香港特别行政区政府。第五，希望港英政府劝说有关方面的人不要让英资带头转走资金。邓小平表示，"我们希望过渡时期不出现问题，但必须准备可能会出现一些不以我们意志为转移的问题"。

邓小平说："现在中英两国政府关于香港问题的会谈基本上达成一致了。我很有信心，'一个国家，两种制度'是能够行得通的。这件事情会在国际上引起很好的反响，而且为世界各国提供国家间解决历史遗留问题的一个范例。"

杰弗里·豪访华时，中方表示如英方同意设立联合小组并以香港为常驻地，该小组进驻香港的时间以及1997年后是否继续存在一段时间都可以商量。最后双方商定，设立联合联络小组，小组于1988年7月1日进驻香港，2000年1月1日撤销。

中英通过谈判确定，中国收回香港，恢复行使主权，这一点在协议中必须有明确的表述。英方不接受中方对香港恢复行使主权的提法，先后提出的草案都具有三个不平等条约有效的含意，中方表示坚决不能接受。最后中英双方同意用《联合声明》的形式，采用如下表述方式，即中国政府声明："中华人民共和国政府决定于1997年7月1日对香港恢复行使主权。"英国政府声明："联合王国政府于1997年7月1日将香港交还中华人民共和国。"这样就解决了主权归属问题的表述。此后，双方代表团举行了三轮会谈，讨论了国籍、民航、土地等几个政策性和技术性都比较复杂的问题，并对协议的文字措辞进行了反复的磋商。至1984年9月18日，双方经过前后22轮谈判，就全部问题终于达成协议。

9月26日，中英双方草签了中英《联合声明》和三个附件，至此，为时两年的中英两国政府关于香港问题的谈判圆满结束。

十多天后，10月3日，邓小平在人民大会堂会见由200多人组成的港澳同胞国庆观礼团。他说："你们这么多人回来观礼，我非常高兴，我看香港一定有希望。这次回来观礼的，各行各业和各界人士都有，各种不同政治观点的人也都来了。这说明大家都赞成中国恢复对香港行使主权，赞成中英两国政府所达成的协议的内容。这就是说，我们有了一个共同的大前提，一个共同的目标，就是爱祖国，爱香港，在今后十三年或十三年以后保持香港的繁荣和稳定。""一九九七年以后，在座的六七十岁的人，那时精力就差些了，但在座的有很多的年轻人，年轻人有优势。就我个人来说，我愿意活到一九九七年，亲眼看到中国对香港恢复行使主权。"

在谈到有些人怕我们的政策多变时，邓小平说："我们的政策不会变，谁也变不了。因为这些政策见效、对头，人民都拥护，既然是人民拥护，谁要变人民就会反对。"

邓小平说："我们中央政府、中共中央即使在过去的动乱年代，在国际上说话也是算数的。讲信义是我们民族的传统，不是我们这一代才有的。这也体现出我们古老大国的风度，泱泱大国嘛。作为一个大国有自己的尊严，有自己遵循的准则。我们在协议中说五十年不变，就是五十年不变。我们这一代不会变，下一代也不会变。到了五十年以后，大陆发展起来了，那时还会小里小气地处理这些问题吗？"

邓小平还说："对于中英联合声明，我们不仅相信我们自己会遵守，也相信英国人会遵守，更相信香港同胞会遵守。"

在谈到协议中规定的对香港实行"一个国家，两种制度"的方针时，邓小平表示，"一个国家，两种制度"在国际上是一种新的构想。我们提出这一方针不仅是因为面临香港问题，而且我们对外政策的总方针是维护世界和平。在当今世界上要解决各种国际争端，就要有新的办法。当然这种制度能否成功，要靠香港同胞的努力，但我相信时间将证明这种制度会取得成功。

"如果'一国两制'的构想是一个对国际上有意义的想法的话，那要归功于马克思主义的辩证唯物主义和历史唯物主义，用毛泽东主席的话来讲就是实事求是。这个构想是在中国的实际情况下提出来的"

12月18日，英国首相撒切尔夫人来到北京，参加中英香港问题联合声明的正式签字仪式，并对中国进行正式访问。

同一天，应邀参加联合声明正式签字仪式观礼的101位香港各界人士也从香港来到北京。

12月19日，邓小平再次会见撒切尔夫人。此次的会见已不同于上次，气氛显得热烈友好。邓小平在人民大会堂笑容满面地与撒切尔夫人握手，并高兴地说："我们两国的领导人就香港问题达成协议，为各自的国家和人民做了一件非常有意义的事情。香港问题已经有近一个半世纪的历史。这个问题不解决，在我们两国和两国人民之间总是存在着阴影。现在这个阴影消除了，我们两国之间的合作和两国人民之间的友好前景光明。"

撒切尔夫人对邓小平的这一评价表示完全赞同。她说，回顾我两年多以前初次在这里同您见面以来，我们已经取得了多么大的成就，双方的了解也加深了。撒切尔夫人还特别说道："从历史的观点看，'一国两制'是最富天才的创造，这个构想看起来是个简单的想法，但却是充满想象力的构想，是解决香港问题的关键，是我们达成协议的关键。"

邓小平接着说："如果'一国两制'的构想是一个对国际上有意义的想法的话，那要归功于马克思主义的辩证唯物主义和历史唯物主义，用毛泽东主席的话来讲就是实事求是。这个构想是在中国的实际情况下提出来的。"

谈到人们对"一国两制"能否行得通、中国在签署中英《联合声明》后是否能始终如一地执行的疑虑时,邓小平对撒切尔夫人说:"我们不仅要告诉阁下和在座的英国朋友,也要告诉全世界的人:中国是信守自己的诺言的。"

撒切尔夫人听后,表示坚信"一国两制"的构想是行得通的。

接着,邓小平又讲道,采用和平方式解决香港问题,就必须既考虑到香港的实际情况,也考虑到中国的实际情况和英国的实际情况。就是说,我们解决问题的办法要使三方面都能接受。三方面都能接受的只能是"一国两制",允许香港继续实行资本主义,保留自由港和金融中心的地位,除此之外没有其他办法。

邓小平还向撒切尔夫人讲述了1997年后保持香港现行的资本主义制度50年不变的道理,并请撒切尔夫人告诉国际上和香港的人士,"一国两制"除了资本主义,还有社会主义,就是中国的主体、10亿人口的地区坚定不移地实行社会主义。主体是很大的主体,社会主义是在10亿人口地区的社会主义,这是个前提,没有这个前提不行。在这个前提下,可以允许在自己身边、在小地区和小范围内实行资本主义。

12月19日下午5时半,中英香港问题联合声明的正式签字仪式在人民大会堂西大厅隆重举行。邓小平出席了签字仪式。中国总理和撒切尔夫人在长桌本国国旗一侧入座,用中国的台式英雄金笔,代表本国政府在联合声明上签字。当两国领导人当着邓小平、李先念和其他聚集在大厅里人的面交换文本时,大厅里爆发出了阵阵掌声。随后,两国领导人发表讲话。撒切尔夫人说:"这是一个具有历史意义的时刻,邓小平主任能够出席各自政府签署的关于香港前途的联合声明,在香港的生活史上,在英中关系的历程中,以及国际外交史上都是一个里程碑。《联合声明》为从现在起到1997年和1997年以后继续保持香港的稳定、繁荣和发展提供了坚实的基础。"撒切尔夫人赞

第五章 "一国两制"的构想是行得通的

1984年12月19日，邓小平会见前来参加中英关于解决香港问题的《联合声明》签字仪式的撒切尔夫人

扬中国领导人对双方谈判采取的高瞻远瞩的态度，并盛赞"一国两制"。她指出，"一国两制"的构想是没有先例的，它为香港的特殊历史环境提供了富有想象力的答案。谈到中英《联合声明》，撒切尔夫人说："这是香港人民往后赖以向前发展的基础，香港会成为一个比现在更加繁荣的地方。今天，我们荣幸地同中国朋友一起，参加一个独特的仪式，我们应该有一种创造历史的感觉，应该有一种自豪感，并对未来充满信心"。

邓小平、李先念在两国领导人讲话结束后，笑容满面地走到撒切尔夫人面前，举起香槟酒，热烈祝贺中英双方完成了一件影响深远、具有重大历史意义的大事。

一直采访中英谈判的香港女记者雷慧燕这样写道："我的'中国心'在跳动着，我'炎黄子孙'的血液在沸腾着，我忍不住潸然泪下，因为就在此刻，我深深体会到作为一个中国人的骄傲，中国人的确站起来了。"

《阿根廷时代报》评述：香港问题的解决，这是邓小平的功劳，

邓小平出席中英《联合声明》签字仪式

他将作为不可逆转地开始中国重新统一进程的人物载入史册。

1985年5月27日，中英两国政府在北京互换批准书，中英《联合声明》正式生效。

为了确保1997年之后香港的繁荣稳定，在全国人大审议批准中英《联合声明》的同时，起草香港特别行政区基本法的工作也同时展开。在基本法起草的过程中，邓小平也倾注了大量的心血。他多次会见基本法起草委员会的全体成员，对基本法的原则和意义作了精辟的解释。他说："我们的'一国两制'能不能够真正成功，要体现在香港特别行政区基本法里面。这个基本法还要为澳门、台湾作出一个范例。所以，这个基本法很重要。"基本法出台后，邓小平认为，写出了一部具有历史意义和国际意义的法律。说它具有历史意义，不只对过去、现在，而且包括对将来也有重要意义；说国际意义，不只对第三世界，而且对全人类都具有长远意义。"这是一个具有创造性的杰作"。

第五章 "一国两制"的构想是行得通的

1985年4月10日,六届全国人大三次会议在批准中英联合声明的同时,决定成立香港特别行政区基本法起草委员会。图为邓小平与出席香港特别行政区基本法起草委员会第一次全体会议的委员合影

1997年7月1日,中华人民共和国政府对香港恢复行使主权。

1997年,中英两国政府举行香港政权交接仪式

第六章　和平和发展是当代世界的两大问题

1984年，邓小平对国际形势的判断谈得比较多的是和平问题和南北问题。

这年的5月29日，邓小平在会见巴西总统菲格雷多时说："现在世界上问题很多，有两个比较突出。一是和平问题。现在有核武器，一旦发生战争，核武器就会给人类带来巨大的损失。要争取和平就必须反对霸权主义，反对强权政治。二是南北问题。这个问题在目前十分突出。发达国家越来越富，相对的是发展中国家越来越穷。南北问题不解决，就会对世界经济的发展带来障碍。解决这个问题当然要靠南北对话，我们主张南北对话。不过，单靠南北对话还不行，还要加强第三世界国家之间的合作，也就是南南合作。"

邓小平认为，第三世界国家相互交流，相互学习，相互合作，可以解决许多问题，前景是很好的。发达国家应该清楚地看到，第三世界国家经济不发展，发达国家的经济也不可能得到较大的发展。

10月31日，邓小平在会见缅甸总统吴山友时也说："国际上有两大问题非常突出，一个是和平问题，一个是南北问题。还有其他许多问题，但都不像这两个问题关系全局，带有全球性、战略性的意义。现在世界上北方发达、富裕，南方不发达、贫困，而且相对地说，富的愈来愈富，穷的愈来愈穷。南方要改变贫困和落后，北方也需要南

第六章 和平和发展是当代世界的两大问题

方发展。南方不发展,北方还有什么市场?资本主义发达国家遇到的最大问题是发展速度问题,再发展问题。所以,南南合作还有一个意义,可以推动南北合作。"

1984年10月31日,邓小平会见缅甸总统吴山友

这是邓小平经过长期的观察和科学的分析,透过世界政治、经济、社会制度、意识形态等差异,对国际形势作出的新的判断。

"我们总的看法是,世界不安宁,确实存在着新的战争危险。我们不相信有什么缓和,不相信有什么'持久和平'"

1984年9月27日和10月10日,邓小平分别会见了来访的联邦德国前总理施密特和时任总理科尔。会见时,邓小平在谈到国际形势时,提到了科尔1974年访华和施密特1975年访华时双方曾在对战争问题的看法上存在的分歧。

十年前,也就是1974年9月6日,时任国务院副总理的邓小平在人民大会堂接见厅会见了来访的联邦德国基督教民主同盟主席科尔。这是科尔第一次访问中国,也是他和邓小平之间的第一次见面。

1974年的中国正处在一个重要的关头。周恩来总理生病住院,

1984年9月,邓小平会见来访的德意志联邦共和国前总理施密特

邓小平第二次复出一年多,他的工作卓有成效,受到了毛泽东的充分肯定,当时更多的重要外事会见都落到了邓小平的身上。

会见时,科尔说:"这是一次极为有意义的访问。北京和波恩虽然相隔万里,但我们在有些问题上是相似的,甚至是相同的。我们之间有许多共同点。"

邓小平十分赞同科尔的看法,说:"我们也有面临着的共同问题。"

双方讨论了战争危险与核武器问题。在说到核武器问题时,邓小平说:"毛主席在1946年就讲过,原子弹是纸老虎。我们不相信原子弹会毁灭人类,我们认为最终还是人类毁灭原子弹。将来的战争,是不是一定要打核战争?也不一定,也可能是打常规战争。"

关于战争危险问题,在会谈中,邓小平则坚持战争不可避免,而且迫在眉睫的观点。

但是,科尔表示了不同的意见。

1975年10月29日,国务院副总理邓小平在人民大会堂东大厅会

第六章　和平和发展是当代世界的两大问题

见来访的联邦德国总理施密特。

施密特是国际舞台上的著名政治家之一。曾先后担任过联邦德国社会民主党副主席、联邦政府国防部长、经济和财政部长，1974 年担任联邦政府总理。

双方的第一次会谈，主要就欧洲形势、欧安会、美国与欧美关系、西欧联合、东方政策和德国的统一问题及世界经济问题等交换了意见。

第二天，毛泽东主席在中南海的书房里会见了施密特。邓小平陪同会见。

1975 年 10 月 30 日，毛泽东主席会见德意志联邦共和国总理赫尔穆特·施密特

施密特后来在回忆录中这样写道："在毛泽东和我谈话的整个过程中，邓小平一言不发。他坐在沙发椅上将近两小时，没有表达他对整个谈话是如何看的。当时毛泽东强调说：'我知道苏联会照样发展下去，要打仗。'我进行了反驳，我不想排除第三次世界大战爆发的可能性，但如果西方具有足够的防御能力，爆发的可能性不大。毛泽东坚持其战争不可避免的论点，当时的代总理邓小平表示赞同。第二天，他多次谈到毛泽东的谈话。"

10月31日，邓小平与施密特举行了第二次会谈。双方主要就国际形势问题阐述各自的观点。

邓小平说："我们的基本观点毛主席昨天会见总理时已用概括的语言讲了。我们总的看法是，世界并不安宁，确实存在着新的战争危险。我们不相信有什么缓和，不相信有什么'持久和平'。战争打不打，不决定于某一个领导人，而决定于国家制度，决定于两个超级大国争夺世界霸权，这是不以人的意志为转移的。"

施密特说："我认为，谁想发动一次新的世界大战，就会给自己和本国人民带来极大的危险，不管是打常规战争和核战争都是如此。我喜欢毛主席昨天所说的，防御者最终将占优势。"

邓小平最后说："我们对国际局势并不担忧，我们是乐观主义者。正如毛主席所说的，你们处于防御地位，我们也处于防御地位，最后胜利的是防御者，而不是进攻者。"

施密特说："在足球赛中，当进攻的一方无能为力时，就由防守的一方踢进球了。"

……

我们党对新的世界战争的预测历来十分重视，经历了一个曲折的认识过程。

第二次世界大战结束以来，世界政治在战后到20世纪50年代出现了资本主义和社会主义两大阵营对立的格局。60年代后，由于世界"大动荡、大分化、大改组"，又形成了美苏争霸和第三世界崛起的格局。与此同时，世界经济以前所未有的速度迅速发展。战后兴起的第三次科学技术革命对世界经济的发展以及对国际政治经济关系的变化产生了深刻的影响，它推动了主要资本主义国家生产力发展和生产关系的调整，加深了生产、资本国际化进程和国家间的经济联系，同时也造成了南北差距的扩大。

怎么样判断变化了的国际形势，会不会发生第三次世界大战？我们党对新的世界大战的危险的估计过分严重,认为新的世界大战不可避免,而且迫在眉睫。20世纪60年代初期,随着中苏关系的不断恶化,中共中央和毛泽东提出从战备需要出发,根据战略位置的不同,将我国各地区分为一、二、三线。处在战略前方的一些省区称为一线,全国的战略大后方称为三线,二线是指处在一线和三线之间的省区。到了60年代中期,为了防备侵略战争,国家有关部门提出:国防尖端项目要搬到三线地区,按照"靠山、分散、隐蔽"的方针,即"山、散、洞"进行建设,有的还要进山洞。在一段时期里,全国备战,全民皆兵,一切为了准备早打、大打、打核战争,消耗了国家大量的财力、物力,严重影响了国家经济建设。

"现在我们对这个问题的看法有一点变化。我们感到战争危险仍然存在,仍要提高警惕,但防止新的世界战争爆发的因素在增长"

1984年,邓小平在会见联邦德国总理科尔时又旧话重提。邓小平说:"一九七四年你来访问,我们曾经谈到战争危险,现在我们对这个问题的看法有一点变化。我们感到战争危险仍然存在,仍要提高警惕,但防止新的世界战争爆发的因素在增长。"他强调:"中国最不希望发生战争。中国太穷,要发展自己,只有在和平的环境里才有可能。要争取和平的环境,就必须同世界上一切和平力量合作。"

争取比较长期的和平环境是可能的,战争是可以避免的。这是80年代以来邓小平通过冷静、客观地观察国际形势得出的基本结论。

20世纪80年代前后,邓小平根据对世界形势和我国周边环境的分析,改变了原来认为战争的危险很迫近的看法。他曾先后多次说过,小仗5年打不起来。大仗10年打不起来。1977年底,他强调:我们有可能争取多一点时间不打仗。他认为,因为我们有毛泽东同志的划分三个世界的战略和外交路线,可以搞好国际的反霸斗争。另一方面,苏联的全球战略部署还没有准备好。美国在东南亚失败后,全球战略目前是防守的，打世界大战也没有准备好。所以，可以争取延缓战争的爆发。他坚信，虽然战争的危险还存在，但是制约战争的因素也在增长，世界和平力量的增长超过战争力量的增长。并由此得出结论，在较长时间内不发生大规模的世界战争是有可能的，维护世界和平是有希望的。

基于邓小平的这一判断，1978年我们党的十一届三中全会制定了一心一意搞经济建设的方针，提出了军队建设战略重点的转移，从而适时地把全党、全军的认识引导到正确的轨道上来。1980年1月16日，邓小平在《目前形势和任务》一文中指出：80年代我们要做的第一件事，就是在国际事务中反对霸权主义，维护世界和平。这个任务，每天都摆在我们的议事日程上。他指出：80年代无论对于国际国内，都是十分重要的年代。国际上很难预料会发生什么问题，但是，可以说是非常动荡、充满危机的年代。当然，我们有信心，如果反对霸权主义斗争搞得好，可以延缓战争的爆发，争取更长一点时间的和平，这是可能的，我们也正是这样努力的。不仅世界人民，我们自己也确确实实需要一个和平的环境。1980年4月，邓小平在会见世界银行行长麦克纳马拉时再次强调了这一观点。他说：看来国际上还要经历一些风浪，看远一点，采取有效措施，80年代的危险可以度过，争取20年的和平环境是可能的。我们需要一个比较长期的和平环境来发展。我们太穷了，要改变面貌。

当然，这个阶段的国际形势还是有些动荡的，特别是1979年底发生了苏军入侵阿富汗的事件。因此，邓小平强调的重点还是"要抢时间"搞建设。1982年8月，邓小平在会见联合国秘书长德奎利亚尔时明确讲道："中国的对外政策是一贯的，有三句话，第一句话是反对霸权主义，第二句话是维护世界和平，第三句话是加强同第三世界的团结和合作，或者叫联合和合作。"在阐述这些政策时，邓小平说："有人说中国好战，其实中国最希望和平。中国希望至少20年不打仗。我们面临发展和摆脱落后的任务。我们摆在第一位的任务是在本世纪末实现现代化的一个初步目标,这就是达到小康的水平。如果能实现这个目标,我们的情况就比较好了。更重要的是我们取得了一个新起点,再花 30 年到 50 年时间,接近发达国家的水平。我们不是说赶上,更不是说超过,而是接近。所以我们希望有一个和平的国际环境。一打仗,这个计划就吹了,只好拖延。从现在到本世纪末是一个阶段,再加 30 至 50 年,就是说我们希望至少有 50 年到 70 年的和平时间。"他强调:"我们提出维护世界和平不是在讲空话,是基于我们自己的需要,当然也符合世界人民的需要,特别是第三世界人民的需要。因此,反对派霸权主义、维护世界和平是我们真实的政策,是我们对外政策的纲领。"

1982 年 8 月 21 日,邓小平会见联合国秘书长德奎利亚尔

到了 20 世纪 80 年代中期,邓小平说得更为明确:这几年我们仔细地观察了形势,认为就打世界大战来说,只有两个超级大国有资格,一个苏联,一个美国,而这个两家都还不敢打。首先,苏美两家原子弹多,常规武器也多,都有毁灭对手的力量,毁灭人类恐怕还办

不到，但有本事把世界打得乱七八糟就是了，因此谁也不敢先动手。其次，苏美两家都在努力进行全球战略部署，但都受到了挫折，都没有完成，因此都不敢动。同时，苏美两家还在进行军备竞赛，世界战争的危险还是存在的，但是世界和平力量的增长超过战争力量的增长。这个和平力量，首先是第三世界，我们中国也属于第三世界。第三世界的人口占世界人口的 3/4，是不希望战争的。这个和平力量还应该包括美苏以外的发达国家，真要打仗，他们是不干的呀！美国人民、苏联人民也是不支持战争的。世界很大，复杂得很，但一分析，真正支持战争的没有多少人，人民是要求和平、反对战争的。还要看到，世界新科技革命蓬勃发展，经济、科技在世界竞争中的地位日益突出，这种形势，无论美国、苏联、其他发达国家和发展中国家都不能不认真对待。由此得出结论，在较长时间内不发生大规模的世界战争是有可能的，维护世界和平是有希望的。根据对世界大势的这些分析，以及对我们周围环境的分析，我们改变了原来认为战争的危险很迫近的看法。

曾任国务院副总理的钱其琛说："进入 80 年代以后，国际形势出现了重要的、新的变化。我国那时已经同美国建立了关系，同时也正在改善同苏联的关系。我们需要有一个和平的国际环境，而且在客观上讲也可以争取到一个和平、稳定的周边环境。当时世界各国人民和一切爱好和平的国家，也都渴望世界能够和平和安宁。其次，在世界范围之内出现了一种新的科技革命迅猛发展的高潮，经济在国际关系中的地位日益突出。同时旧的国际经济秩序极大地妨碍了、损害了发展中国家的经济发展，许多国家都遇到了严重的经济困难，南北差距在扩大。在这样大的背景下，小平同志根据实事求是的原则，从中国人民和世界人民的根本利益出发，站在世界全局的高度，抓住了全球性的战略问题，提出了'和平与发展是当今世界两大问题'的科学论断。"

"粉碎'四人帮'以后，特别是党的十一届三中全会以后，我们对国际形势的判断有变化，对外政策也有变化，这是两个重要的转变"

对国际形势作出恰如其分的判断和分析，从而制定正确的对外政策，是我们党在各个不同时期的一项十分重要的战略任务。邓小平说："粉碎'四人帮'以后，特别是党的十一届三中全会以后，我们对国际形势的判断有变化，对外政策也有变化，这是两个重要的转变。"

从 20 世纪 50 年代后半期起，为了遏制苏联的扩张势头，维护世界和平，毛泽东及时提出了从日本经欧洲到美国的"一条线"的战略思想，号召全世界人民联合起来，共同对付苏联的霸权主义。"一条线"战略在当时对缓和中国在国家安全问题上所面临的极度紧张形势，使中国摆脱长期腹背受敌、孤立无援的状态，遏制苏联的扩张霸权，起了重要的作用。对此，邓小平说：毛主席当时提出的国际战略有当时的历史条件。那时苏联在各方面都占优势，美国加上西欧都处于劣势，是很大的劣势。我们当时面临的形势是，从美苏力量对比来看，苏占优势，而且张牙舞爪，威胁中国。我们的判断是，苏联处于进攻性态势，而且是全球性进攻，战争的危险主要来自苏联。为了避免战争，毛主席提出了建立从日本经欧洲到美国的'一条线'战略，以对付苏联的挑战。这有个好处，促进了美国和欧洲的联合。美国同中国的关系改善了，日本和欧洲同中国的关系也改善了。

20 世纪 80 年代以来，国际形势发生了重大变化。美苏之间的争夺转入均衡、僵持阶段。在这种情况下，继续实行"一条线"战略，不仅已无必要，而且对中国不利。因为占世界人口 1/4 的中国，在反对霸权主义、维护世界和平的斗争中，已经发展成为独立于美苏之外的一支重要力量，中国如果同美苏任何一国结盟或建立战略关系，都会影响世界战略力量的平衡，不利于国际形势的稳定。现实表明，"一条线"战略已不能适应一心一意搞现代化建设的中国的国际地位和建立正常的对外关系的需要。从国际形势的变化和国内建设的实际出发，邓小平及时地指导我们党改变了"一条线"的战略，代之以更为实际、更为灵活、更具原则性的战略方针，即独立自主的和平外交政策方针，并在新的历史条件下，更加突出独立自主。

1982年9月，邓小平在中国共产党第十二次全国代表大会上的开幕词中明确提出："中国的事情要按照中国的情况来办，要依靠中国人自己的力量来办。独立自主，自力更生，无论过去、现在和将来，都是我们的立足点。中国人民珍惜同其他国家和人民的友谊和合作，更加珍惜自己经过长期奋斗而得来的独立自主权利。任何外国不要指望中国做他们的附庸，不要指望中国会吞下损害我国利益的苦果。"

中国的对外政策是独立自主的，是真正的不结盟。中国在任何时候任何情况下都坚持独立自主，同任何国家没有结盟关系，完全采取独立自主的政策，坚决反对一切形式的霸权主义和强权政治。

邓小平认为：我们这样的一些国家采取独立自主的外交政策是十分重要的。从20世纪60年代我们就一直赞赏法国的戴高乐总统在国际事务中采取的独立自主的政策。在70年代，我们认为战争的危险主要来自苏联，当时我们同西方，包括美国、欧洲采取了更接近的政策，这是按照当时的实际情况决定的。近几年有点变化，苏联还是咄咄逼人，但美国最近的几手表明，对美国也不能忽略。对美国我们还要继续观察。这几年它搞的几手应该引起我们的注意。我们认为，有资格打第三次世界大战的只有美苏两家，没有别人。这是近几年我们对事物观察后的看法。这种独立自主的外交政策更有利于争取和平。

针对变化了的国际形势，1984年11月1日，邓小平在中央军委座谈会上的讲话中重申：我们现在是独立自主的外交政策，谁搞霸权主义就反对谁。不允许任何人打"中国牌"。这是维护和平的最好的政策。因为中国这个力量，加到任何一方，都会发生质的变化。我们说10年打不起来，包括我们这个对外政策的作用。最好的是我们现

第六章 和平和发展是当代世界的两大问题

行的政策,这个最有分量,最有利于世界和平和国际形势的稳定。

1985年3月4日,邓小平在会见日本商工会议所访华团时提出"和平和发展是当代世界的两大问题"。他指出:现在世界上虽然战争危险还存在,但是制约战争的力量有了可喜的发展。"现在世界上真正大的问题,带全球性的战略问题,一个是和平问题,一个是经济问题或者说发展问题。和平问题是东西问题,发展问题是南北问题。概括起来,就是东西南北四个字。"

1985年3月4日,邓小平会见日本商工会议所所长五岛升率领的访华团

6月4日,邓小平在中央军委扩大会议上的讲话中指出:"世界上都在说苏、美、中'大三角'。我们不讲这个话,我们对自己力量的估计是清醒的,但是我们也相信中国在国际事务里面是有足够分量的。我们奉行独立自主的正确的外交路线和对外政策,高举反对霸权

主义、维护世界和平的旗帜,坚定地站在和平力量一边,谁搞霸权就反对谁,谁搞战争就反对谁。所以,中国的发展是和平力量的发展,是制约战争力量的发展。现在树立我们是一个和平力量、制约战争力量的形象十分重要,我们实际上也要担当这个角色。根据独立自主的对外政策,我们改善了同美国的关系,也改善了同苏联的关系。我们中国不打别人的牌,也不允许任何人打中国牌,这个我们说到做到。这就增强了中国在国际上的地位,增强了中国在国际问题上的发言权。

"总之,一个是对国际形势的判断,一个是根据这个判断相应地调整对外政策,这是我们的两个大变化。现在看来,这两个变化是正确的,对我们是有益的,我们要坚持下去。只要坚持这样的判断和这样的政策,我们就能放胆地一心一意地好好地搞我们的四个现代化建设。我们的立足点还是自力更生,但是我们搞开放政策,利用国际和平环境更多地吸收对我们有用的东西,这对加速我们的发展比较有利。"

邓小平对当代世界形势和国际问题的科学分析和精辟论述,反映了当今世界发展变化的本质特征,体现了现代国际关系的基本内容,是马克思主义关于国际问题学说在当今世界的新发展。这一新的科学论断,为我们党和国家调整对外对内政策、维护和争取和平、集中精力进行社会主义现代化建设提供了科学的理论指导。

"和平与发展是当今世界两大问题"这一科学论断,在党的十三大、十四大上,被准确地、规范化地概括为"和平与发展是当代世界两大主题",成为邓小平理论的重要内容之一。

第七章　发挥原工商业者的作用

　　1984年10月6日上午，邓小平会见参加中外经济合作问题讨论会全体中外代表。邓小平在谈话中说："在经济问题上，我是个外行，也讲了一些话，都是从政治角度讲的。比如说，中国的经济开放政策，这是我提出来的，但是如何搞开放，一些细节，一些需要考虑的具体问题，我就懂得不多了。"邓小平和代表们畅谈了我国现代化建设的宏伟目标及对外开放、对内改革的根本政策。他指出：我们确定了一个政治目标：发展经济，到本世纪末翻两番，国民生产总值按人口平均达到八百美元，人民生活达到小康水平。这个目标对发达国家来说是微不足道的，但对中国来说，是一个雄心壮志，是一个宏伟的目标。更为重要的是，在这个基础上，再发展三十年到五十年，力争接近世界发达国家的水平。实现我们的目标，不是很容易的。讲大话，讲空话，都不行，要有一系列正确的对内对外的方针和政策。党的十一届三中全会以来，我们确定了对内经济搞活、对外经济开放的政策，没有这样的政策不可能成功。

　　邓小平介绍说，对内经济搞活，首先从农村着手。这几年进行的农村改革，是一种带革命意义的改革。我们在制定对内经济搞活这个方针的同时，还提出对外经济开放。总结历史经验，中国长期处于停滞和落后状态的一个重要原因是闭关自守。经验证明，关起门来搞建设是不能成功的，中国的发展离不开世界。当然，像中国这样大的国家搞建设，不靠自己不行，主要靠自己，这叫做自力更生。但是在自力更生的基础上，还需要对外开放，吸收外国的资金和技术来帮助我们发展。邓小平希望所有的外国企业家、专家进一步认识到，帮助中国的发展，对世界有利。从世界的角度来看，中国的发展对世界和平和世界经济的发展有利。如果不帮助发展中国，西方面临的市场问题、经济问题也难以解决。经济上的开放，不只是发展中国家的问题，恐怕也是发达国家的问题。现在世界上总人口 3/4 的地区是发展中国家，还谈不上是重要市场。世界市场的扩大，如果只在发达国家中兜圈子，那是很有限度的。

邓小平希望国际工商界人士加强与我国的合作，他特地向国际工商界人士推荐中国国际信托投资公司。他说："为了便于广泛接触，中国国际信托投资公司可以作为中国在对外开放中的一个窗口。"

这次中外经济合作问题讨论会是由中国国际信托投资公司主办的。邓小平会见与会代表是对中国国际信托投资公司工作的极大支持。

邓小平和中国国际信托投资公司有着不解之缘。

"落实政策以后，工商界还有钱，有的人可以搞一两个工厂，也可以投资到旅游业赚取外汇，手里的钱闲起来不好。你们可以有选择地搞。总之，钱要用起来，人要用起来"

党的十一届三中全会作出了把党和国家的工作着重点转移到经济建设上来之后，邓小平与叶剑英、王震等党和国家领导人就开始商讨如何调动各方面人士积极性为经济建设服务的问题。邓小平提出：要重新使用原工商业者。工商业者在社会主义改造中起了有益的配合作用，他们中有劳动能力的绝大多数人已经被改造成为自食其力的劳动者，并愿意为现代化建设事业贡献力量。经济建设需要大批各方面的人才，应该请出像荣毅仁等有企业管理经验的原工商界人士出来

第七章　发挥原工商业者的作用

工作。

邓小平说干就干。

1979年1月16日，荣毅仁、胡厥文、胡子昂、古耕虞、周叔弢等五位原工商业者同时接到中央办公厅的通知：邓小平要在1月17日上午会见他们。邓小平的这个邀请令五位老人兴奋不已。傍晚时分，他们相约在胡厥文的家中，共商与邓小平见面时的谈话内容，研究他们对国家建设的建议。随后，古耕虞受托连夜起草了建议书。

1月17日上午10时，人民大会堂。邓小平邀请原工商界领导人荣毅仁、胡厥文、胡子昂、古耕虞、周叔弢等五位代表人士座谈。

落座后，邓小平开宗明义地说："听说你们对如何搞好经济建设有很好的意见和建议，我们很高兴。今天就请大家谈谈这个问题。"荣毅仁等五位代表相视一笑，这正是他们的想法，连连点头说："好！好！"

邓小平接着说："党的十一届三中全会决定把工作重点转移到社会主义现代化建设上来。过去耽误的时间太久了，不搞快点不行。但是怎样既要搞得快点，又要不重犯1958年的错误，这是个必须解决的问题。我们现在搞建设，知识不够，资金不足，怎么办呢？"

邓小平向在座的五位"老板"阐述了他对外开放的设想："门路要多一点，可以利用外国的资金和技术。华侨、华裔也可以回来办工厂。吸收外资可以采取补偿贸易的方法，也可以搞合营，先选择资金周转快的行业做起……"

邓小平的坦诚直言，顿时使座谈的气氛融洽、热烈起来。五位"老板"敞开心扉，谈了各自的看法。胡子昂说："要发挥原工商者的作用，有真才实学的人应该把他们找出来，使用起来，能干的人就当干部。"邓小平听后点点头说："对这方面的情况，你们比较熟悉，可以多做工作。现在国家计划想调个头。过去工业是以钢为纲，钢的屁股太大，它一上就要挤掉别的项目，而且资金周转慢。要先搞资金周转快的，如轻工业、手工业、补偿贸易、旅游业等，能多换取外汇，而且可以很快提高人民生活。"

说到旅游业，邓小平一下子打开了话匣子。从去年下半年开始，他就一直在思考如何发展中国的旅游业。1979年1月2日，邓小平在同国家旅游总局负责人谈话时说，搞旅游业要千方百计地增加收入。旅游这个行业，要变成综合性的行业。几天之后的1月6日，他又在同国务院负责同志的谈话中指出：旅游事业大有文章可做，要突出地搞，加快地搞。方针政策定了要落实。首先要选好人，不选好人事情很难落实……

邓小平的谈兴越来越浓。对"五老"接着说："我们国家地方大，名胜古迹多。如果一年接待500万人，每人花费1 000美元，就是50亿美元。""要大力发展旅游事业，可以多搞几个旅游公司。名胜旅游区要整修一番，像四川的峨眉山，长江三峡，甘肃的敦煌、嘉峪关，西安的半坡村、秦始皇陵等等。云南的石林，整修好了就是世界第一。"他恳切地提出："你们可以推荐有本领的人当公司经理，有的可以先当顾问。还要请你们推荐有技术专长、有管理经验的人管理企业，特别是新行业的企业。不仅是国内的人，还有在国外的人，都可以用，条件起码是爱国的，事业心强的，有能力的。"

当话题转到为原工商业者落实政策时，古耕虞递上了事先起草好的建议书。邓小平接过建议书，认真地看了一遍。肯定地说："要落实对原工商业者的政策，这也包括他们的子孙后辈。他们早已不拿定息了，只要没有继续剥削，资本家的帽子为什么不摘掉？"

邓小平接着说："落实政策以后，工商界还有钱，有的人可以搞一两个工厂，也可以投资到旅游业赚取外汇，手里的钱闲起来不好。你们可以有选择地搞。总之，钱要用起来，人要用起来。"

说到这儿，邓小平期待的目光注视着荣毅仁，直接点将：希望荣毅仁同志摆脱一些其他工作，集中力量从事祖国经济建设，围绕开放、创汇,或主持某一方面的工作,或搞点什么别的,创出一条新路来。国际上资本主义有用的东西,可以拿来为我所用。

1979年,邓小平委荣毅仁以重任,创建中国国际信托投资公司

荣毅仁是江苏无锡人,其父荣德生是中国近代著名的爱国民族资本家,因其资本主要投在宁沪一带的面粉加工业和棉纺织业上,遂有"面粉纱布大王"之称。荣毅仁1933年考入上海圣约翰大学。1937年毕业后进入其父开办的企业系统,先后任无锡茂新面粉公司经理、上海三新银行经理等职。1949年国民党政府行将崩溃的前夕,他坚决支持其父,拒绝将荣家资产搬迁去台湾。同年5月上海解放后,先后担任上海工商业联合会筹委会副主任、上海申新纺织公司总管理处经理等职。1949年后,任上海市人民政府委员,华东军政委员会财经委员会委员和民主建国会委员。1951年任上海市工商联合会副主任。1952年其父病逝后,他负责经营荣氏企业。在社会主义改造运动中,他自觉主动配合党和政府顺利地完成了对荣氏企业的社会主义改造,使之过渡为社会主义新型企业,在全国工商界产生了相当大的积极影响。1954年底当选为政协全国委员会委员。1955年12

月，当选为全国工商联执委会副主任。1957年任上海市副市长。1959年4月当选为第三届全国政协常委。同年9月，任中华人民共和国纺织工业部副部长。还担任国家进出口管理委员会顾问、全国工商联执委会副主任等。"文化大革命"期间，他受到了不公正的对待，被审查、批斗。但他始终没有后悔过自己所选择的道路。他说："我们跟共产党走了这么多年，党不会抛弃我们的。"

邓小平与荣毅仁的交往，可以追溯到建国初期。那时，作为党和国家领导人，邓小平对带头参加公私合营、自愿接受社会主义改造的工商界代表荣毅仁印象很深。因此，他曾积极推荐荣毅仁作为党外人士担任政府部长职务。粉碎"四人帮"后，特别是邓小平第三次复出后，邓小平十分关心荣毅仁，使荣毅仁受到的不公正待遇得到彻底的纠正。1978年，邓小平和其他中央领导同志商量，请荣毅仁出任全国政协副主席。

邓小平希望荣毅仁在改革开放和利用外资、引进技术方面多做工作。他对荣毅仁明确说："你主持的单位，要规定一条：给你的任务，你认为合理的就接受，不合理的就拒绝，由你全权负责处理，处理错了也不怪你。要用经济方法管理经济，从商业角度来考虑签订合同，有利润、能创汇的就签，否则就不签，应该排除行政干扰。所谓全权负责，包括用人权。只要把社会主义事业搞好，就不要犹豫。"

63岁的荣毅仁被深深感动了。邓小平这种求贤若渴、放胆用人的真诚，包含着多么大的信任啊！

邓小平似乎考虑到了荣毅仁实际工作上的困难，还当场指定：由时任国务院副总理的谷牧和荣毅仁直接联系。

听到这里，"五老"早已热血沸腾，坐不住了。他们表示：士为知己者用，决心在有生之年，为祖国现代化建设献出全部身心。

两个小时的座谈在不知不觉中过去了。已是中午时分，邓小平以热气腾腾的涮羊肉火锅款待荣毅仁等五位"老板"。事后，人们把这顿午餐说成是"一只火锅，一台大戏"。

这台"大戏"后不久，"五老"纷纷行动起来了。胡子昂、胡厥文、古耕虞等经过充分酝酿，经国家批准在北京成立了中国工商经济开发公司，充分发挥了他们和广大原工商业者的才能，取得了可观的成效；周叔弢在天津向工商界人士传达了邓小平接见的情况，广大工商界人士备受鼓舞，纷纷表示要为加快社会主义现代化建设，促进祖国和平统一作出新贡献。他还成立了天津建华经济技术咨询公司，为天津市引进外资、市政建设、发展经济、活跃市场尽心效力，受到市委、市政府的称赞。

特别要说的是荣毅仁。

邓小平接见的当天晚上，夜已经很深了，荣毅仁仍在书房中徘徊，一盏柔和的台灯陪伴着他。荣毅仁在仔细品味、琢磨着邓小平的每一句话，筹划着怎样将邓小平的指示落在实处，为国家建设尽一份力。

他随后从上海请来了原工商界的故交旧知，一起谋划。荣氏家族有着办实业的传统，当年曾是我国民族资产阶级的代表之一。荣毅仁有400多个亲属散居世界各地，不少人已是国外工商界、科技界的知名人士。利用自身的经验和有利条件，进行国际间的引资融资等工作，显然有着得天独厚的便利。

经过反复权衡，荣毅仁决定：创办中国国际信托投资公司。

"人由你找，事由你管，由你负全责"

一个月后，荣毅仁向中共中央、国务院呈交了《建议设立国际投资信托公司的一些初步意见》。报告送上去不久，邓小平、陈云、李先念等中央领导同志很快作了批示，同意荣毅仁的建议。4月，荣毅仁以全国政协副主席的身份率全国政协代表团出访联邦德国，顺访瑞士、法国，经过对20多个城市和50多个工矿企业、银行的考察，荣毅仁更坚定了创办国际信托投资公司的信心。

6月27日，国务院正式批准成立中国国际信托投资公司，荣毅仁为该公司董事长兼总经理。

邓小平一直关注着中国国际信托投资公司筹办工作的进展。是年，在纪念"七一"大会开会前，邓小平在休息室见到荣毅仁，关切地问道："公司筹办得如何？"荣毅仁作了详细的汇报。邓小平说："人由你找，事由你管，由你负全责。""要排除干扰，不用担心其他部门来管你，你们自己也不要搞官僚主义。"

在邓小平的支持下，中国国际信托投资公司的筹办工作加快了步伐。7月8日，中国国际信托投资公司筹备组成立。10月4日，中国国际信托投资公司（简称中信公司）正式挂牌成立，直属国务院领导。

任何一项新事业的开创，都不可避免地会遇到各种坎坷、挫折和困难。国际信托投资本身是市场经济的产物，而当时我国对旧有的计划经济体制的改革刚刚开始。中信公司要按市场法则办事，就必然与旧有的经济体制发生矛盾和撞击。每当遇到较大困难时，荣毅仁都会想到邓小平，而邓小平则总是尽力地给予帮助和支持。

20世纪80年代初期，当时中国22项重点工程中的大项目——江苏仪征化纤工程，因为投资不足面临下马的危险。中国当时急需化纤品，项目下马损失非常大。纺织部找到中信公司寻求帮助，中信公司提出的办法是向海外发行债券。1981年2月，中信公司成功地在日本发行了100亿日元的债券。中信的这一举动，在当时的中国无疑是投下了一枚重磅炸弹。因为人们还囿于"文化大革命"中宣传的"既无内债，又无外债"的传统意识，不少人批评中信"搞资本主义那一套"。也有些人认为，中信发行债券的利率高于一般政府贷款和进出口贷款，是干了一件傻事。荣毅仁不管这些，因为有邓小平为他撑腰。他认为对的就坚决地干下去。后来的实践也证明，他做对了！

1984年10月，在中信公司成立五周年之际，邓小平亲笔题词鼓励:"勇于创新,多作贡献"。为纪念公司成立五周年,中信公司在北京举办了中外经济合作问题讨论会。荣毅仁向邓小平报告说,参加会议的中外代表热切地盼望得到邓小平的接见。邓小平欣然应允。10月6日,邓小平接见了到会的全体中外代表,并作了重要讲话,阐述了中国的宏伟目标的根本任务。

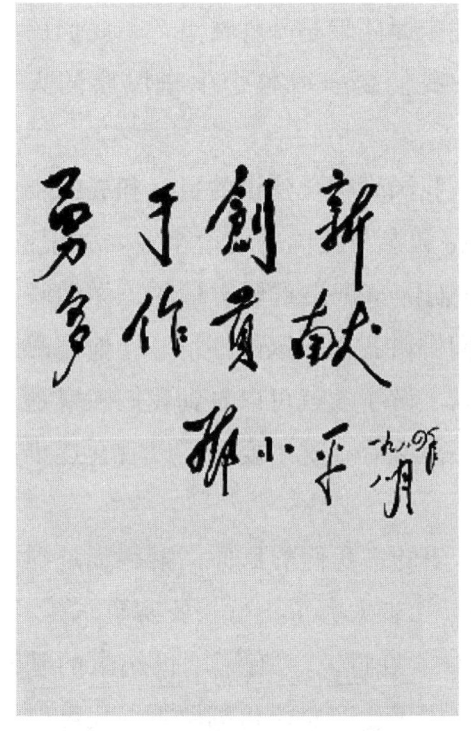

邓小平1984年为中国国际信托投资公司题词

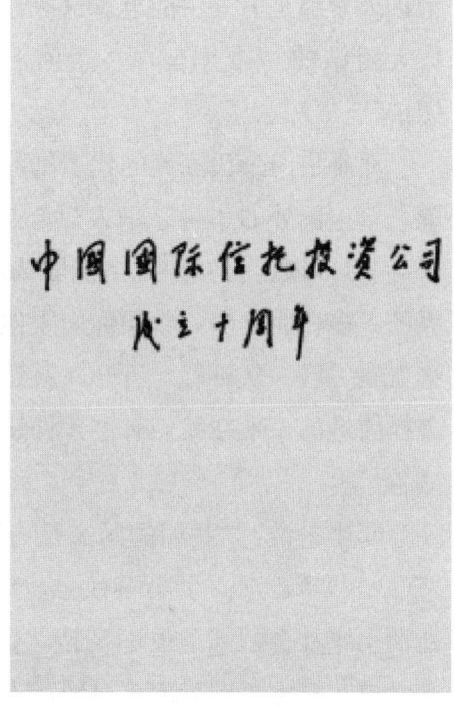

邓小平1989年为中国国际信托投资公司成立十周年题词

"我们欢迎在海外的华侨、华人参与这个具有前景的事业"

1986年6月,居住在美国、加拿大、澳大利亚、联邦德国、巴西等国以及港澳地区的荣氏亲属,组成回国观光团,来到北京。

几天后的6月18日,邓小平在人民大会堂接见了他们。邓小平拉着荣毅仁的哥哥荣尔仁的手，亲切地攀谈起来。邓小平说："你今年79岁，比我小3岁。"荣尔仁说："可你的精神好得很。"邓小平笑着答："你的精神也不错嘛。"

在会见中，邓小平对荣氏家族的贡献给予了高度的评价。他说："从历史上讲，你们荣家在发展我国民族工业上是有功的，对中华民族做出了贡献。民族工业的发展是推动历史前进的，至于资本主义的消极因素那是另外一回事。这次你们亲属团聚是一件喜事，是我们民族大团结的一个体现，一个演习。我们要争取整个中华民族的大团结。"

邓小平向荣氏家族的代表阐释了我国现代化建设的目标和战略步骤，希望国外的华侨、华人热心支持和参与我国的建设事业，并说："你们有本领、有知识，是能够为我们国家做出重要贡献的。你们联系的人多，朋友多，希望你们跟他们讲讲我们国家的事情。让他们回来看看，看一次不够，看几次就比较了解了，就可以看到我们国家是怎样前进的。现在我们有些条件还不怎么好，这不要紧，以后会逐步改善。"

邓小平说："我们的国家是有希望的。我们的目标，第一步是到二〇〇〇年建立一个小康社会。雄心壮志太大了不行，要实事求是。所谓小康社会，就是虽不富裕，但日子好过。""有了本世纪末的基础，再花三十年到五十年时间，人均国民生产总值再翻两番，我可以肯定地说，中国将更加强大，对世界和平就更加有利。我们欢迎在海外的华侨、华人参与这个具有前景的事业。"

邓小平最后表示："我们欢迎海外的华侨、华人都回来走走。一是了解我们的国家，二是看看有什么事情可以参与，可以尽力。"他说，我相信在国外的华侨、华人是会热心支持我国的建设事业的。

1987年2月20日，国务院常务会议经过充分酝酿讨论，正式同意成立中信企业集团，并授予中信在一定条件下有重大项目的审批权。

这一年,中信收购香港国泰航空公司部分股权,有人找借口反对。经中央讨论,邓小平最后拍了板,同意收购。

1989年中信公司成立十周年。邓小平再次题写了"中国国际信托投资公司成立十周年"一行字,以示祝贺和鼓励。

邓小平的巨大支持和充分信任,是中信公司能够迅速发展的重要依托。1988年,荣毅仁请邓小平为自己客厅题写了"戒欺室"的匾额。

每当提起荣毅仁,邓小平也总是以赞赏和亲切的口吻称他为"荣老板"。

第八章　把全世界的"宁波帮"
　　　　都动员起来，建设宁波

　　1984年的夏天比往年都炎热一些。7月31日晚，80岁的邓小平乘坐专列前往北戴河休假。说是休假，但在到达的第二天，他仍旧为改革开放忙碌着。

　　8月1日这天，他和国务院副总理谷牧会见了香港环球航运集团有限公司董事长包玉刚。

　　包玉刚是浙江宁波人。其父包兆龙是一名商人。由于出生在海边的一个村落，包玉刚从小对大海和海上的商船有着特殊的情感。13岁到上海求学，进入"吴淞商船专科学校"（今大连海事大学、上海海事大学前身）学习船舶。1949年初，包玉刚和父亲一起到香港闯荡，干起了海运事业。1955年成立香港环球航运集团有限公司，经过一些年的经营，最后坐上了"世界船王"的宝座。

　　邓小平对包玉刚说："要加快宁波改革开放的步伐，把全世界的'宁波帮'都动员起来，建设宁波。"

　　几个月前，邓小平在完成对几个特区的视察后，与中央几位领导同志进行了一次非常重要的谈话。他指出：除现在的特区之外，可以考虑再开放几个港口城市。这些地方不叫特区，但可以实行特区的某些政策。根据邓小平的意见，3月下旬，中共中央书记处和国务院决定，在北京召开沿海部分城市座谈会。

第八章 把全世界的"宁波帮"都动员起来,建设宁波

时任宁波市委书记的葛洪升回忆说:"那个会议和咱们正常的会议不同,会开的时间很长,开了十几天,所有到会的城市,每个都要有发言,都要有汇报。汇报的时候,中央全部政治局委员,国务院副总理都在场内,都听的。它没有小规模的,都是大会,它叫座谈会嘛。

"我自己写了一个,那个我自己写的稿子,基本就是讲了两个优势,一个就是'宁波帮',讲了一大盘的数字,具体的影响;一个讲了宁波港,宁波对外开放发挥的这两个优势,围绕着这个优势。所以我这个发言,中央专门有个简报。小平同志是看简报。"

4月6日,座谈会即将结束时,邓小平、李先念等中央领导同志接见了与会全体代表。合影时,葛洪升正好站在邓小平的后面,邓小平与葛洪升亲切握手。

1984年4月6日,邓小平在中南海接见沿海部分城市座谈会代表

根据邓小平的建议,会议决定:进一步开放包括宁波在内的14个沿海港口城市。这是继举办经济特区后,中国对外开放的又一重大战略举措。

宁波,终于赢来了一个千载难逢的机会。在作出开放14个沿海

城市的战略决策后,更广泛地团结、发动海外同胞参与祖国的改革开放和现代化建设成为邓小平思考和关注的焦点。

宁波人,素有外出经商谋生的传统,俗谚"无宁不成市"。孙中山曾赞誉说:"宁波人对工商业之经营,经验丰富,凡吾国各埠,莫不有甬人事业,即欧洲各国,亦多甬商足迹,其能力与影响之大,固可首屈一指者也。"

近代以来,"宁波帮"长期称雄于中国工商界。20世纪中叶,"宁波帮"企业家纷纷转向港台地区乃至世界各地创业。他们抓住战后世界经济,特别是港台经济起飞的历史机遇,成为海外华人资本的一支重要力量。

当今,在世界64个国家和地区,分布着73 000多名宁波籍商人,加上他们的后裔,有30万之众,其中不乏工商巨头、科技专家、社团领袖和社会名流。1984年香港十大富豪中就有四位是宁波籍人士。他们不但拥有巨大的财富,而且具有不可等闲视之的社会活动能力和政治能量。

有"世界船王"之称的包玉刚就是"宁波帮"的头面人物。

曾任香港甬港联谊会秘书长的郑介初后来回忆说:"邓小平同志提出的关于把全世界的'宁波帮'都动员起来,是一个很英明的决策,这对于中国改革开放有莫大的帮助。我们这个甬港联谊会是1980年由王宽诚先生和宁波的余祖成先生带头发起的。当初参加的有200多人。邓小平的批示发表以后,互相之间密切往来就更多了。对宁波的改革开放,香港的'宁波帮'起了很大的作用。投资从几百万美金到上亿美金。最主要的还是捐赠。因为'宁波帮'老的一辈,说老实话学识都不高,所以他们深感教育的重要。你到宁波去看,从幼儿园、小学、中学一直到宁波大学,很多都是'宁波帮'人士捐的。还有各种医院、老人院等等。一碰到宁波有什么灾害什么的,一呼百应。香港这些'宁波帮'对小平同志提的这个称号非常高兴。因为全世界各个同乡会,开会不能称帮,只有宁波人开会可以叫'宁波帮',这是邓小平自己提出来的。"

邓小平亲切会见"宁波帮"知名人士及支持宁波建设的外国友人

时任宁波市长的耿典华也回忆说:"提出了把宁波列为扩大对外开放的沿海城市以后,接着就是要有实际行动和措施来推动宁波的发展。在这个情况下,小平同志认真地研究和分析了我们宁波的实际情况。他对宁波非常了解,对历史文化、经济等方面作了充分的研究。更重要的由于他的这个指导思想,跟海外的广大华侨、华人联系非常密切,在这个接触过程中,他做了很多的工作,也有了更多的了解。根据宁波的实际情况,他就提出了你们宁波就是要把全世界的'宁波帮'都发动起来,建设宁波。他不光是提,号召我们,要求我们去做,而且他自己身体力行,率先示范。他对于'宁波帮'里面的重要的代表人物亲自做了大量的工作,比较突出的像香港的包玉刚、安子介、邵逸夫,包括董建华。他为什么说要把全世界的'宁波帮'都发动起来,因为他知道很多宁波人在外面具有重要的影响力。宁波人很热爱家乡，关心家乡，有很高的热情。而且，宁波在海外的这些华侨具有相当的实力。所以根据各方面了解的情况，他提出了这方面的要求。而且他也亲自在做这方面的工作。改革开放一开始，他就跟香港的宁波籍各界人士有很多接触。"

"为什么不可以用？对我们社会主义建设有用嘛，用他一个名字，也没有关系嘛，为什么不可以，人家有贡献也可以纪念啊！别人不同意，我来替他题字"

早在改革开放初期，邓小平就已经在做"宁波帮"的工作了。

1980年3月，第六机械工业部部长柴树藩邀请包玉刚来内地商谈合作造船事宜。在给国务院的报告附件中说，"1978年包应廖承志的邀请，曾以私人名义来华访问。会见过廖承志、孔原、卢绪章等同志"。这次包玉刚来京是和六机部谈合作造船的，这是包玉刚第一次正式访问祖国内地，他在北京受到了隆重的礼遇，包括华国锋、叶剑英在内的中国最高领导接见了他。

其实，包玉刚的这次来访最想见到的人是邓小平，是邓小平1977年以来关于中国的船舶要打进国际市场的决策把他召唤回来的。本来邓小平是安排了要见包玉刚的，只是临时因事而失之交臂。

在这次内地之行过程中，包玉刚提出，他的父亲包兆龙和他本人捐赠1000万美元给国家旅游总局，在北京适当的地段建造一家现代化高规格的旅游饭店和办公楼，建成后归旅游总局管理与使用。

3月21日，包玉刚又亲笔写信给华国锋总理，再次表达了他的上述愿望，并且小心翼翼地说："我只有一个要求，纪念我的父亲，我父亲已经80多岁了，饭店就叫兆龙饭店……"

此事在当时引起了不小的争论。很多人反对，认为以资本家的名字给饭店命名，这是给资本家树碑立传。这不仅是姓"社"姓"资"的问题，而且是"爱国主义还是卖国主义的问题"。

尽管国家旅游总局长卢绪章在1980年4月和1981年5月两次给

国务院打报告，尽管国务院两次都批准了，但眼看包玉刚都要来了，他的那张1000万美元的支票还是没有人敢接手。

报告终于送到了邓小平的面前。邓小平看后说："为什么不可以用？对我们社会主义建设有用嘛，用他一个名字，也没有关系嘛，为什么不可以，人家有贡献也可以纪念啊！别人不同意，我来替他题字。"

邓小平还对兆龙饭店的筹建工作作出批示：兆龙饭店问题是政治问题，包玉刚捐献1000万美元，并非投资、合营，搞得不好，谁还来呀！请国家旅游局在北京最好的地方给包玉刚建一个饭店。

包玉刚听到消息后说："好！我马上把支票送来。"

1981年6月1日，六机部、国家旅游总局联合向国务院提交了一份报告，建议邓小平接见前来北京参加兆龙饭店捐赠仪式和奠基典礼的包玉刚一行。

几天以后，邓小平在报告上作出批示："我可以见。"

7月6日上午10时，邓小平在北京人民大会堂福建厅会见了包玉刚和他父亲包兆龙。

邓小平见到包玉刚，非常热情地握着包玉刚的手说："我们早就应该见面了！"

"早就应该见面了！"包玉刚回答道。

一个"早"字道出了他们相见恨晚的迫切心情。

"好吗？"邓小平问。

包玉刚连声说："好！好！谢谢您。我是1918年生，63岁。"

邓小平拍了拍包玉刚结实的肩膀，说道："还非常健壮！"

"邓副主席也是很健康。"包玉刚笑着回答道。

邓小平问坐在旁边的卢绪章："卢绪章同志，你多大了？"

卢绪章用手理了头发说："70。"

邓小平用手指了指包玉刚和卢绪章："你们俩是亲戚？"

包玉刚点头说："是的。"

"过去我们没有见过，这次见到了。"邓小平对包玉刚说。

包玉刚说："谢谢，感谢邓小平副主席的接见。"

寒暄过后，包玉刚向邓小平介绍了自己白手起家的奋斗经历："1955年，我开始有第一条船，8 700吨，至今27年。到1981年，已有210条，总吨位2 100万吨。包括在中国造的6条。"包玉刚还介绍了自己同各国政界要人、商界名流的友情，同时表达了要同祖国大陆合作的愿望。

邓小平对包玉刚几年来为国内建设献计出力的爱国行为表示感谢，同时诚恳地对包玉刚说："请你当参谋。不仅是船和旅游的事，我们请你出主意。"

包玉刚向邓小平介绍包兆龙："我父亲86岁，自从粉碎'四人帮'以后，对四化建设很关心，叫我无论如何要努力。现在兆龙饭店搞起来了，在上海还要给交通大学搞个兆龙图书馆。"

邓小平对包兆龙先生点点头："感谢你，老先生。我们现在有很多事，一下子要搞，障碍很多，主要是缺乏经验，缺乏知识。"

包玉刚有些感叹："这样一个大国，10亿人口，不可避免。困难都有的。"

一提起困难和障碍，邓小平似乎有很多话要说。他点着了一根烟："你说的那旅游饭店，已经一年多了，就是办不通。这样的事，并不难嘛，就是难解决。官僚主义！真是官僚主义！中国的每个问题，牵涉的人不是几十万、几百万，都是成亿。我们现在调整，政策并未变。我们政策路线对，一对就见效。创业就要有闯劲，我们现在闯劲不够。积累经验是需要的，但过于胆小也不行。"

会见中，邓小平亲手接过了包玉刚为建造兆龙饭店捐赠的1 000万美元支票和捐款1 000万美元建造上海交通大学图书馆承诺书，并且践诺题写了"兆龙饭店"。

第八章 把全世界的"宁波帮"都动员起来，建设宁波

邓小平与包玉刚的这次会见只有 38 分钟，但邓小平幽默的谈吐，诙谐的话语，以及他对世界政治、经济局势的精辟分析，不仅使包玉刚消除了 40 年来形成的对共产党的种种误解与隔阂，还增添了对祖国四个现代化建设的信心和热情。同时，他也深深感受到了邓小平的人格魅力，并由此开始了一代伟人与一代船王的友情。

包玉刚的长女包陪庆后来回忆说："第一次见面，我感觉到小平副主席很近人，很开通。他和我先父讲了很多经济上的事情，关于市场开放的事情，给我留下了深刻的印象。我爸爸那个时候说，中国要向未来发展，很重要的就是要追求市场经济。要让每个老百姓口袋里都有钱，成为消费者，去市场上买他们需要的所有东西。我爸爸是一个资本家，他的想法是一个资本家的想法。而当时，小平副主席是共产党的那么一个高层领导，他当时就那样盯着听，仔细地听。我很惊讶。然后，他问了许多问题。这以后，他们继续见面。探讨一些问题。"

"宁波的发展速度可能不会慢，发展金三角，如果把上海、宁波连起来，就可以解决上海的许多问题"

3 个月后，也就是 1981 年 10 月 6 日，邓小平再次在人民大会堂会见了包玉刚。

包陪庆回忆说："此时，父亲刚刚结束了对大连、上海造船工业的考察。他急切地向邓小平表示：要以实际行动支持国内的造船业。要向国内订购一批船。"

谈话中，邓小平问起包玉刚的大连、上海之行和他对中国造船业的印象。

包玉刚说："我去了几家船厂，总的印象是很不错的。中国造船历史不短，厂房设备大有潜力，人力资源更是首屈一指。如果管理得法，技术水平提高，把每一个人的聪明才智发挥出来，造高质量的船，准时交船，中国造船业完全可以达到世界领先地位。中国的船舶

一定能很快赢得信誉，很快得到更多的外汇收入。"

邓小平说："我听说你多次表示愿在造船、航运、租船等方面同内地合作，为祖国四化建设尽力。"

包玉刚说："是啊！我无论走到哪里，也都是中国人，祖国富强，我们在海外腰也挺得直，面子上也好看。二次世界大战后，日本取代英国成为世界最大的造船国。过去我们环球航运公司的新船一般都是在日本建造。为了以实际行动支持国内造船业的发展，我弟弟已经向中国订购了两条船，我也向国内订购了一批船。船买回去，总是在大海里航行，到各国码头停靠，这便是中国造船能力的活广告，一定能够吸引更多的船东来中国订船的……"

邓小平站起来握着包玉刚的手说："你跟别人不一样，你是实干家，干实际事情，不是只说不干，欢迎常来！"

透过包玉刚的所言、所行，邓小平敏锐地意识到了海外宁波人士对宁波经济和社会发展所蕴含的巨大潜力。

正是邓小平亲自出面做包玉刚的工作，使包玉刚更坚定了在国内合作造船的信心。

时任宁波市市长的耿典华回忆说："宁波是海岸城市，宁波在外面发展航运业是很有名的。世界上四大船王，宁波就有两个。在当时，航运业遇到的问题是发展，要造船。在国内来讲，工业有这个能力，可以造出远洋的航船。但是在当时，利用外资来发展我们的航运业，来扩大我们的造船，相当部分人有思想顾虑。在这种情况下，小平同志冲破了种种阻碍，他亲自出面，跟包玉刚他们洽谈，签订协议，合资成立公司来扩大航运业的发展，来修很多急需更新的船舶。正是有了小平同志的这个解放思想，扩大开放，引进资金，引进技术，引进管理，引进人才，带动了我们整个航运业，整个造船业的发展。"

1984年8月1日，邓小平和谷牧在北戴河会见了包玉刚。

第八章 把全世界的"宁波帮"都动员起来,建设宁波

邓小平和谷牧在一起

这天,为庆祝八一建军节,正在北戴河的中央的几位领导搞了一个聚会。聚会开始前,大家一同来到小会议室,谈起了工作,谈起了对外开放的这个问题。

就在这次小型会议上,邓小平谈到了同包玉刚会谈时作出的一个对宁波发展具有战略意义的决策:"把全世界的'宁波帮'都动员起来,建设宁波。"

三天后,谷牧在第三次沿海城市开发和特区工作联合办公会议上传达了邓小平的这一号召。这号召,犹如慈母对游子的呼唤,燃起了海外游子的思乡之情。

为了帮助宁波开展对"宁波帮"的工作,邓小平亲自指派原外经贸部资深副部长、包玉刚的表兄卢绪章去宁波帮助工作。

这样,73岁高龄的卢绪章亲临宁波,担任浙江省和宁波市政府顾问。

葛洪升后来回忆说:"卢老与我们市委、市政府同志一见面,就爽朗地说:'我是给家乡宁波来跑腿的,小平同志给我的任务是把全世界的'宁波帮'发动起来,建设宁波,我自感任务不轻,一定尽心尽力帮家乡做事'。"

时任宁波市市长的耿典华后来回忆说:"卢绪章同志确实是不可缺少的一个重要人物。他长期从事外经贸工作,过去是跟香港上层人士有着极好关系的一个老同志,电影《与魔鬼打交道的人》就是以他为原型的。他与包先生是亲戚加朋友,有特殊的关系。小平同志也知道这样的关系,所以委托他来担任宁波顾问。卢绪章同志担任顾问的时候,已经是 70 多岁高龄了。他是 1984 年 8 月中旬与谷牧一道来传达小平同志批示的。他的第一句话是:我是奉命而来。我虽然年事已高,但是我要尽我的努力,要把小平同志交给的任务跟大家一道配合把它做好。他在这方面可以起到我们起不到的作用,起到别人不可替代的作用。还有,小平同志交代给他,很多事情可以直接向小平同志汇报。我很有体会,宁波所以能够在当时那么快地办成很多事情,加快发展,取得副省级城市的地位、成为对外开放城市之一,并且可以自己在一定范围内立法这样一个地位,跟这些因素都是分不开的。很多问题都得到中央特别是小平同志的支持。"

1984 年 10 月,阔别家乡五十三载的包玉刚回到了宁波。

宁波,是包玉刚的家乡。这几年,包玉刚虽然多次到内地,但唯独没有回家乡宁波。这是因为"文化大革命"的破坏,宁波留给他的伤痛太深了——故居被破坏,家中的财物被查抄,祖坟被拆迁。

这次的故乡之行,改变了包玉刚对家乡的认识。陪同包玉刚回故乡的包玉刚的长女包陪庆回忆说:"有一个邻居,一个老太太,她就带着一些鸡蛋给我爸爸,给我妈妈,我们不懂的。因为鸡蛋对我们来说是最便宜的,没有什么意义。我问为什么,我爸爸说他小的时候穷困,连吃鸡蛋的机会也很少,对邻居来说,送鸡蛋是很贵重的礼物。"

包玉刚虽是宁波人,但他对家谱、家族的情况不是很了解。在临离开故乡的那一天,参观了宁波的天一阁博物馆。他告诉博物馆的同志,他是镇海人。于是博物馆的同志查阅了包氏家谱,找到了他们兄弟的名字,原来他们是包公的后代,包玉刚一看十分激动。

第八章 把全世界的"宁波帮"都动员起来，建设宁波

故乡之行使包玉刚长久压抑的爱乡之情骤然迸发。面对乡亲们的满腔热情，包玉刚吐出了肺腑之言："我是宁波的大使，宁波的事也是我的事。我愿为宁波的事跑腿。"

位于宁波市甬江口东侧、金塘水道南岸的北仑港，有着得天独厚的自然条件。这里有17.5公里长的深水岩壁海岸线，海域水深达20米以上，十几万吨的轮船不用减载就可以进出自如。北仑港，前有舟山群岛作天然屏障，挡住太平洋的风流，后有广阔的陆域作依托，加之处于沿海南北航线与长江干线并汇处，是一个不可多得的优良港口。

当船王包玉刚第一次回到宁波，当他追寻童年的足迹，兴致勃勃地站在"F"型的码头上，面对辽阔无垠的东海和绵延起伏的舟山群岛时，不禁连声赞叹："名不虚传，名不虚传。好港，好港！想不到家乡有这样一个好港口。"

从此时开始，精明的包玉刚就有了开发北仑港的打算，并把这个想法告诉了邓小平。

1984年12月20日，邓小平在北京会见了包玉刚。他希望卢绪章和包玉刚能利用各自的优势，好好合作，把宁波搞起来。

包玉刚说："宁波条件很好，很有发展前途。"

邓小平说："你们宁波要和大连比，大连发展不错。"

包玉刚说："宁波的北仑港要把它搞起来，可在北仑搞个港口。这里条件很好，现在就可以停靠15万吨的船只。上海宝山钢铁需要的铁矿砂，从北仑卸货用火车运到上海，比船到上海要方便得多，也节省得多。"

邓小平问道："二三十万吨船可以进北仑吗？"

包玉刚说："现在只能停靠15万吨的，将来可以停靠20多万吨。"

邓小平对包玉刚的设想给予了充分肯定。

1985年新年刚过，1月4日，邓小平就约谷牧谈话。他说："今

1984年12月20日，邓小平在北京会见香港环球航运集团主席包玉刚一行

天找你来，主要想说说宁波的事情，你先讲讲有关情况，然后我们研究一下宁波的问题。"

谷牧向邓小平汇报了14个沿海开放城市8个多月实行进一步开放以来的主要进展。

谈到宁波的开放问题，邓小平对谷牧说："现在先解决宁波机场问题。我已让军队和地方合用。航班要增加，先做到每天有一次，随着通航的进一步发展，逐步做到每天都有两个航班。如果军队训练任务重，机场不够用，可以安排到别的机场去搞训练。将来发展了，宁波以地方为主再搞一个大的机场，军队也可以用，还是军民合用。"

邓小平还专门对谷牧说："卢绪章在宁波和香港来回跑一跑，可能宁波的发展速度不会慢。给卢绪章同志办一个长期护照，可以长期进出香港。不要一次一批。"

1月23日，邓小平与几位中央领导同志谈话时说："包玉刚先生说，宁波可以进25万吨的轮船，是个少有的理想港口，25万吨的轮船运输成本可以降低30%。""包玉刚准备出资5 000万在宁波办大学,还想投资办钢厂,不要让他吃亏,如果有风险,我们同他分担。凡是搞这些投资的人,我们都要使他们有利可图。如果有的时候必须国家补贴,我们也可以干。"邓小平还说:"宁波的发展速度可能不会慢,发展金三角,如果把上海、宁波连起来,就可以解决上海的许多问题。"

在场的几位中央领导同志都表示赞成、支持把宁波搞上去,北仑港可作为上海的主要大港。

时任中共中央书记处书记、国务委员的谷牧牧回忆说:"就是在这个时候,小平同志就开始考虑上海的开放问题。上海的大问题是没有大码头。当时我们全中国所谓的大码头就是一万、两万,万吨以上就算是大码头。真正的外国轮船要十万吨、十五万吨,而上海根本没有这个条件。所以北仑港的开发也有一个为上海进一步开发创造条件。"

葛洪升后来回忆说:"过去我们老是说,宁波人精明不聪明,做生意很会算账老怕吃亏。从做生意角度来讲这个是对的。所以说小平同志当年曾经讲过这个话。那是包玉刚先生要办这个钢厂,他跟中央领导同志讲了,办钢厂他支持。这些人来办大工业,他们的利益要给他们保证,要使他们赚钱,不要使他们吃亏。

"这个话可以说从高层的人来讲出来是很不容易的,这个影响很大。在我们党的历史上对资本家这个关系是很警觉的,从政治上考虑这个话可以讲,在共产党里面讲出来那是少有的。但这个是非常时代,不赚钱又来投资那怎么可能呢?不要说资本家不干,我们也不干。共产党办企业也得为了效益,也得赚钱。这是一个非常通情达理的说法。所以这个我觉得小平同志在当年这样的指示是高瞻远瞩的。从国家大局来看,这是必须这样的,不这样人家不来的。现在实践也证明这一条了。"

耿典华回忆说:"1984年包先生回到宁波以后,看到北仑港这么好的条件,这个地方水深,大的船都可以进来,光是运输铁矿石,一吨就可以便宜四元钱,这个成本就降低了。包玉刚看了以后认为这个地方要建一个钢厂,经济效益在各方面要超过宝钢。所以包先生积极向小平同志推荐,小平同志支持他。后来包玉刚做了很多工作,把英国的、法国的、日本的这些财团、钢铁公司组织起来,到我们这里,专门成立了一个宁波钢铁厂的筹建组织,资金40亿美元。在当时来讲,40亿美元是相当多的,能年产300万吨钢。没有半年时间,他就把这项工作也做了。那个时候,就把这个钢铁厂建在哪里争论比较多。最后综合各方面的实际情况和条件,还是定在上海。但是很重要的一条就是把港口放在宁波,因为上海没有这样的深水港。后来小平同志还特地交代我们,和冶金部、卢绪章一同到包先生那里,把情况实事求是地跟他讲清楚,对他的工作给予充分的鼓励。像小平这样我们国家的领导人,对这样一个项目,对包玉刚这样一个具体的人,他要做的事情从开始答应他,到最后没有成功,他都不忘感谢他,这个让包玉刚非常感动。"

"包先生对小平同志非常尊敬,对小平同志的为人、他的历史很崇敬,特别是对这个改革开放的政策,他非常拥护。正因为如此,他在很多方面是积极配合。每一次见了小平同志以后,他都要回来,回来跟我们讲讲他的心情。小平同志接见一次,回来以后他就高兴到晚上,就是很晚也会叫你到他那里,一道去谈谈他的情况。特别是关于宁波的事情,他把宁波的事情当作他自己的事情。这也是小平同志工作做到家了,做到这种程度。"

根据邓小平的指示精神,卢绪章在经过实地考察后提出:要把港口的开发列为宁波开发的重中之重。为了加速利用北仑港,建议国家将北仑港二期工程的五万吨级集装箱和散装货泊位建设列入"七五"计划,并抓好配套交通集疏网络的建设。一是建造宁波至上海的高速公路;二是加快萧甬铁路的改造,提高通过能力。

为此,卢绪章还提出了一个大胆的建议:国务院成立协调小组。

第八章 把全世界的"宁波帮"都动员起来，建设宁波

三个月后，国务院专门成立了以国务委员谷牧为组长，各有关部委领导参加的宁波经济开发协调小组，聘请包玉刚和卢绪章为顾问。国务院为一个地方的经济开发专门设立协调机构，这是绝无仅有的。从 1985 年 10 月到 1988 年 3 月，协调小组先后召开六次会议，就宁波的发展问题进行磋商。

1985 年 10 月，邓小平出席兆龙饭店开业仪式

耿典华回忆说："国务院是从来没有过专门成立一个市的领导小组的，而且由国务院的负责人担任这个组的组长的，由国家计委的副主任担任这个组的副组长，来协调宁波改革开放、社会发展各个方面的问题。这样一个条件，为宁波的发展创造了一个极好的机遇。我可

邓小平为北京兆龙饭店题字

以这样讲，没有小平同志这样一个方针，也就没有宁波现在的发展。"

1985年10月25日上午，很少出席开业剪彩之类仪式的邓小平，出席兆龙饭店的开业仪式。

在兆龙饭店总统套间，包玉刚握着邓小平的手，激动地说："邓主任，你能亲自来参加兆龙饭店的开业仪式，是对我包玉刚莫大的鼓舞，是我们包家的荣幸，也是兆龙饭店的荣幸。我代表我们包家和兆龙饭店的全体员工感谢您！"

邓小平握着包玉刚的手说："兆龙饭店盖成了，感谢你对旅游业的支持。"

"这是我应该的，算是我对国家旅游业所做的一点贡献吧！"包玉刚说。

"关于办宁波大学，包玉刚讲，大学归国家办，他出钱。这是一件好事，我答应给题写校名。你们应该督促有关方面把这件事情办好"

宁波，一座有着丰厚文化底蕴的历史名城。然而，1985年以前，这里却没有一所综合性大学。

当宁波迎来历史上前所未有的发展机遇时，人才紧缺，成为困扰其发展的严重问题。为此，宁波各界人士包括旅居外地的宁波籍学者一致认为必须创办一所上规模的综合性大学。

高度重视教育的邓小平深知宁波人民的渴望。

1984年12月20日，当包玉刚提出打算在宁波办一所大学，希望得到邓主任的支持时，邓小平当即表示："我赞成。"

时任宁波市市长的耿典华回忆说："包玉刚曾对我说，仪式（中英联合声明的正式签字仪式）结束后，邓主任单独接见了我。我向他介绍了回宁波访问和打算帮助家乡建立一所大学的情况，邓主任给我很大鼓励，向我谈了发展教育，培养人才的重要性，给我启发很大。"

半个月后，邓小平在与谷牧的一次谈话中说道："关于办宁波大学,包玉刚讲,大学归国家办,他出钱。这是一件好事,我答应给题写校名。你们应该督促有关方面把这件事情办好。"

1985年秋,宁波大学终于破土动工了。日理万机的邓小平没有忘记给宁波大学题写校名的承诺。

葛洪升后来回忆说:"原来小平是答应的,但办呢,是开党的全国代表会议中间。那次会议我参加的,那天呢,小平同志也去讲话。他有一个重要的讲话,就是不能搞干部终身制,是非常重要的一次讲话。在会场里,我找到了李鹏同志。李鹏同志当时是副总理,请他跟小平同志说一下,叫他给宁波大学题写一个校名。李鹏同志说,小平同志有没有答应过啊?我说,他答应过的,他和包先生讲过的。他说,那好。那么这个会议结束时,我当时和李鹏同志讲,我说这样好了,你弄好了以后,小平同志办公室交给你,你打电话给我,我派人来拿。他说,好的。"

"会议结束的第二天,国务院召集各省的省长去开会,李鹏同志就把小平同志的这个题词交给了薛驹同志,叫薛驹转交给我。那么,薛驹当天晚上就交给我,我说这倒挺快嘛。那上面有李鹏同志亲笔写的一个条子。"

1985年10月29日,这是一个令所有宁波人感到骄傲、感到庆幸的日子。

受邓小平的委托,中共中央政治局委员、国务院代总理万里专程来到宁波,出席了这一盛典。

如今,宁波大学的每位学子和教职员工,每当经过校门口,瞻仰那遒劲苍健的"宁波大学"四个字,心中都会升起一股为实现伟大的民族复兴而发奋学习、工作的责任心和使命感。

1988年初,邓小平来到浙江。在听取省委书记薛驹、省长沈祖伦关于宁波港建设和做好"宁波帮"的工作汇报时,十分关切地询问宁波的发展情况。

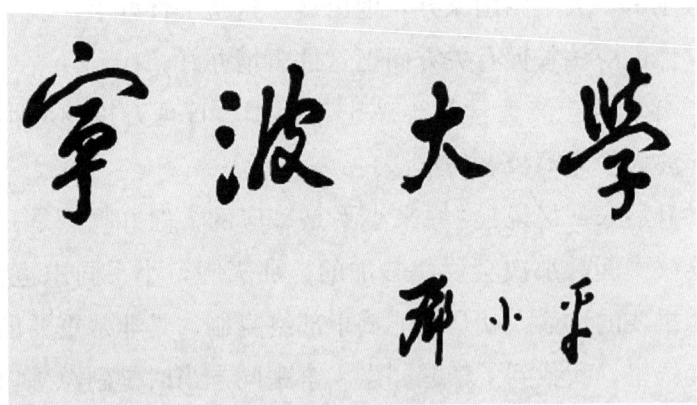

邓小平给宁波大学题写校名

在包玉刚的带动下,遍及全世界64个国家和地区的30多万宁波籍人士一批又一批地回到祖国,回到宁波,投资经济建设。1990年4月22日,卢绪章在给邓小平的信中说:"遵照您的嘱咐,自1984年8月起,我到宁波帮助对外开放工作。六年来,根据宁波的优势和特点,着重围绕发动'宁波帮'、开发宁波港做了一些我力所能及的工作。现在全世界的'宁波帮'已经初步发动起来。六年来,先后有包玉刚、邵逸夫、孙忠利、应行久等海外著名宁波籍人士和50 000多海外'宁波帮'回乡访问和探亲、旅游,先后捐赠1.2亿多元,兴办教育、卫生等公益福利事业600多项;通过他们牵线已经兴办的'三资'企业100多家……"

第九章　必须把我军建设成为一支强大的现代化、正规化的革命军队

1984年10月1日，是中华人民共和国成立35周年纪念日。

节日的北京披上了盛装。大街小巷早已摆出的成千上万盆鲜花竞相开放，令人赏心悦目。长安街上，鲜花与彩旗交相辉映，色彩纷呈。新近粉刷过的天安门城楼，金碧辉煌，在蔚蓝的天空下，显得格外壮观。广场上空，14个大红宫灯气球高高地并排飘起，上面的14个金色大字十分夺目：庆祝中华人民共和国成立35周年。

共和国缔造者毛泽东的巨幅画像高悬在城楼红墙的正中央。伟大的革命先行者孙中山的大幅画像与毛泽东画像遥遥相对，竖立在广场的南面。在城楼对面的东西两侧还竖立了马克思、恩格斯、列宁、斯大林的巨幅画像。

为庆祝中华人民共和国成立35年，中央决定在天安门广场举行国庆庆典。

庆典的一项重要内容就是阅兵。

"部队阅兵好久没有搞了。不能说阅兵、搞分列式就是形式主义。它对部队作风培养有实际意义。通过阅兵，把军队摆出来，让人民看看，也可以密切军民关系"

人民军队的阅兵最早可以追溯到20世纪30年代在中央苏区的时候。1934年8月1日，中国工农红军在江西瑞金举行了一次盛大

的阅兵。中共中央和中央苏区及红军领导人毛泽东、朱德、周恩来、博古、刘伯承等骑马检阅了红军队伍，红军总司令朱德还亲自率领受阅部队宣誓。

中华人民共和国成立时，根据中国人民政治协商会议的决定，把阅兵作为国庆大典的一项重要内容。从1949到1959年，天安门广场上共举行过11次阅兵。其中开国大典、建国5周年和10周年是规模较大的几次。1960年9月，中共中央、国务院决定改革国庆制度，实行"五年一小庆、十年一大庆、逢大庆举行阅兵"。"文化大革命"开始后，逢大庆阅兵的决定未能兑现，甚至连军队内部的阅兵也被当作"形式主义"取消了。国庆的群众游行，在1971年林彪叛逃事件后也悄然停止了。

粉碎"四人帮"后，1980年3月，时任中共中央军委副主席的邓小平在听取了人民解放军总参谋长杨得志的一次汇报后说："部队阅兵好久没有搞了。不能说阅兵、搞分列式就是形式主义。它对部队作风培养有实际意义。通过阅兵，把军队摆出来，让人民看看，也可以密切军民关系。"

于是，华北实兵演习方案中，部队在演习完毕后，举行包括检阅和分列式阅兵仪式的方案被肯定下来。3月18日，总参谋部通令全军，恢复军队内部的阅兵。

同年12月，中共中央决定，1984年10月1日在北京天安门广场举行新中国成立35周年国庆大阅兵。

1981年3月10日上午，两辆黑色高级轿车穿过首都市中心，向一条僻静的胡同驶来。坐在车上的，是解放军总参谋长杨得志和副总参谋长张震。此时，他们面色凝重，沉思不语。

今天，他们是应邓小平的召见，向这位军队的主要领导汇报北京军区组织战役演习的方案和军委办公会议的意见。

党的十一届三中全会决定将工作重心转移到现代化建设上来，实

第九章　必须把我军建设成为一支强大的现代化、正规化的革命军队

现了历史性的转变。现代化建设，需要一个和平的国际环境和安定的国内秩序。无疑，加强军队的现代化建设、保持坚固的国防，是我们集中精力抓好经济建设的前提和保证。在和平的环境下，要全面检验和提高军政素质，最有效的途径之一就是组织军事实兵演习。因此，华北军事大演习的构想在邓小平的头脑中酝酿成熟了。1980年底，邓小平指示：搞一次大规模的实兵演习，检验我军进行现代化防御战争的能力。不久，解放军三总部联合下达命令，正式委托北京军区于1981年秋在华北举行实兵大演习。

轿车减速，院门大开。工作人员将两位总长引入客厅。没有繁琐的客套，邓小平安坐在沙发上，目光直视着这两位客人。

两位总长也是标准的军人作风，直率、开门见山。杨得志说："我们简单地把演习的方案向您汇报一下。"张震则送上演习的方案图。

邓小平说："这个图我看过了。"

自确定进行军事演习后，军委及总参相继召开了多次秘密会议，讨论演习方案。在演习方案上，总参与北京军区出现了争议。北京军区的方案是搞方面军规模的，而总参在维持集团军规模原议的前提下，又拿出个师规模的方案。北京军区提出的方案，理由很明显：只有大规模的集团军合练演习，才更能显我军威，适应现代战争的需要。总参的方案也似无可厚非：大规模演习的背后必然是数目可观的花费，在保证国家经济建设的大局下，军费一减再减，国家能否担负得起如此大规模的演习费用呢？何况，演习的规模大，是否会引起外交方面的麻烦呢？

之前的2月5日，正逢1981年春节，北京军区司令员秦基伟登门向邓小平拜年，并借机送上了一件"新年贺礼"——北京军区的演习方案。3月6日，张震代表总参几位领导，就组织演习的总体方案和具体方案给邓小平写了请示信，信中按各方案分别汇报了拟调动军

兵种部队的具体数字和总数。

显然，邓小平今天的召见，就是要从总参和北京军区拟定的方案中进行抉择和拍板。其实邓小平对此次演习方案的讨论情况已有所了解，杨得志的汇报就简明扼要的多了，他说："演习拟了三个方案。第一方案，按北京军区汇报的××万人的方案；第二方案，压缩到×万人左右；第三方案，只搞图上作业。这三个方案考虑的根据，主要是调整时期要动用这么多的部队，动用这么多的钱，比较困难。在来之前，军委办公会议也研究了一下。有的同志说，按第一方案演习花钱太多；政治上对苏联有没有影响？所得的效果又如何？还有的同志说，只动用××军加上一点训练保障，部队不做大的调动，可以节约一些。办公会议其他同志也认为规模小一点好，节约一点好。"

说到这儿，杨得志看了邓小平一眼。邓小平只点了点头，没有立即表态。

杨得志又说："今天上午我又同秦基伟同志电话商量过，他还认为按第一方案好。我们考虑第一方案主要是花钱多些。"邓小平笑了笑："我曾经听到过他讲过演习的设想。没有讲要花多少钱。"

张震对第一方案作了些补充说明。方案和问题已摆出来了，杨得志面向邓小平，恳切地说："到底怎样确定好，请您指示。"邓小平将烟头掐灭，缓缓地说："由于演习，在政治上会不会引起苏联有什么反应，不要考虑。这与海军编队在海上演习不同，海上演习可能引起人家猜想，我们只是在陆地上搞演习，与海上演习就不一样了。苏联也搞嘛！苏联每年要搞多少次，规模也不小，也没有政治上的反应。我们过去也搞过嘛！"

邓小平又燃起一支烟，话题转回到国内："搞这么一次实兵演习有好处，我们的部队可以实际锻炼一下，也可以看看部队训练的结果。这样大规模的演习，我们好久没有搞了。"

"还有一个，"邓小平竖起一根指头，"搞这么一个演习也是给军

第九章　必须把我军建设成为一支强大的现代化、正规化的革命军队

队打打气，我们好久没有打仗了。……要搞合成军，天上地下该有吧！这次演习，有地面部队，有空军协同，只是没有海军。这样的演习对军队有鼓舞作用，经过训练再搞实兵演习，可以提高部队实战水平。多年没有搞了，还是搞一次。军委常委同志不是都同意吗？"

杨得志答道："没有不同意的，只是感觉规模大，花钱多。"从杨得志所处的领导位置看，他一再提到演习的费用问题完全是可以理解的，这毕竟不是一个小数目啊。

邓小平没有立即回答这个问题，而是另辟蹊径，话题跳到了阅兵式："现在人民不知道军队在干什么，经过阅兵式、分列式，把军队摆一摆给大家看，给人民看，这样更加强了军民关系，对加强军队训练也有作用。"

张震说："去年××军搞了一次阅兵，空降兵走得最好，大家反映很好。"

"唔，"邓小平道，"那次演习听说搞得不错，那次演习规模不大。"

"那次演习是一个师，也用了空军。"张震介绍道："演习的钱花了××万元，动用储备物资××万元，主要是油、弹药要钱。"

"就是花油多一些，"邓小平说，"现在我们油还不多，打的炮弹也多一些。"

话说到此，宾主双方沉默了片刻。邓小平支着夹着香烟的手臂，目光从总长们的面前移开，投向对面的窗帷。两总长交换了一下眼色：看来，他要表态了！

少顷，邓小平将燃尽的烟蒂用力捻入烟灰缸，然后果断地一挥手："就按第一方案搞一次，节约一点，总参具体抓。"

两总长相视一笑。邓小平充分考虑了北京军区和总参两方面的意见。演习方案采用的是北京军区的，但"节约一点"又采纳了总参提出的方案的精神。

邓小平接着说："看看部队这次搞得怎么样，这样的规模我们过

去没有搞过,关键问题看这次的组织能力怎么样。"

张震说:"北京军区集训干部已搞过四次图上作业,已有了一定的基础。"

邓小平叮嘱:"演习时各军区首长、各军兵种首长要组织一些干部来看,总参要抓。这笔钱还是要花,要搞好一点,要把部队的气鼓一下,要把军队训练得像个军队的样子。用炮弹可以,就是油多花了一些,现在主要是生产不出来。"

随后,邓小平走到宽大的办公桌前,拿起张震3月6日呈送来的请示信,挥笔批示:"同意第一方案,力求节约。"

9月18日上午9时30分,华北西北部山区的张北县境内。一切都按计划准确无误地进行着。五个参观台拥坐的4 000多人鸦雀无声。面前,方圆数百里的演习场沐浴在秋日灿烂的阳光中,一片安详、寂静。人们不禁对正在解说的演习消息产生怀疑:11万大军,1 300多辆坦克、装甲车,1 500多门火炮,285架飞机,10 000多辆汽车,就藏匿在面前?我国历史上规模最大的一次实兵演习,马上就要在这儿厮杀起来?

邓小平身着军装,外披布领军大衣,端然坐在首长席中央。墨镜遮掩了他那敏锐的目光,而那岿然不动的坐姿,使人不禁联想到当年那位挥戈挺进大别山、鏖战淮海的邓政委。

信号弹腾空而起,在人们的视线里划过一道优美的弧线。人们似乎还没有反应过来,一场真枪实弹的"战争"已伴随着隆隆的炮声和歼击机巨大的轰鸣声在广袤的原野上展开。战争之神瞬间抖开了他那庞然的翅膀,肆无忌惮地扫荡着万物。树木在蜷伏,大地在颤抖……

这是一场运用现代技术、现代武器的演习。歼击机、轰炸机、运输机、加农炮、榴弹炮、火箭炮、坦克、装甲车……天上地下,立体交叉火力网笼罩着空间。雷达、电子干扰机、空降伞兵、火箭布雷、防化武器、喷火装备……各种新式武器大显神通,充分显示了现代战争的特点。

这更是一场智与勇的较量。红、蓝两军棋逢对手,各展所长。"红军"率先出动轰炸机群,兵逼对方上空;"蓝军"毫不示弱,在奋力争夺制空权的同时,实施大规模的地面冲击。"红军"地空部队全面推进,向纵深扩大战果;"蓝军"则集中精锐兵力,向对方指挥所实施毁灭性打击……

华北军事演习步空协同演习现场

演习惊心动魄,扣人心弦。身经百战的邓小平也为这宏伟壮观的场面所深深吸引,他情不自禁地立起身,不时地鼓起掌来。在座的中央首长无不为我军现代化建设的发展惊叹、称道。王震高兴地说,军队还是多花点钱好。李先念也说,还是要多搞点装备。廖承志因在京接见外宾而耽误了一些时间,匆匆赶来也晚了点,连声说遗憾。

邓小平观看演习

持续四天的演习大获成功。一向严肃的邓小平，脸上也满是笑容。在招待各大单位领导的招待会上，邓小平兴致勃勃，和将军们一一干杯。出于为父亲的健康考虑，在场的女儿企图挡驾，邓小平却对众人说："我能喝，她尽给我捣乱。"立时，欢笑声四起。

9月19日上午，张北附近某机场。天空阴沉，一场秋雨已然临近。

陆海空三军阅兵式仍如期进行。刚刚经历过"战争"洗礼的演习部队，全然没有把天公开的这一个小小玩笑放在眼里。

77岁的军委主席邓小平乘着"红旗"敞篷车，穿过受阅部队，举手行礼，洁白的手套在漆黑的车身映照下格外醒目。"同志们好！""同志们辛苦了！"

第九章　必须把我军建设成为一支强大的现代化、正规化的革命军队

回答他的，是受阅部队惊天动地的呼应声。

1981年9月19日，邓小平乘车检阅参加华北某地军事演习的部队

回到阅兵台上，邓小平发表讲话，对华北军事大演习予以高度评价："这次演习，检验了部队现代化、正规化建设的成果，较好地体现了现代战争的特点，摸索了现代条件下诸军兵种协同作战的经验，提高了部队军政素质和实战水平。这对全军的建设、战备和训练是一个有力的推动。演习达到了预期目的，是成功的。"作为我军统帅，从策划这次演习伊始，邓小平的目光就没有仅仅盯在演习的成败上。他一直在思考着一个极为重大的问题：新时期我军的建设目标是什么？这次阅兵前，邓小平仔细地审阅了阅兵式上的讲话稿。思考良久，他拿起笔，为原稿中"把我军建设成为一支强大的现代化的革命军队"一句，添上了"正规化"三个字。

现在，他第一次揭开了这一问题的答案。他响亮地号召全军："我军是人民民主专政的坚强柱石，肩负着保卫社会主义祖国、保卫

四化建设的光荣使命。因此,必须把我军建设成为一支强大的现代化、正规化的革命军队。"

1981年9月24日,邓小平等接见完成华北军事演习任务的军队指战员

"中国人民解放军的全体指战员,务必时刻保持警惕,不断提高自己的军事政治素质,努力掌握应付现代战争的知识和能力"

1983年12月,以中共中央书记处书记万里为组长的国庆35周年阅兵领导小组和以北京军区司令员秦基伟为总指挥的首都阅兵指挥部相继成立,各项准备工作迅速铺开。

1984年3月2日,邓小平和中央军委常委的其他领导人一起听取了北京军区参谋长、阅兵副总指挥周衣冰关于阅兵方案的汇报,并批

第九章 必须把我军建设成为一支强大的现代化、正规化的革命军队

准了这个方案。

方案规定：受阅部队 10 370 人，各种作战飞机 117 架，导弹 189 枚，坦克装甲车 205 辆，火炮 126 门，火箭布雷车 18 辆，轻武器 6 429 支（挺），汽车 2 216 辆，组成 46 个方（梯）队。其中地面方队 42 个，包括仪仗队 1 个，军事院校方队 6 个，徒步方队 5 个，水兵、空降兵、女卫生兵、武装警察方队各 1 个，302 坦克导弹方队 2 个，炮兵方队 7 个，火箭布雷车方队 1 个，523 轮式装甲输送车方队 1 个，63 式履带装甲输送车方队 3 个，坦克方队 6 个，海军导弹队 1 个，地空导弹方队 2 个，战略导弹方队 1 个，男、女民兵方队各 1 个。每个徒步方队为 14 个排面，每排 25 人，共计 352 人（包括领队 2 人）。车辆方队，除战略导弹方队为 4 个排面，每排 3 辆车，加上 2 辆指挥车，共 14 辆车外，其他方队均为 4 个排面，每排 4 辆车，加上 2 辆指挥车，共 18 辆。空中梯队共有 4 个，最大的机群为 9 机编队。各种受阅武器装备共 28 种，全部是中国自行研制的。其中 19 种是新装备，具有现代水平，有的还具有世界先进水平。

3 月 20 日，各受阅方队组建完毕，开始进行为期 5 个月的训练，并于 9 月 6 日和 9 月 22 日夜间在天安门广场进行两次实地预演。

10 月 1 日这天黎明时分，等待检阅的中国人民解放军的 24 个方队早已整齐地排列在东长安街上。

这时，从四面八方汇集而来的群众队伍也相继进入广场。在中枢机构的指挥下，秩序井然地进入指定的位置。

广场前部，10 万名青年正利用他们手中的各种花束，轮番变换出各种巨大的图案。有金色的国徽和年号"1949—1984"，有绿底白字的"祖国万岁"，红底白字的"振兴中华"，绿底白字的"保卫和平"，红底黄字的"中国共产党万岁"。

在天安门城楼两侧的观礼台上，除了站着国内各行各业的代表，还有包括杨振宁、李政道、丁肇中、吴健雄等世界著名的科学家在内

的华侨代表及台湾同胞、港澳同胞的代表。各国驻华外交官、在京的外国友人、帮助我国工作的专家，以及前来参加中日友好联欢会的3 000多名日本青年，也被邀请到观礼台上。

上午9点半左右，邓小平来到了天安门。他身着一件深灰色的中山装，容光焕发，神采奕奕。一进城楼休息室，他就笑容满面地向大家拱手祝贺节日。其他人上前同他热烈握手。

9点40分，邓小平同党和国家其他领导人、全国各界代表，以及民主柬埔寨主席西哈努克亲王夫妇登上天安门城楼。顿时，广场上爆发出热烈的掌声和欢呼声，五彩缤纷的气球腾空而起。

10点整，北京市市长宣布："庆祝中华人民共和国成立35周年大会开始！"

1 200人组成的军乐队奏起了雄壮的国歌，28响礼炮撼天动地。五星红旗在广场中心的旗杆上迎风招展。

这时，一辆黑色红旗牌敞篷轿车缓缓驶出天安门，越过金水桥，停定在桥头。中共中央军委主席邓小平站立在阅兵车上。阅兵总指挥秦基伟乘坐的检阅车迎上前去，他向三军统帅行了一个庄严的军礼，然后报告：

军委主席：

  庆祝建国35周年阅兵式，受阅部队列队完毕，请检阅。

阅兵总指挥：秦基伟

军乐队随即奏起了阅兵曲，阅兵车缓缓向东驶去。邓小平频频挥动右手，向列队的指战员们致意，安装在阅兵车上的扩音器不时传来他亲切的问候：

"同志们好！""同志们辛苦了！"

方队的官兵们响亮地回答："首长好！""为人民服务！"

这样的应答多次反复，从一个方队传到另一个方队，在长安街上空久久回荡。

第九章　必须把我军建设成为一支强大的现代化、正规化的革命军队

邓小平在国庆 35 周年庆典上检阅三军部队

这个场面通过电视实况转播，展现在亿万中国人民面前，使人们深深感受到这位中国军队的最高统帅与普通指战员之间真挚、朴素的感情。

随着阅兵车缓缓驶过一列列威武神圣之阵，作为军委主席的邓小平看到这支面貌一新的队伍，他感到特别欣慰，他为军队和国防建设倾注的大量心血终于开花结果了。

这次阅兵，就是对几年来军队革命化、正规化、现代化建设成就的一次总的检阅。

10 点 18 分，邓小平检阅完毕，回到天安门城楼上发表了重要讲话。

他说："三十五年前，我国各族人民的伟大领袖毛泽东主席，在这里庄严宣布了中华人民共和国的成立。我们中国人从此站立起来

了。三十五年来，我国不但完全结束了旧时代的黑暗历史，建立了社会主义社会，也改变了人类历史的进程。特别是中国共产党第十一届三中全会以来，由于彻底纠正了'四人帮'反革命集团的倒行逆施，恢复和发展了毛泽东同志的实事求是的思想路线，陆续实行了一系列适合新情况的重大政策，全国的面貌更是焕然一新。在全国实现安定团结、民主法制的基础上，我们把进行社会主义现代化建设放在一切工作的首位。我国的经济获得了空前的蓬勃发展，其他工作也都得到了公认的成就。今天，全国人民无不感到兴奋和自豪。"

邓小平重申了中国实现四个现代化的目标。他指出："党的十二大提出，到二〇〇〇年，我国的工农业年总产值，要比一九八〇年翻两番。最近几年的情况，表明这个宏伟目标是能够达到的。"

他提出："当前的主要任务，是要对妨碍我们前进的现行经济体制，进行有系统的改革。同时，要对全国现有的企业，进行有计划的技术改造。要大大加强科学技术研究工作，大大加强各级教育工作，以及全体职工和干部的教育工作。全党和全社会都要真正尊重知识，真正发挥知识分子的作用。这样，我们就一定会逐步实现现代化。"

邓小平指出，我国的对外政策是众所周知和持久不变的。我们坚决主张维护世界和平，缓和国际紧张局势，裁减军备，首先是裁减超级大国的核军备和其他军备，反对一切侵略和霸权主义。我们将长期实行对外开放，愿意在和平共处五项原则的基础上，同世界一切国家建立、发展外交关系和经济文化关系。我们主张用谈判方式解决国际争端，如同我国和英国通过谈判解决香港问题一样。

他要求："中国人民解放军的全体指战员，务必时刻保持警惕，不断提高自己的军事政治素质，努力掌握应付现代战争的知识和能力。"

邓小平最后说："我们主张对我国神圣领土台湾实行和平统一，有关的政策，也是众所周知和不会改变的，并且正在深入全中华民族

第九章　必须把我军建设成为一支强大的现代化、正规化的革命军队

的心坎。大势所趋，祖国迟早总是要和平统一的。希望全国各族同胞，包括港澳同胞、台湾同胞和海外侨胞，共同促进这一天早日到来。"

邓小平讲话结束后，10 点 33 分，分列式开始了。军乐队奏起了雄壮的《解放军进行曲》。

行进在最前面的是陆海空三军组成的仪仗队。当他们护卫着八一军旗率先进入广场时，全场爆发出热烈的掌声。

紧接着，六个军事院校的方队走过来了，它们由军事科学院、海军学院、空军学院、炮兵学院、装甲兵学院和石家庄陆军学院的年轻学员组成。他们走在受阅部队的前列，本身就是中国军队素质的象征。

在军事院校方队之后，是五个步兵方队。当他们踏着铿锵有力的步伐，精神抖擞地行至天安门前时，由肩枪齐步走变为端枪正步走，雪白的手套衬托出他们的动作是那么整齐划一。在我们这个传统的陆军大国，步兵不仅有自己的辉煌，而且今天仍然是国防的中坚力量。

水兵方队走过来了，这是由北海舰队组成的队伍。英俊魁梧的水兵，身着白上衣、蓝裤子，手握冲锋枪，踏着坚实的正步通过天安门，展现出共和国海军的新一代蓬勃向上的风貌。

头戴绿钢盔、身穿伞兵服的空降兵方队开进了广场。在强大的合成军中，空降兵是一个现代化的新兵种。在未来没有前后方之分的现代立体化战争中，空降兵作为克敌制胜的杀手锏，担负着格外重要的使命。

飒爽英姿的女卫生兵方队，口号声清脆而又响亮。姑娘们身着绿上衣、蓝裙子，脚下的皮靴拍打着地面，踏出一声声震撼人心的足音。

紧接着，人民武装警察方队和男、女民兵方队也都相继通过了天安门广场。

徒步方队之后，反坦克导弹、炮兵、火箭布雷车、步兵战车、装甲输送车、坦克、自行火炮、地空导弹等摩托化、机械化方队接踵而来。

值得自豪的是，今天所有受阅的武器装备全部是中国自己设计、自己制造的。不仅种类多，而且性能有了很大的提高，这标志着中国军队向现代化迈出了一大步。

在反坦克导弹方队的 16 辆反坦克导弹车上，每辆装载着 3 枚反坦克导弹。火箭炮方队是以两种火箭炮组成的，前一个方队是 40 管的 122 毫米自行火箭炮，后一个方队是 30 管的 130 毫米自行火箭炮。牵引火炮方队的是由新型 122 毫米榴弹炮和 130 毫米加农炮组成的。共 32 门火炮，均以国产大型汽车牵引。火箭布雷车方队是由 16 辆火箭布雷车组成的，每辆车装载 8 枚火箭布雷弹。步兵战斗车和装甲输送车方队，是由 1 个轮式装甲输送车方队和 3 个履带装甲输送车方队组成。第 2 和第 3 个装甲输送车方队中，每辆车的最后两名战士，每人肩扛一具导弹发射筒。坦克方队共 6 个，由 108 辆坦克组成。前 4 个方队共 84 辆坦克，一律为草绿色；后 2 个方队的坦克涂有土黄色和草绿色迷彩。装甲自行火炮方队是由自行榴弹炮、自行火箭炮和自行加农榴弹炮各 16 门组成的。第 1 排车上装载着 4 枚舰舰导弹，第 2 排车上装载着 4 枚潜艇水下发射的潜地导弹，第 3 排车上装载着 4 枚岸防导弹。空军防空导弹方队是由 8 排 32 枚地空导弹组成的，由 32 辆导弹车牵引。在空军防空导弹部队通过天安门广场时，空中第 1 梯队由一架轰 6 型飞机领航，向天安门上空飞来，8 架歼教 5 型飞机分列两旁，由轰 6 组成的第 2 梯队的 18 架飞机紧随其后。在空军第 1、第 2 梯队受阅的同时，战略导弹方队的 9 辆大型牵引车，载着庞大的战略导弹首次公开展现在人们面前，特别引人注目。在战略导弹接受检阅的过程中，空中第 3 梯队的 32 架强 5 型飞机分编为 4 个中队，低空飞过天安门上空。接着，第 4 梯队的 32 架歼 7 型飞机编为 5 个

第九章　必须把我军建设成为一支强大的现代化、正规化的革命军队

中队,在战略导弹部队通过天安门广场的同时,飞越天安门上空。此时,北京周围各机场和受阅航线上云低雾浓,能见度只有100多米,参加受阅的各型飞机,又都是高速喷气机,编队大,距离小,但他们都准确、安全地完成了任务。

一队队新式武器第一次掀开了神秘的面纱,公开展示在世人面前,显示了中国人民解放军强大的阵容。为了中国军队的今天,邓小平付出了巨大的努力。

1977年7月邓小平第三次复出,主持军委工作以后,在深刻分析国际形势的基础上,及时把军队建设的指导思想从过去长期的临战状态转移到和平建设的轨道上来。在军队整编精简消肿的同时,把武器装备现代化始终作为军队现代化的一项重要的内容。1978年6月22、23日,他明确提出"解决武器装备问题要有近期要求和长远目标"。他说:"现在歼六确定为第一代,歼七大改后确定为第二代,同时搞歼八,技术过了关算第三代。第四代应当是什么?计委搞综合平衡,什么时候搞什么东西,要得当。这个战略目标,还要包括轰炸机、强击机,要定一个规划出来。"1979年3月,他在听取中央军委科学技

在国庆35周年庆典上,战略火箭部队通过天安门广场

术装备委员会关于调整规划汇报时又提出要"统一装备发展方向"。1981年6月担任中共中央军委主席后,他十分重视和强调武器装备的现代化问题。1983年4月,中央军委发出《关于近期我军武器装备的发展方针问题》的通知,要求从实际出发,贯彻缩短战线、突出重点、狠抓科研、加速更新的原则,在近期首先发展陆军主要短缺的武器装备,同时尽力完善、改进战略核武器。

经过多年的努力,中国的陆海空军终于有了相当数量的性能较先进的武器装备。通过军事检阅,展示了邓小平提出的"新一点、精一点、好一点"的武器装备,向世界宣布:中国拥有足够的保卫现代化建设顺利进行的国防力量。

第十章　军队要服从整个国家建设大局

中华人民共和国成立35周年盛大庆典之后不久，10月25日，一次对中国人民解放军的建设具有重大意义的会议在京西宾馆举行。

坐落在北京西长安街南侧的京西宾馆，戒备森严，给人神秘的感觉。军队的许多高层会议在这儿召开，许多重大决策在这儿作出。这次召开的是军委组织的座谈会。出席者囊括了军队各方面的头面人物，包括海军、空军、第二炮兵和十一个大军区的最高军政首长。

会议进行到第八天，即11月1日，军委主席邓小平在会上作了近90分钟的讲话。

"从哪里讲起呢？"邓小平环视了一眼在座的将军们，很随和、轻松地自问道。

"从这次国庆阅兵讲起。我不是讲这次阅兵如何，这次阅兵是不错的，国际国内反映都很好。最近有位国际友人讲，非常好。"

说到这儿，邓小平稍加停顿。整整一个月前的今天，天安门前人海如潮，欢声笑语响彻云霄。特别是那规模宏大、场面壮观的阅兵式，令国人人心振奋，受到世界的瞩目。提起这事，将军们面露喜色，似乎那引导着受阅部队的鲜艳夺目的八一军旗还在眼前飘动。18个徒步方队、24个机械化方队在军旗的引导下，整齐威武地通过天安门广场，站在天安门城楼上的军委主席邓小平看到此，露出了欣慰的笑容。

此时，邓小平的思绪并没有停留在庆典、阅兵上，他看得更远、更深。这年的8月22日，是邓小平的80寿辰。邓小平话锋一转，神色严肃起来："我说有个缺陷，就是80岁的人来检阅部队，本身就是个缺陷。这表明我们军队高层领导老化，这种状态不改变不行。一个80岁的人检阅部队，这种情况，在世界各国军队中恐怕是没有的，只此一家。"

军队高层领导年龄老化，这是一个有目共睹的事实，但又是一个极为敏感的问题。正因为这个问题很敏感，所以邓小平显然是经过慎重考虑的。他说："我们军以下干部调整得比较好，比较年轻，当然还要继续调整。所谓干部老化，是指军级以上，兵团级以上，这就涉及在座的所有人，包括我在内。过去我讲过多少次，我们不解决这个问题，我们这些在部队生活了几十年的人，对部队是交不了账的。这是我们的第一件大事。这件事情，过去我们说五年解决，已经过去三年了，现在剩下两年，看来完成不了。"

邓小平从自己这个军委主席自身谈起，他说："军委主席工作，就我个人的心情来说，希望越早交出越好，现在看来现实不允许。所谓不允许，就是要在我当军委主席期间，争取解决我们高层领导的老化问题。这是个得罪人的事情，我来得罪吧，不把这个矛盾交给新的军委主席。我希望在座的同志也不要把矛盾留给后人。"

"现在需要的是全国党政军民一心一意地服从国家建设这个大局，照顾这个大局。这个问题，我们军队有自己的责任，不能妨碍这个大局，要紧密地配合这个大局，而且要在这个大局下面行动"

多年以来，由于种种因素的影响，中国军队高层干部老化和机构庞大臃肿的现象越来越突出，严重地阻碍了中国军队自身的现代化建设。

据联合国专家小组的调查，世界上几个国家军队中的官兵比例分别是：苏联1∶4.56、美国1∶6.15、联邦德国1∶10、法国1∶17，而中国是1∶2.45，即平均一个军官只领导两个半士兵。但是，中国军队的员额却相当于美国的两倍，略高于苏军的人数。1949年以来，中国军队的人数一直是世界上人数最多的一支军队。外国军事专家估计，中国军队1982年大约是420万人，1984年是340万人。这一对比表明，中国军队的官兵比例极不合理。这种不合理的状况主要是由于机关庞大、机构重叠造成的。就军区而言，每个军区的领导班子居然有十几到二十名左右。

庞大的军队必然带来数目可观的军费开支。公开材料表明，1985年中国的军费总额是191亿元人民币，约占当年国民生产总值的2.2%，只相当于同年美国军费的2%，不及苏联的一个零头。尽管我们的军费开支和苏、美两国的军费开支相比还少得可怜，但就中国当时经济发展的水平而言已相当可观。然而，这笔军费并没有能够真正运用于军备更新和提高军队战斗力方面，而是大部分被众多兵员的"人头费"占去了。这样，在1953年至1983年间，中国用于更新武器装备的军费比美国在1982年一年里的同类费用少200亿人民币。

这是一种极其严重的落后状况，必须下大决心迅速改变。

邓小平指出，我们的改革从农村开始，到现在五年时间，三年就见效了。这次三中全会又作出全面改革的决定，说是城市改革，实际上是全面改革。这是够大胆的。如果说在这方面我们建立了自己的声誉，确实把中国搞好了，比我们预想的要快要好，那么拿这个标准来衡量，落后的是军队。军队高层干部老化问题还没有解决。

由干部年龄老化的现状，邓小平又谈到与之相关的干部年轻化问题：我们在座各位的任务，就是找接班人。要破点格。凡是看准了的人，要大胆地提拔上来，我们帮他。就把他们放到重要的或者更重要的岗位。现在关键是高层，是三总部、大军区、军兵种领导干部。一个是提，一个是让。我们希望军队出现一些"开明人士"，起带头作用。现在老一点的人，有一部分就应该让出位置来，用一些方式，顾问委员会的方式或者退休的方式，主要是退休的方式。讲改革，这是最大的改革，也是最困难的改革。

接着，邓小平谈到了军队要服从整个国家建设大局这一话题。

"我想谈一谈顾全大局的问题。这个大局就是我们国家建设的大局。现在我们这个国家确实是生气勃勃，一片兴旺。外国很多人都这么看、这么说。出现这种局面是最近五年，特别是最近三年，也就是农村政策见效以后，这就增加了我们的信心。""我们党的十二大确定的目标是翻两番，现在看来肯定能够实现。翻两番是个了不起的事情。国民生产总值按人口平均不算多，叫做小康水平；但是就总量来说，国民生产总值是一万亿美元哪！国家的力量大了。"

邓小平强调："现在需要的是全国党政军民一心一意地服从国家建设这个大局，照顾这个大局。这个问题，我们军队有自己的责任，不能妨碍这个大局，要紧密地配合这个大局，而且要在这个大局下面行动。军队各个方面都和国家建设有关系，都要考虑如何支援和积极参加国家建设。无论空军也好，海军也好，国防科工委也好，都应该考虑腾出力量来支援国家经济的发展。"

邓小平还把他的想法谈得非常具体："如空军，可腾出一些机场，一是搞军民合用，一是搞民用，支援国家发展民航事业。海军的港口，有的可以合用，有的可以腾出来搞民用，以增大国家港口的吞吐能力。国防工业设备好，技术力量雄厚，要充分利用起来，加入到整个国家建设中去，大力发展民用生产。这样做，有百利而无一害。"他要求大家都要从大局出发，照顾大局，千方百计使我们国家经济发展起来。邓小平认为，发展起来就好办了。大局好起来了，国力大大增强了，再搞一点原子弹、导弹，更新一些装备，空中的也好，海上的也好，陆上的也好，到那个时候就容易了。

邓小平深知，军队存在的问题，并不只是干部年龄老化这一问题。更严重的,是几经周折都没有能够解决的"肿"的问题,即机构臃肿、冗员过多。邓小平说,这个话讲了快十年了。消肿一直是我们军队的一个很大的问题。这里涉及对国际形势的判断。仗打不起来这个话,我们多次讲过,过去讲十年,现在过了几年,还可以说十年。他分析指出:现在能发动战争的还是美苏两家,但是这两家都不敢动,哪一家都有毁灭世界的能力。我们现在是独立自主的外交政策,谁搞霸权主义就反对谁。不允许任何人打"中国牌"。这个政策很重要。这是维护和平的最好的政策。因为中国这个力量,加到任何一方,都会发生质的变化。我们说十年打不起来,包括我们这个对外政策的作用。最好的是我们现行的政策,这个最有分量,最有利于世界和平和国际形势的稳定。讲战争危险,从毛主席那个时候讲起,讲了好多年了,粉碎"四人帮"后我们又讲了好久。现在我们应该真正冷静地作出新的判断。这个判断,对我们是非常重要的。首先就是我们能够安安心心地搞建设,把我们的重点转到建设上来。没有这个判断,一天诚惶诚恐的,怎么能够安心地搞建设?更不可能搞全面改革,也不可能确定建军的正确原则和方向。

邓小平认为,即使战争要爆发,我们也要消肿。肿,就是表现我们指导战争的能力不高。他说:"我讲过,我们的肿,真正打起仗来,就是跑反也跑不赢。如果真正打起仗来,像我们现在这种臃肿状态的高层领导机构,根本不可能搞好指挥。不消肿就不能应付战争。消肿,提了多少年了,但效果不大。我们的军费开支数目不算大,但是对我们也是一个负担。现在减人,是为了更多地节省开支,把人头开支节约下来,改善我们的装备,更重要的是提高军队素质。"

据此,邓小平提出了军队要进一步裁减,减少一百万人!他说:"减少一百万人也能足够应付意外的事件。我们军队主要是肿在各级领导机构,第一是三总部,主要是总参、总后。总政也有点肿,也得减。军兵种也不能说不肿。空军的人数恐怕是世界上最多的一个。海军不强，但也肿，因为我们的舰艇只有那么多嘛。国防科工委现在那么大的机构，这还不叫肿啊？再就是我们的大军区，每个都是'麻雀虽小，肝脏俱全'，人多得不得了。减一百万人，恐怕大多数人要从这里减。这几天座谈，大家都很赞成减到三百万这个方案。减到三百万，一是必要，二是没有风险，好处多得很。我希望用两年、三年的时间实现这个决策。最好不要超过三年，拖长了不利。一年半、两年能够完成就很好。"

当邓小平缓慢而坚定地提出裁军百万的决策时，尽管在座的将军们都是久经沙场、有着坚强超人的抑制力的，尽管他们事先已捕捉到一些消息，但他们心里仍然感到了一种强烈的震撼：这是一场伤筋动骨的改革！这是新时期军队建设的一次大动作！

"军队建设中确实存在不少问题，我想了一下，有五个字：肿、散、骄、奢、惰"

实际上，军队的"消肿"问题是在1975年时就提出来了。

20世纪60年代后，由于国际形势的变化和中苏关系的恶化，我们对战争的分析判断转变为立足于准备"早打、大打、打核战争"，特别是到了林彪主管军队工作的后期，军队执行"三支两军"任务，导致军队员额和国防费极度膨胀，军队员额逐步上升到660余万，国防费在国家财政支出中的比例一度达到百分之二十几。如此庞大的军队数量和高额国防费势必对国家经济建设和人民生活造成不利影响。毛泽东晚年已经意识到这个问题。1971年"九一三事件"后，毛泽东就提出军队要整顿，主持中央军委工作的叶剑英也已着手进行这项工作。但是，由于"四人帮"的干扰等原因，这项工作进展的并不顺利。

1975年1月5日，根据毛泽东的提议，中共中央发出1975年1号文件，任命邓小平为中共中央军委副主席兼中国人民解放军总参谋长。接着，在中共十届二中全会上，邓小平当选为中共中央政治局常委、中共中央副主席。同叶剑英一道负责中央军委的日常工作。

邓小平担任军队领导工作以后，接手实施军队整顿的任务，并将重点放在解决人民解放军在组织编制上存在的"臃肿"问题。1975年1月，邓小平分别召集总参、总政、总后、各大军区和空军、海军负责干部进行座谈，讨论压缩军队定额等问题。

1月14日，邓小平在听取中国人民解放军总参谋部领导同志汇报时谈到军队的体制问题，他指出，现在机关庞大，机构重叠。总后机关很庞大，总参机关也庞大。总政人数少些，但机关也比较大。精简主要是减机关和保障分队，而不是减技术兵种。1月19日，邓小平在中国人民解放军各大军区领导同志座谈会上提出，军队现在就是两个问题。第一是超编多，恐怕在部队缩减之后，除现在超编40多万人之外，还会更多一些。可能会有100万人的处理问题。第二是每年要正常处理5万人。这要考虑一下，不要再堆几年又是好多人。要减少150万人，100万兵，50万干部。这样可以减少开支十几个亿，这十几个亿用来搞装备。

1月25日，作为总参谋长的邓小平，在第一次同中国人民解放军总参谋部机关团以上干部的见面会上发表讲话，提出"军队要整顿"。他指出，从1959年林彪主管军队工作起，特别是在他主管的后期，军队被搞得相当乱。现在，好多优良传统丢掉了，军队臃肿不堪。军队的人数增加很多，军费开支占国家预算的比重增大，把很多钱花费在人员的穿衣吃饭上面。更主要的是，军队膨胀起来，不精干，打起仗来就不行。他明确提出，"军队的总人数要减少，编外干部太多要处理"。

1975年2月5日，中共中央决定，取消军委办公会议，恢复军委常委会，叶剑英、王洪文、邓小平、张春桥、刘伯承、陈锡联、汪东兴、苏振华、徐向前、聂荣臻、粟裕等11人为常务委员，常委会工作由叶剑英主持。在军委常委会成立后的第一次会议上，叶剑英把酝酿已久的召开军委扩大会议的筹备工作提上议事日程。他提出,军委扩大会议要解决的问题很多,但一次会议解决不了。中心是解决人的问题,也就是编制问题、压缩军队定额问题、干部问题,目的是要进一步把军队整顿好。王洪文当即表示异议,提出军委扩大会议第一项议题是政治思想工作。张春桥则大谈商品、货币关系等理论问题。邓小平坚决支持叶剑英的建议。2月8日,邓小平在听取总参谋部领导同志汇报时指出,总参工作,第一抓压缩定额问题。总的精神还是军队定额一定要减。后勤机构重叠,人太多。有些机构,如办事处、分部、兵站可以减掉。不要各搞一套,重叠的要去掉。第二天,在军委常委第一次会议上,邓小平提出,总参的工作次序,第一,是确定编制。今年军委扩大会议就是要集中解决这个问题。这个问题本身就是整顿军队。邓小平谈到了具体设想:在所确定的编制中,大军区可分三类,部队搞大、中、小师,大、中、小团。各类军区、海空军、兵种和各类师团的编制,都要先定下来。铁道兵还要减,要保留技术骨干,工程兵也要保留一些技术骨干。军委的炮兵、装甲兵事情并不多,现在留个"庙"可以,以便安排干部,但要缩小编制。通信兵归总参作为一个部。第二,精简主要是减少机关和保障分队,减少铁道兵和工程兵,不是减少技术兵。不仅技术骨干要留下,有的技术兵种还要增加编制。"总的原则是保留技术骨干。"第三,要定编制,在明确编制的基础上进行精简。3月3日,在军委常委会第四次会议讨论军队编制问题时,邓小平再次强调,要在明确编制的基础上精简。他指出,有了编制,定额才能压下来,秘书、公务员才能减下来。北京军区、沈阳军区、广州军区、武汉军区,总部、海军、空军都要搞编制表。"编制就是制度,有理无理,第一条就是看你合不合编制。"3月24日,在中央军委常委会第七次会议讨论兵种领导机关编制时,邓小平又插话说:"机构不要设多了,机构越多越麻烦,不要搞复杂了。"

第十章　军队要服从整个国家建设大局

在叶剑英、邓小平的共同努力下，6月24日至7月15日，中央军委扩大会议终于召开。此次军委扩大会议是继1967年4月军委扩大会议后的八年中举行的唯一一次中央军委扩大会议。7月14日，邓小平到会发表讲话，提出了军队整顿的任务。他着重讲了五个问题：在谈到第一个问题我们军队的状况时，他说："军队建设中确实存在不少问题，我想了一下，有五个字：肿、散、骄、奢、惰。"他把军队的肿排在问题的第一位。他说这次会议研究精简整编，就是解决肿的问题。提出"这一次编制要严格搞，要切实遵守编制。可以说编制就是法律"。

7月19日，中共中央下发第18号文件，将邓小平、叶剑英在这次会议上的讲话，以及经毛泽东圈阅的中央军委《关于压缩军队定额、调整编制体制和安排超编干部的报告》转发给各省、市、自治区、各大军区、省军区党委，中央和国家机关各部委，军委各总部、各军兵种党委。8月，中央军委转发总政治部《关于安排超编干部的方案》，公布了调整后的各总部、各军（兵）种、各大军区主管名单。9月，中央军委批转总参谋部《压缩军队定额，调整编制体制的方案》。在邓小平、叶剑英直接领导下，从1975年第4季度开始，各军区、各军（兵）种按新编制进行整编，裁减部队，调整机构。到1976年底，全军总人数比上年减少13.6%。

然而，这次精简整编随着"反击右倾翻案风"运动在全国展开，邓小平被撤销党内外一切职务而夭折。邓小平后来回忆说，1975年"我们曾决心'消肿'"，"做了一些工作，也见效，后来由于遇到挫折，停了下来"。

"我们必须清醒地看到，我们存在的一个最大问题，就是军队很臃肿。真正打起仗来，不要说指挥作战，就是疏散也不容易"

1977年7月，中共十届三中全会决定恢复邓小平中共中央副主席、国务院副总理、中央军委副主席、人民解放军总参谋长的职务。

一个月后，8月23日，邓小平在中共中央军委座谈会上强调，四个现代化，有个国防现代化。军队目前存在着相当多的问题。军队怎样整顿，怎样准备打仗，怎样把军队搞好。解决了这些问题，才能谈到国防现代化。邓小平说："1975年召开的军委扩大会议是正确的。由于'四人帮'的干扰破坏，使我们的整顿、准备打仗的工作损失了两年时间。在1975年的军委扩大会议上，我讲的一篇话，主要是叶副主席的那个报告，还是要继续贯彻的。特别是领导班子的整顿问题，军队建设中的问题，包括精简、减少军队员额等，都是应该贯彻的。"

在同年底召开的军委全体会议上，邓小平又旧话重提。他说："这里我还要讲一个肿字，过去不是讲五个字吗，肿、散、骄、奢、惰，第一个字就是肿。这个肿，我们还没有很好地解决；我们新的编制也没有很好解决；在执行规定的编制时，更没有要求大家注意精简，不许超编。尽管我们部队这样大，但连队并不充实，而各级机关却十分庞大，臃肿的情况很严重。现在一提出要解决什么问题，就要增加机构，增加人，这不行。还有的从下面抽人，搞这样那样的办公室。为什么原来的机构不用呢？当然也有的原来的机构不能用，要抓紧调整。"邓小平还提醒在座的领导同志："这次按确定的编制定额精简，以后还有没有精简的问题？还有。以后精简，主要是精简各级领导班子和领导机关，首先是总部和军兵种、大军区、省军区机关。"

经过近十天的充分讨论，这次中央军委全体会议通过了《关于军队编制体制的调整方案》，肯定1975年军委扩大会议确定的精简整编的方针、原则和措施，要求全军继续完成1975年规定的精简整编任务。重点精简各级领导班子和领导机关，首先是三总部和各军兵种、大军区、省军区领导机关。

从1978年开始，全军开始实施这一精简整编方案。

1978年5月13日，邓小平在同解放军总参谋部领导同志谈话时说："总参的'肿'是很严重的。我可以肯定，这么庞大的指挥机构，指挥战争是要打败仗的。这样的问题,不是一两年能解决得了的。但是这个问题非解决不可,总得有个目标嘛。机构臃肿、庞大、重复,不好。人员减少了,指挥才灵便。过去各总部工作都很灵便,也没有现在这么多人,也没有那么多文件,搞得这么繁琐。现在编制是定下了,是不是这样执行了?就是这样也是一个'肿'的编制。"

1978年12月,党的十一届三中全会果断地停止使用"以阶级斗争为纲"的口号,作出了把党和国家的工作重点转移到社会主义现代化建设上来的战略决策,实现了新中国历史上具有深远意义的伟大转折。军队工作如何适应这一战略重点转移,成为邓小平思考的主要问题。

十一届三中全会刚刚结束后不久,1979年1月2日邓小平在中共中央军委座谈会上就提出了这个问题。他说:"中央工作会议、三中全会已经提出全党工作着重点要转移到四个现代化建设上来,这个会议也要议一议怎么转。"也正是在这次会议上,邓小平再次一针见血地说:"我们军队成堆的问题,真正说到底,不是这个人那个人的问题,而是机构臃肿,人浮于事,这才是最根本的。""现在这种臃肿状况,使好多事情办起来不便利。一个指挥机构打麻将有五六桌人,你怎么办事呀!""机构臃肿的问题,是摆在我们面前始终要解决的问题。""机构臃肿不堪,单单这一条就把我们冲得一干二净,再好的方针、政策也搞不好。"

1979年12月28日晨,苏联出兵阿富汗。这一突发事件震动了全世界。中国军队高层一直密切关注着苏联在阿富汗的行动,因为这场战争直接关系着中国的安全形势。通过分析研判认为,以苏军的力量,不可能同时打两场战争,阿富汗战场对苏军是一个无尽的泥潭。根据这一判断,邓小平提出在这段时间里应当尽可能地减少军费开支来加强国家建设。

消"肿"还要继续下去。从1980年初开始,新一轮精简整编又在军队中展开。

1月17日，邓小平在解放军铁道兵领导同志建议铁道兵与铁道部工程局合并的报告上批示："请耿飚同志负责，召集有关部门的同志认真议一下，再作决定。我是赞成这样办的。合并之后，完全企业化，铁道兵人数也可大减。"耿飚是时任中共中央政治局委员、国务院副总理、中央军委常委兼秘书长。2月4日，邓小平在解放军总参谋部向中共中央、国务院、中央军委关于铁道兵与铁道部合并问题的报告上批示："合并后，人员要大大减少。因此，不要规定保留原有师局数额。"

3月，中共中央军委召开常委扩大会议，再度讨论军队精简整编问题。3月12日，邓小平在会上发表长篇讲话，不仅把"消肿"作为军队建设所要解决的"第一位"的问题，"最大的"问题，全面论述了军队进行精简的重大意义，而且提出了军队体制全面改革的问题。他说："我们必须清醒地看到，我们存在的一个最大问题，就是军队很臃肿。真正打起仗来，不要说指挥作战，就是疏散也不容易。现在解决问题很难，很多问题一拖就是好长时间。因此军队要提高战斗力，提高工作效率，不'消肿'不行。"邓小平还提出：我们的军队人数虽然多，但素质比较差，打现代化战争的能力不够，"我们国家现在支付的军费相当大，这不利于国家建设；军队人员过多，也妨碍军队装备的现代化。减少军队人员，把省下来的钱用于更新装备，这是我们的方针。如果能够节省出一点用到经济建设上就更好了。冷静地判断国际形势，多争取一点时间不打仗还是可能的。在这段时间里，我们应当尽可能地减少军费开支来加强国家建设。总之，搞四个现代化也好，把军队搞精干、提高战斗需要'消肿'"。

关于精简的方针原则，邓小平说："这次精简，主要是减少不必要的非战斗人员，减少统率机构、指挥机构人员。最主要的是减少干部。""为提拔新生力量创造一个条件。"

关于军队体制的改革问题,邓小平指出:体制问题,实际上同"消肿"是一个问题的两个方面。"要'消肿',不改革体制不行。"要通过体制改革,建立起军队合理的组织结构和完善的规章制度。他提出:"体制、制度问题中,很重要的是建立军官服役、退役制度。""这次会议后,就要着手研究这个问题。要有退休制度。不仅军队要有,地方也要有,国务院也要办这件事。军队干部的退休年龄要比地方干部小一些,因为军队要打仗。当然规定要切实可行。国家不建立退休制度会影响到整个国家的生气,军队不建立退休制度,也就不能保持自己的生气。"这充分表明,邓小平已经从更深层次考虑"消肿"问题,把"消肿"同改革军队体制、培养新人联系起来,特别是同军队服从国家现代化建设大局的战略问题联系起来。

5月19日,邓小平在听取中共中央军委、解放军总参谋部、总政治部和总后勤部领导同志汇报军队精简整编工作情况时,明确表示:对整编方案,应该坚持下去,不坚持下去解决不了问题。他指出,铁道兵、基建工程兵应该大量精简,不能照顾情绪。铁道兵人数要减一半。工程兵要减一大半,留十万人就行了。邓小平说:"这个意思,你们如果同意,搞一个文件发下去,坚决执行,谁不执行就把谁调开,头头不执行就把头头调开。"

8月15日,中共中央批转中央军委《关于军队精简整编的方案》,决定再次进行精简整编,大力精简机关,压缩非战斗人员和保障部队。全军从1980年第4季度开始精简整编:将部分野战师由满员师改为简编师;将担负内卫执勤任务的部队移交公安部门;撤销基建工程兵,所属部队按系统对口集体转业到国务院有关部和省、自治区、直辖市。

1981年6月,邓小平担任中共中央军委主席。当年,他亲自谋划、领导和指挥了中国人民解放军华北军事演习。9月14日至18

日，邓小平与中央、国家机关和各省、市、自治区主要负责同志，以及全军高级干部和当地群众，观看了在华北北部地区举行的实兵战役演习的全过程。连续五天，他早出晚归，认真地看，严肃地听，但话语并不多。9月19日上午，阅兵仪式完毕后，邓小平站在敞篷车上，代表党中央、中央军委发表了重要讲话。在充分肯定这次演习取得圆满成功后，他明确提出："我军是人民民主专政的坚强柱石，肩负着保卫社会主义祖国、保卫四化建设的光荣使命。因此，必须把我军建设成为一支强大的现代化、正规化的革命军队。"新时期我军建设的总目标由此确立。

1981年6月27—29日，中共十一届六中全会在北京举行，邓小平在会上当选为中央军委主席。图为邓小平在会上投票

根据这一总目标和总要求,邓小平提出:"从全军来说,三年工作的中心是调整,把军队搞精干。""精简整编,要搞革命的办法。"为了加强对军队体制改革、精简整编工作的领导,1982年2月,中央军委决定成立军委体制改革、精简整编领导小组,总参谋长杨得志任组长。7月,中央军委召开座谈会,着重研究体制改革问题。会上,邓小平指出,"军队目前的体制、领导方法、制度,不是那么好的",要从根本改革体制上解决问题。体制改革着重解决两个问题,一是提高战斗力,提高工作效率,二是有利于选拔人才、培养人才。会议提出了军队体制改革、精简整编的四项原则:精兵,合成,平战结合,提高效能。

9月15日,中央军委下达军队体制改革精简整编方案,决定在1980年精简整编的基础上,进一步调整全军的体制编制。将炮兵、装甲兵、工程兵三个兵种领导机关改为总参谋部业务部,将铁道兵并入铁道部,撤销基建工程兵,撤销省军区的地方部队;部分边防部队移交公安部门。

这次精简整编,迈出的步子应该说是比较大的。在此以前,国家还采取了紧缩军费,把军事设施转交民用或军民合用,军工企业转产民品和支援地方建设等一系列重大措施。但是,邓小平仍不满意,他在中央军委下达的军队体制改革精简整编方案上批道:"这是一个不能令人满意的方案,现在可以作为第一步实行,以后还得研究。"

军队精简整编的工作仍在大力地向前推进,直到1984年11月1日军委座谈会上,邓小平要向大家讲的还是这个问题。

"我们下这样大的决心,把中国人民解放军的员额减少一百万,这是中国共产党、中国政府和中国人民有力量、有信心的表现"

1985年6月4日,军委扩大会议在京西宾馆召开。"在这么一个重要会议上,我想先就裁减军队这件事情,讲几句话。"一开口,邓小平就点出了这次会议的主要议题。

"我们下这样大的决心,把中国人民解放军的员额减少一百万,这是中国共产党、中国政府和中国人民有力量、有信心的表现。它表明,拥有十亿人口的中华人民共和国,愿意并且用自己实际行动对维护世界和平作出贡献!"

邓小平辩证地阐述了裁军百万的必要性:"减少一百万,实际上并没有削弱军队的战斗力,而是增强了军队的战斗力。即使国际形势恶化,这个裁减也是必要的,而且更加必要。过去我们讲过,这么臃肿的机构如果不'消肿',不要说指挥作战,就是疏散也不容易。"

1985年6月,邓小平在中央军委扩大会议上讲话

现在,裁军百万的决策即将实施,面对我军的高级将领们,邓小平将自己多年来逐渐考虑成熟的看法摆了出来,旨在阐明百万裁军决策的国际背景,指导我军建设实现战略性转变。他说:"粉碎'四人帮'以后,特别是党的十一届三中全会以后,我们对国际形势的判断有变化,对外政策也有变化,这是两个重要的转变。""第一个转变,是对战争与和平问题的认识。过去我们的观点一直是战争不可避免,而且迫在眉睫。……这几年我们仔细地观察了形势,认为就打世界大战来说,只有两个超级大国有资格,一个苏联,一个美国,而这两家

都还不敢打。"邓小平面带微笑,扳着手指,梳理着自己的思路:一是苏美两国都有毁灭对手的力量,毁灭人类恐怕还办不到;二是这两家都在努力进行全球战略部署,但都没有完成;三是世界战争的危险虽然还是存在的,但世界和平力量的增长超过战争力量的增长。……邓小平一挥手,提高了声音:"由此得出结论,在较长时间内不发生大规模的世界战争是有可能的,维护世界和平是有希望的。根据对世界大势的这些分析,以及对我们周围环境的分析,我们改变了原来认为战争的危险很迫近的看法。""第二个转变,是我们的对外政策。过去有一段时间,针对苏联霸权主义的威胁,我们搞了'一条线'的战略,就是从日本到欧洲一直到美国这样的'一条线'。现在我们改变了这个战略,这是一个重大的转变。"邓小平目光灼灼,再一次向国际社会宣布中国的对外政策:"我们奉行独立自主的正确的外交路线和对外政策,高举反对霸权主义、维护世界和平的旗帜,坚决地站在和平力量一边,谁搞霸权就反对谁,谁搞战争就反对谁。所以,中国的发展是和平力量的发展,是制约战争力量的发展。"说到这儿,邓小平微微一笑。众人皆知,邓小平是打桥牌的高手。如此高龄,头脑仍如此清楚敏感,不能不说一定程度上得益于他这一业余爱好。此时,邓小平却将这一爱好运用于外交政策,幽默地说:"我们中国不打别人的牌,也不允许任何人打中国牌,这个我们说到做到。这就增强了中国在国际上的地位,增强了中国在国际问题上的发言权。"

这是邓小平第一次阐述这"两大转变"。将军们都明显感到了它的分量,低头匆匆地记录着。

邓小平点燃一支烟,深深地吸了一口,徐徐地舒了口气,接着说:"现在看来,这两个变化是正确的,对我们是有益的,我们要坚持下去。只要坚持这样的判断和这样的政策,我们就能放胆地一心一意地好好地搞我们的四个现代化建设。"

"最后我再讲一点,"在讲话即将结束时,邓小平再次阐述正确处理军队建设与国家建设的关系问题,"大家很关心军队的建设,关心军队装备的现代化,这个问题也涉及大局。四个现代化,其中就有一个国防现代化。如果不搞国防现代化,那岂不是只有三个现代化了?但是,四化总得有先有后。军队装备真正现代化,只有国民经济建立了比较好的基础才有可能。所以,我们要忍耐几年。我看,到本世纪末我们肯定会超过翻两番的目标,到那个时候我们经济力量强了,就可以拿出比较多的钱来更新装备。……先把经济搞上去,一切都好办。现在就是要硬着头皮把经济搞上去,就这么一个大局,一切都要服从这个大局!"

这次军委扩大会议,无疑在中国人民解放军建设史上写下了重重的一笔:会议通过了军队体制改革精简整编方案,要求在两年内减少军队员额 100 万;会议提出对军队建设指导思想实行战略性转变,把军队工作由原来的立足于早打、大打、打核战争的临战准备状态,真正转入相对和平时期建设的轨道。

1985 年 6 月,军委扩大会议期间,邓小平同李先念、徐向前、张爱萍在一起

6 月 10 日,中国官方最大的新闻机构——新华通讯社正式播发了百万裁军的消息:"中国政府决定,中国人民解放军减少员额 100 万。

这是中央军委主席邓小平6月4日在军委扩大会议上宣布的……"

对中国军队来说，裁军百万是一次真正的脱胎换骨，要完成这一宏大的计划，没有一股子狠劲是根本不行的。

在精简整编方案正式下达之前，包括昆明军区司令员张铚秀在内的许多人都认为昆明军区不会撤销。这不仅因为当时中越边境还有战火，而且，昆明军区的基干是由原属二野的部队组成的。作为二野的老政委，邓小平大概不会拿昆明军区开刀吧？当张铚秀带着军区军务部长到北京出席军委扩大会议时，皮包里甚至装有昆明军区接管成都军区的具体方案。

但是，军委扩大会议上宣布的方案是撤销昆明军区，其机关人员及部队与成都军区合并。

从军事和国际政治的角度来讲，保留成都军区要比保留昆明军区合理得多。毕竟，中越边境上的战争不可能长久持续下去，而成都的战略地位却远比昆明重要。

虽然如此，昆明军区的撤销还是在军内外引起了强烈的震动。人们从这里看到了邓小平的巨大决心，看到了中国军队真正走向现代化的希望。于是，全军上下，心悦诚服，军内军外竭诚配合。

据有关统计资料，1985年，中央军委所属的总参、总政、总后三总部的处以上机构减少了近1/6，机关人员精简了近一半；原有的11个大军区精简合并为7个；减少军级以上单位31个；撤销师、团级单位4054个；县、市人民武装部改为地方建制，干部战士退出现役；军队内部管理的76种干部职务改由战士担任，官兵比例降为1∶3.3。从这一年起，三年内将有60万名干部退出现役，转业到地方工作。

1985年，成为中国的"裁军年"。

1986年为"国际和平年"，中国军队从总体上完成了裁军百万的战略性行动，以实际行动体现了中国人民热爱和平、为世界和平事业作出贡献的诚意和决心。

1987年4月4日，在六届全国人大五次会议举行的中外记者招待会上，中国人民解放军副总参谋长徐信向中外记者宣布：中国人民解放军精简整编的任务已基本完成。裁减员额100万以后，军队的总定额为300万。

通过精简整编、改革体制，人民解放军朝着机构精干、结构合理、部队合成、指挥灵便、反应快速、效率很高、战斗力很强的目标又迈出了坚实的一步。

第十一章 "小平您好"

1984年10月1日上午10点50分,天安门广场庆祝新中国成立35周年阅兵分列式刚刚结束,群众游行即在欢快的《歌唱祖国》的乐曲声中开始了。

天安门广场顿时变成欢乐的海洋。

18 000人组成的仪仗队簇拥着国旗、国徽和毛泽东、周恩来、刘少奇、朱德的塑像,以及体现着前进目标、时代精神、民族信心的各种横幅、彩车首先通过广场。"祖国万岁""共产党万岁""振兴中华""实现四化"的口号声此起彼伏。

仪仗队之后,是在"联产承包好"横幅引导下的农民队伍。他们有的吹着唢呐,有的敲着太平鼓,有的在跑旱船,有的在耍中幡,一片喜气洋洋。不少农民还穿着笔挺的西服,显示他们刚刚获得的丰收。

农民大军作为游行队伍的前导方队,这不仅象征着中国是一个有8亿农民的农业大国,而且象征着农村首创了改革的新局面。望着这支队伍,邓小平高兴地向身边的西哈努克亲王介绍说:"这是我们的农业队伍"。

西哈努克亲王不禁夸赞道:"中国的农业搞得好,是因为阁下领导和中国的政策好。"

在国庆35周年庆典上,邓小平向游行群众招手致意

邓小平笑了,指着游行队伍说:"标语上写得很清楚,是因为政策好。"

1984年庆祝新中国成立35周年时,北京郊区农民以"联产承包好"的标语为前导参加游行

紧接着，由6万人、42部彩车、13幅标语组成的工业队伍、科教队伍浩浩荡荡开进广场。他们向全国、全世界展示工业、财贸、科学、教育、卫生等方面的成就和发展前景。

深圳特区和蛇口工业区特制了两辆彩车前来参加游行。他们打出的横幅特别醒目："时间就是金钱，效率就是生命。"

由10 000多名运动员、20辆彩车组成的体育队伍受到全场群众的热烈欢呼。世界冠军们在彩车上向观众招手致意。改革开放后，中国的体育水平也迅速地跻身于世界强国之列。在天安门城楼上的国际奥委会主席萨马兰奇这时显得特别兴奋，他一会儿鼓掌，一会儿招手，说："在你们的游行队伍里专门有一支体育大军，这说明了体育在中国越来越受到重视。作为国际奥委会主席，我为中国这样重视发展体育运动感到高兴。"

邓小平是个体育迷，喜欢游泳和打桥牌、台球，爱看足球。据说，他早年在法国勤工俭学时，有一次为了买一张足球票，当掉了自己的衣服。中华人民共和国成立后，他对体育事业非常关心。1954年国家体委在酝酿机关编制时，拟成立一个群众体育处，隶属于办公厅。习仲勋在审定编制时认为规格低了，说那怎么行？国家体委后来修改后报给国务院副总理邓小平审定，邓小平批示，"要成立司"。根据邓小平的批示，国家体委设立了群众体育司。1973年第二次复出后，邓小平分管体委工作，强调要搞好群众体育运动。他曾对出席第七届亚运会的中国体育代表团全体成员说："体育比赛，要认真地比赛，像打仗一样，仗要打好，要打出风格，打出水平。"改革开放以后，他十分重视体育事业的发展。1982年4月，他提出"体育是精神文明建设的重要方面"，是全面提高中华民族素质的重要途径。1983年9月，他为第五届全运会题词"提高水平，为国争光"。1984年洛杉矶奥运会期间，他在与几位中央领导同志谈话中指出："体育运动搞得好不好，影响太大了，是一个国家经济、文明的表现。它鼓舞了

邓小平在 1984

这么多人，吸引了这么多观众、听众，要把体育搞起来。"后来，他还提出了中国要申办奥运会。

在游行队伍的最后，23 000 名少先队员欢呼着，跳跃着奔向广场，象征着中国的事业后继有人。望着天真活泼的孩子，邓小平意味深长地对西哈努克亲王说："他们是我们的未来，是我们的希望！"

在整个游行队伍中，特别值得一提的是大学生队伍。北京大学的一群学生在行至天安门前时，突然亮出了"小平您好"的横幅，引得中外记者纷纷按动快门，抢下了这一珍贵的镜头。

1984 年国庆节，在北京天安门广场浩荡的游行队伍中，北京大学的学生打出了"小平您好"横幅

是谁制作了"小平您好"的横幅呢？原来是北京大学生物系细胞遗传专业 81 级学生郭庆滨、李禹、毛小洪和 80 级学生常生等。

1984 年 9 月 30 日夜，北京大学生物系 81 级大学生宿舍内群情激昂。明天，他们将参加国庆 35 周年大典。学生期间，能赶上这样大规模的庆典，本来就是一件幸事，更何况这是改革开放以来第一次大规模的庆典，盛况必定令人激动。

按照事先的安排，作为游行队伍，他们将跟在北京大学的彩车后面，排着整齐的队伍，从长安街由东向西走过天安门城楼的检阅台。连日来，为了使游行队伍走得整齐，学校已组织了多次训练，但同时他们也觉得，就这样整齐地走过天安门广场，走过检阅台，似乎缺了点什么。这样的形式似乎不足以表达他们的心情。敢想、敢说、敢做，历来是北大人的传统，人们不会忘记，当初"团结起来，振兴中华"的口号就是首先从学生宿舍里喊出来的。今天，他们仍然有话要说，他们的振奋和激动要表达出来。于是，同学们决定，用自己的方式来表达他们的心情。

表达什么，如何表达，这正是学子们在一起热烈讨论的话题。

要表达的太多了！

同学们的共同愿望就是要向党表达当代大学生对党的知识分子政策的赞美，向邓小平为教育战线的拨乱反正付出的心血表达深深的敬意……

"一定要在党内造成一种空气：尊重知识、尊重人才"

"文化大革命"中，由于林彪、"四人帮"的干扰和破坏，邓小平说，在教育和科学研究领域"我们损失很大"，"耽误了我们好多时间"。我国的科技水平与世界先进水平相比还存在着很大的差距。科技与教育的力量还很薄弱，远远不能适应现代化建设的需要。"同我们这样一个社会主义国家的地位是很不相称的。"邓小平说，1975年整顿时"我就老想抓科研，结果不仅没有抓上去，反而我自己被抓下去了"。

粉碎"四人帮"后，邓小平分析我国的科技、教育的现状，有一个正确的估计：同发达国家相比，我们的科学技术和教育整整落后了20年。1977年春，他在得悉中央已经决定准备在适当时机让他出来工作后，曾对前来看望的王震、邓力群说："我出来工作的事定了。至于分工做什么，军队是要管的，我现在还考虑管科学、教育。"

他在复出前后，几次与有关负责同志谈科学和教育的问题。他强调：必须把教育放在优先发展的战略地位。抓教育，要从小学教育抓起。关键在中学，中学又是以小学教育为基础。现在的中小学"接不上茬，十年没有好好上课，数理化不行，外文也不懂。多数中学教师水平不高"。因此，要抓好重点小学、重点中学。要加强教师的配备。他提出，要重新审定中小学的教材，注意在教材中吸收外国先进的东西。他指出：要从问题堆里找长远的、根本解决问题的东西。强调要"抓好重点学校、重点科研院所、重点人才、重点项目"。从小学抓起，一直到中学、大学。他提出，要办重点小学、重点中学、重点大学。

1977年5月，尚未恢复工作的邓小平，深感人才匮乏已经成为我们实现四个现代化宏伟目标的最大制约。他指出，美国有科研人员120万，苏联有90万，我们只有20多万，还包括老弱病残。靠空讲不能实现现代化，必须有知识，有人才。没有知识，没有人才，怎么上得去？他大声疾呼："一定要在党内造成一种空气：尊重知识、尊重人才。要反对不尊重知识分子的错误思想。不论脑力劳动，体力劳动，都是劳动。从事脑力劳动的人也是劳动者。"邓小平认为，现在我们国家面临的一个问题，不是四个现代化的路线、方针对不对，而是缺少一大批实现这个路线、方针的人才。道理很简单，任何事情都是人干的，没有大批的人才，我们的事业就不能成功。

"今年就要下决心恢复从高中毕业生中直接招考学生，不再搞群众推荐。从高中直接招生，我看可能是早出人才、早出成果的一个好办法"

人才的培养基础在教育。大学招生制度是选拔人才、培养人才的一个重要途径。粉碎"四人帮"后，"文化大革命"前行之有效的大学招生制度仍然没有得到恢复。如何改变现行的大学招生制度,这是邓小平此时反复考虑的一个中心问题。

邓小平指出,首先要经过严格考试,把最优秀的人集中在重点中学和重点大学。他还明确表示:不管招多少大学生,一定要考试,考试不合格不能要。不管是谁的子女,就是大人物的也不能要。我算个大人物吧,我的子女考不合格也不能要,不能"走后门"。

1977年6月29日至7月15日,教育部在山西太原晋祠召开了高校招生工作座谈会。教育部向国务院报送了1977年招生工作的意见,仍沿用"文化大革命"中"自愿报名,群众推荐,领导批准,学校复审"的办法,但也提出了要"重视文化程度",文化考查"采取口试、笔试等多种形式进行,提倡开卷考试,独立完成"。

针对"文化大革命"中实行的大学招生的弊端,7月29日,邓小平在听取方毅、刘西尧汇报工作时,提出有几个问题要考虑:是否废除高中毕业生一定要劳动两年才能上大学的做法?在中小学完成了劳动任务,为什么还要集中搞两年劳动?他还提出,近期要主持召开一个科学和教育工作座谈会,请科学院和教育部"找一些敢说话、有见解的,不是行政人员,在自然科学方面有才学的,与'四人帮'没有牵连的人参加"。

8月1日,他在听取方毅、刘西尧汇报工作时又指出:办教育要两条腿走路,学校可以搞多种形式。科技大学由科学院包下来,直接招生,军队院校由军队包。"一年准备,从明年开始两条腿走路,一半直接招生,一半从别的路子来,特别是理工科。"同一天,当得知时任天津市革命委员会副主任的蒋南翔向教育部提出,希望能够允许天津市在1977年大学招生时直接在应届高中生中挑选一些学生参加考试时,邓小平当即表示赞赏与支持:"就是要敢想敢讲,不要吞吞吐吐,要提倡实事求是。"

8月4日,邓小平在北京饭店主持召开了全国科学和教育工作座谈会,邀请了33位科学家和教育工作者一起座谈。邓小平开宗明义:"请大家来,就是想听听意见。"高校招生问题是座谈会上讨论最为热烈的问题之一。大家对教育部刚刚上报中央的招生方案表示了强烈的不满,并列数了现行招生制度的种种弊病。认为,为了早出人才,再不能这样继续下去了。武汉大学化学系教授查全性首先呼吁恢复高考。与会的其他专家也纷纷发言,表示赞同,并建议党中央、国务院下大决心,对现行招生制度来一个大的改革。邓小平肯定了这个意见,并问教育部长刘西尧:"今年就恢复高考还来得及吗?"刘西尧说:"如推迟半年的招生,时间还来得及。"邓小平当场决策:既然今年还有时间,那就坚决改嘛!他要求教育部立即把报送中央的报告追回来。根据大家的意见重写。招生涉及下乡的几百万青年,要拿出一个办法来。今年就开始改,不要等了。8月8日,邓小平在座谈会的总结发言中宣布:"今年就要下决心恢复从高中毕业生中直接招考学生,不再搞群众推荐。从高中直接招生,我看可能是早出人才、早出成果的一个好办法。"

1977年8月8日,邓小平在科学和教育工作座谈会上讲话

第十一章 "小平您好"

科学和教育工作座谈会结束后，根据邓小平的意见，教育部很快报送了《关于推迟招生和新生开学时间的请示报告》，决定将高等学校和中专推迟到第四季度招生，录取新生次年2月底前入学，推迟3个月（包括寒假）。8月18日，邓小平将这份报告批送党中央主席、副主席："这是经过考虑，为了保证重点大学学生质量而商定的。拟同意。"当天，华国锋、叶剑英、李先念、汪东兴等均圈阅同意。

自8月13日起，教育部在北京召开了第二次全国招生工作会议。会上发生了激烈的争论。教育部个别领导受"两个凡是"的束缚，不敢改革高校招生制度，不敢推倒"两个估计"，对邓小平提出的正确主张持犹豫、观望的态度。9月19日，邓小平专门找教育部负责人谈话，严肃指出："教育部要争取主动。你们还没有取得主动，至少说明你们胆子小，怕又跟着我犯错误。""你们要放手去抓，大胆去抓，要独立思考，不要东看看，西看看。把问题弄清楚，该怎么办就怎么办。该自己解决的问题，自己解决；解决不了的，报告中央。教育方面问题成堆，必须理出个头绪来。现在群众劲头起来了，教育部不要成为阻力。教育部首要的问题是要思想一致。赞成中央方针的，就干；不赞成的，就改行。"他明确指示：招生会议要尽快结束。招生文件继续修改，尽可能简化，早点搞出来。"总之，教育部要思想解放，争取主动。过去讲错了的，再讲一下，改过来。拨乱反正，语言要明确，含糊其词不行，解决不了问题。办事要快，不要拖。"邓小平再次重申从高中毕业生中直接招生。说到招生的条件时，邓小平认为主要抓两条：第一本人表现好，第二择优录取。

在邓小平的推动下，几天后，招生工作会议结束，新的招生文件基本定稿。10月3日，邓小平将教育部《〈关于一九七七年高等学校招生工作的意见〉的请示报告》和教育部代拟的国务院转发教育部《关于一九七七年高等学校招生工作的意见》的批示稿等文件批送华国锋："此事较急，请审阅后，批印政治局会议讨论批准。建议近几日内开一次政治局会议,连同《红旗》杂志关于教育的评论员文章(前已送阅)一并讨论。"华国锋随即批示汪东兴将上述文件印送中央政治局各同志。10月5日,中央政治局讨论并原则通过了教育部《关于一九七七年高等学校招生工作的意见》,也提出了一些修改意见。10月7日,邓小平在教育部修改后的《意见》上批示:"我看可以。华主席、剑英、先念、东兴、方毅同志核示,退教育部办。"当天,华国锋等圈阅同意。10月12日,国务院批转了这一意见,正式决定从1977年起,高等学校招生制度进行改革,恢复统一考试制度。采取自愿报名、统一考试、择优录取的办法。

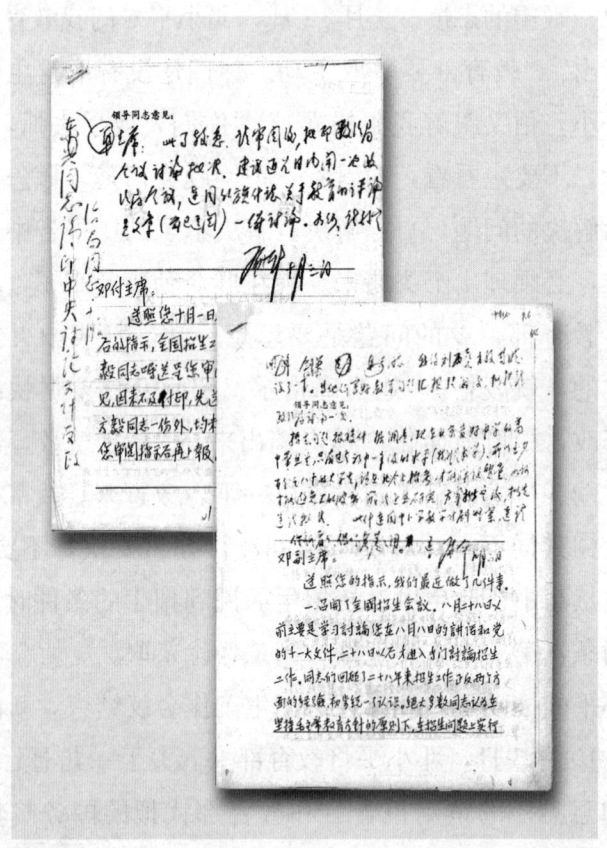

邓小平对教育部《关于一九七七年高等教育招生工作的意见》的请示报告的两次批示

11月28日至12月25日，全国约有570多万知识青年参加高等学校招生考试，其中27.3万人被录取。高考制度的恢复，对国家现代化建设所需的大批人才的培养起到了重要的推动作用。

恢复高考后进入清华大学的第一批学生在上课

"知识分子的名誉要恢复"

"文化大革命"中，"四人帮"于1971年炮制的《全国教育工作会议纪要》对中华人民共和国成立后17年的教育工作作了"两个估计"：17年教育战线是资产阶级专了无产阶级的政，是"黑线专政"；知识分子的大多数的世界观基本上是资产阶级的，是资产阶级知识分子。"两个估计"犹如两座大山压得知识分子和广大教育工作者喘不过气来，使教育战线的广大干部和老师遭到严重摧残，教育事业也受到严重破坏。由于"两个估计"当时是毛泽东画了圈的，粉碎"四人帮"后，要推倒"两个估计"仍然被一些领导干部视为禁区。

"两个估计"不推倒，广大知识分子的积极性就发挥不出来。邓小平在领导推动科技、教育领域拨乱反正的同时，反复思考要从理论上推倒"两个估计"。

邓小平复出后，首先对知识分子的阶级属性和政治地位问题进行了重要的拨乱反正。1977年7月23日，他在十届三中全会上的讲话中提出了必须"完整地准确地理解毛泽东思想"，同时指出："四人帮"把知识分子一概称为"臭老九"，并且还说这是毛主席说的。应该承认，毛泽东同志曾经把他们看作是资产阶级的一部分。"这样的话，我们现在不能继续讲。但是从整个革命和建设过程来看，毛泽东同志是重视知识分子的作用的。他在1975年，还针对'四人帮'的诬蔑，提出'老九不能走'。我们要准确地完整地理解毛泽东同志关于知识分子问题的思想和政策。"8月8日，邓小平在科学和教育工作座谈会上，专门谈了他对这个问题的意见。他认为，对全国教育战线17年的工作怎样估计，主导方面是红线。应当肯定，17年中，绝大多数知识分子，不管是科学工作者还是教育工作者，在毛泽东思想的光辉照耀下，在党的正确领导下，辛勤劳动，努力工作，取得了很大成绩。特别是教育工作者，他们的劳动更辛苦。现在差不多各条战线的骨干力量，大都是建国以后我们自己培养的，特别是前十几年培养出来的。如果对17年不作这样的估计，就无法解释我们所取得的一切成就了。就知识分子的世界观改造方面来说，他指出："世界观的重要表现是为谁服务。我国的知识分子绝大多数是自觉自愿地为社会主义服务的。反对社会主义的是极少数，对社会主义不那么热心的也只是一小部分。""知识分子的名誉要恢复。"

邓小平的这篇讲话，使广大知识分子受到了极大的鼓舞。但由于这时正在召开的党的第十一次全国代表大会仍然对"文化大革命"和"无产阶级专政下继续革命"的错误理论作出了肯定的评价，能否突破"两个估计"的禁区，又成为8月13日再次召开的全国高等招生工作会议上争论的焦点。这时，当年曾经参加过1971年全国教育工作会议的几位同志经过商议,由《人民日报》记者专门把1971年《全国教育工作会议纪要》关于"两个估计"的形成经过写成材料,以《情况汇编》(特刊)的形式报送中央。邓小平看到这个材料后,于9月19日找教育部负责同志谈话,他说:"'两个估计'是不符合实际的。新中国成立后的17年,各条战线,包括知识分子比较集中的战线,都是以毛泽东同志为代表的路线占主导地位,唯独你们教育战线不是这样,能说得通吗?《纪要》是姚文元修改、张春桥定稿的。毛泽东同志画了圈,但不等于说里面就没有是非问题了。""我们怎么能把几百万、上千万知识分子一棍子打死呢?我们现在的人才,大部分还不是17年培养出来的?原子弹是1964年搞成功的。氢弹虽然是1967年爆炸的,但也不是一下子就搞出来的。"他告诫教育部负责同志:"你们管教育的不为广大知识分子说话,还背着'两个估计'的包袱,将来要摔跟头的"。"要敢于大胆讲话。我在8月8日科学和教育工作座谈会上的那篇讲话,是个大胆的讲话,当然也照顾了一点现实。"

就在这个时候,毛泽东1971年在全国教育工作会议期间的一段谈话记录被披露出来了:"17年的估计不要讲得过分。在无产阶级专政下执行了错误的路线,不是大多数人,是一少部分人。多数知识分子还是拥护社会主义制度的。执行封、资、修路线的还是少数人。"毛泽东的这一谈话也成为推翻"两个估计"的重要依据。11月18日,《人民日报》发表了教育部大批判组的文章《教育战线的一场大论战——批判"四人帮"炮制的"两个估计"》。至此,全国教育界、知识界终于推倒了压在他们头上的"两个估计"。

1978年3月18日,邓小平在全国科学大会的开幕式上的讲话中宣布:知识分子"总的说来,他们的绝大多数已经是工人阶级和劳动人民自己的知识分子,因此也可以说,已经是工人阶级自己的一部分。他们与体力劳动者的区别,只是社会分工的不同。从事体力劳动的，从事脑力劳动的，都是社会主义社会的劳动者"。

根据邓小平的上述思想，中共中央组织部于1978年10月至11月分批召开了落实知识分子政策座谈会。会议认为，知识分子队伍的状况已经发生了深刻变化，中华人民共和国成立初期提出的知识分子"团结、教育、改造"的方针已经不适用于目前的情况。"知识分子是工人阶级的一部分"这种新的政治定位标志着我们党的知识分子政策重新回到了马克思主义的正确轨道。这对于推动整个社会主义现代化建设事业的健康发展具有极其重要的意义。

邓小平为教育战线拨乱反正、为广大的知识分子正名深深感动了大学生们，他倡导和支持的农村改革也取得了巨大的成功。农村经济迅速发展，农民生活日渐富裕。吃水不忘挖井人。许多大学生都是从农村考上来的，他们都有着切身的感受。

参加国庆大典游行的同学们认定，大典当天，邓小平一定会出现在天安门城楼上，他们一定要当面向他老人家表达自己的心情和家乡父老的问候。

怎么表达呢？写上千言万语，会淹没在浩瀚的游行人潮里……讨论继续进行着。

最初，有人说写"改革要加速"等，但大家都觉得这只说出了一方面的愿望。大家想到邓小平，想到了邓小平领导的改革事业，以及邓小平的拨乱反正。有人脱口而出："邓小平同志您好。"但大家还是觉得这七个字显得太呆板、不亲切。有人提出"小平您好"，大家都很满意。于是，将"小平您好"四个大字写在四张绿色大纸上。写好后，大家小心翼翼地把横幅裹起来，外面绕以彩带，顶端缀以纸花，横幅变成了一把高大的花束。

当北京大学的游行队伍走到金水桥头时，同学们突然亮出了事先准备好的"小平您好"横幅，向着天安门，向着全中国，向着全世界，展示了当代大学生和广大知识分子的衷心祝愿和热情赞颂。同学们的苦心没有白费，邓小平在检阅台上看着同学们打着的横幅，也情不自禁地不住向同学们挥手致意。此刻，同学们更是激动万分，早已忘记了事先排好的方阵队形，簇拥在横幅下，喊着，跳着，前呼后拥，冲过了检阅台。

敏感的摄影记者将这一场面及时地摄入了镜头，从此，这一镜头传遍全世界。

"小平您好"代表了全国人民的心愿！

第十二章　中国特色社会主义道路的构想

1984年6月30日上午，邓小平会见前来参加第二次中日民间人士会议的日本委员会代表伊东正义、冈田春夫、向坊隆和代表团其他成员。邓小平向客人们精辟地阐述了中国特色社会主义道路的构想。

两年前，邓小平在党的十二大开幕词中指出："我们的现代化建设，必须从中国的实际出发。无论是革命还是建设，都要注意学习和借鉴外国经验。但是，照抄照搬别国经验、别国模式，从来不能得到

1982年9月，中国共产党第十二次全国代表大会在北京举行，邓小平主持大会开幕式并致开幕词

第十二章　中国特色社会主义道路的构想

成功。这方面我们有过不少教训。把马克思主义的普遍真理同我国的具体实际结合起来,走自己的道路,建设有中国特色的社会主义,这就是我们总结长期历史经验得出的基本结论。"

"建设有中国特色的社会主义"这一命题提出后,在国际上引起了广泛的关注。一些外国客人在来访时,都饶有兴致地向邓小平提出什么是有中国特色的社会主义。

这次会见日本客人时,客人们又提出了这个问题,邓小平对此作了精辟的阐述。

邓小平指出:我们在粉碎"四人帮"以后,从党的十一届三中全会开始,制定了正确的思想路线、政治路线、组织路线和一系列的方针、政策。思想路线是什么?就是坚持马克思主义,坚持把马克思主义同中国实际相结合,也就是坚持毛泽东同志说的实事求是,坚持毛泽东同志的基本思想。坚持马克思主义对中国十分重要,坚持社会主义对中国也十分重要。中国自鸦片战争以来的一个多世纪内,处于被侵略、受屈辱的状态,是中国人民接受了马克思主义,并且坚持走从新民主主义到社会主义的道路,才使中国革命取得了胜利。

邓小平指出:人们提出这样一个问题,如果中国不搞社会主义,而走资本主义道路,中国人民是不是也能站起来,中国是不是也能翻身?让我们看看历史吧。国民党搞了二十几年,中国还是半殖民地半封建社会,证明资本主义道路在中国是不能成功的。中国共产党人坚持马克思主义,坚持把马克思主义同中国实际结合起来的毛泽东思想,走自己的道路,也就是农村包围城市的道路,把中国革命搞成功了。如果我们不是马克思主义者,没有对马克思主义的充分信仰,或者不是把马克思主义同中国自己的实际相结合,走自己的道路,中国革命就搞不成功,中国现在还会是四分五裂,没有独立,也没有统一。对马克思主义的信仰,是中国革命胜利的一种精神动力。建国以后,我们从旧中国接受下来的是一个烂摊子,工业几乎等于零,粮食也不够吃，通货恶性膨胀，经济十分混乱。我们解决吃饭问题，就业问题，稳定物价和财经统一问题，国民经济很快得到恢复，在这个基础上进行大规模经济建设。靠的是什么？靠的是马克思主义，是社会主义。人们说，你们搞什么社会主义！我们说，中国搞资本主义不行，必须搞社会主义。如果不搞社会主义，而走资本主义道路，中国的混乱状态就不能结束，贫困落后的状态就不能改变。所以，我们多次重申，要坚持马克思主义，坚持走社会主义道路。但是，马克思主义必须是同中国实际相结合的马克思主义，社会主义必须是切合中国实际的有中国特色的社会主义。

在谈到什么叫社会主义，什么叫马克思主义时，邓小平指出：我们过去对这个问题的认识不是完全清醒的。马克思主义最注重发展生产力。我们讲社会主义是共产主义的初级阶段，共产主义的高级阶段要实行各尽所能、按需分配，这就要求社会生产力高度发展，社会物质财富极大丰富。所以社会主义阶段的最根本任务就是发展生产力，社会主义的优越性归根到底要体现在它的生产力比资本主义发展得更快一些、更高一些，并且在发展生产力的基础上不断改善人民的物质文化生活。如果说我们建国以后有缺点，那就是对发展生产力有某种忽略。社会主义要消灭贫穷。贫穷不是社会主义，更不是共产主义。

在中国现在落后的状态下，走什么道路才能发展生产力，才能改善人民生活？这就又回到是坚持社会主义还是走资本主义道路的问题上来了。如果走资本主义道路，可以使中国百分之几的人富裕起来，但是绝对解决不了百分之九十几的人生活富裕的问题。而坚持社会主义，实行按劳分配的原则，就不会产生贫富过大的差距。再过二十年、三十年，我国生产力发展起来了，也不会产生两极分化。

当日本客人问搞中国特色的社会主义要达到什么目标时，邓小平说："我们的政治路线，是把四个现代化建设作为重点，坚持发展生产力，始终扭住这个根本环节不放松，除非打起世界战争。即使打世界战争，打完了还搞建设。我们提出四个现代化的最低目标，是到本世纪末达到小康水平。这是一九七九年十二月日本前首相大平正芳来访时我同他首次谈到的。所谓小康，从国民生产总值来说，就是年人均达到八百美元。这同你们相比还是低水平的，但对我们来说是雄心壮志。中国现在有十亿人口，到那时候十二亿人口，国民生产总值可以达到一万亿美元。如果按资本主义的分配方法，绝大多数人还摆脱不了贫穷落后状态，按社会主义的分配原则，就可以使全国人民普遍过上小康生活。这就是我们为什么要坚持社会主义的道理。不坚持社会主义，中国的小康社会形成不了。"

谈到怎样使中国的社会主义建设发展得快一些时，邓小平指出：现在的世界是开放的世界。中国在西方国家产业革命以后变得落后了，一个重要的原因就是闭关自守。建国以后，人家封锁我们，在某种程度上我们也还是闭关自守，这给我们带来了一些困难。三十几年的经验教训告诉我们，关起门来搞建设是不行的，发展不起来。关起门有两种，一种是对国外；还有一种是对国内，就是一个地区对另外一个地区，一个部门对另外一个部门。两种关门都不行。我们提出要发展得快一点，太快不切合实际，要尽可能快一点，这就要求对内把经济搞活，对外实行开放政策。

从中国的实际出发，我们首先解决农村问题。中国有百分之八十的人口住在农村，中国稳定不稳定首先要看这百分之八十稳定不稳定。城市搞得再漂亮，没有农村这一稳定的基础是不行的。所以，我们首先在农村实行搞活经济和开放政策，调动了全国百分之八十的人口的积极性。我们是在一九七八年底制定这个方针的，几年工夫就见效了。不久前召开的第六届全国人民代表大会第二次会议决定，改革要从农村转到城市。城市改革不仅包括工业、商业，还有科技、教育等，各行各业都在内。总之，我们内部要继续改革，对外进一步开放。

我们开放了十四个沿海城市，都是大中城市。我们欢迎外资，也欢迎国外先进技术，管理也是一种技术。这些会不会冲击我们的社会主义呢？我看不会的。因为我国是以社会主义经济为主体的。社会主义的经济基础很大，吸收几百亿、上千亿外资，冲击不了这个基础。吸收外国资金肯定可以作为我国社会主义建设的重要补充，今天看来可以说是不可缺少的补充。当然，这会带来一些问题，但是带来的消极因素比起利用外资加速发展的积极效果，毕竟要小得多。危险有一点，不大。

邓小平在同日本客人谈论建设有中国特色有社会主义的构想时充满了信心，他语气很坚定地说："我们还要积累新经验，还会遇到新问题，然后提出新办法。总的来说，这条道路叫做建设有中国特色的社会主义的道路。我们相信，这条道路是可行的，是走对了。走了五年半，发展得不错，速度超过了预期。这样发展下去，到本世纪末翻两番的目标一定能够实现。现在可以告诉朋友们，我们的信心增加了。"

新华社《瞭望》周刊记者朱敏之采访了这次活动，记录下邓小平谈话的全部内容。回来后很快整理出一篇稿子，在采访邓小平的另外一次外事活动时，将整理稿送请邓小平亲自审阅。邓小平摆摆手说："不看喽，你核对一下就可以了。"这样，邓小平的这次谈话，以《邓小平谈有中国特色的社会主义》发表在1984年8月20日出版的《瞭望》周刊第34期"中南海纪事"专栏上。后来经过编辑整理，收入了《邓小平文选》第三卷，题为《建设有中国特色的社会主义》。

参考书目

1.《邓小平文选》第二卷,人民出版社1994年版。

2.《邓小平文选》第三卷,人民出版社1993年版。

3.《邓小平年谱(一九七五——一九九七)》(上、下),中央文献出版社2004年版。

4.《邓小平思想年谱》,中央文献出版社1998年版。

5.《邓小平思想年编》(一九七五——一九九七),中央文献出版社2011年版。

6.《邓小平军事文集》第三卷,军事科学出版社、中央文献出版社2004年版。

7.《江泽民文选》第一卷,人民出版社2006年版。

8.《习仲勋文选》,中央文献出版社1995年版。

9.《习仲勋文集》(上卷、下卷),中共党史出版社2013年版。

10.《中国共产党的九十年》,中共党史出版社2016年版。

11.《中国改革开放史》,辽宁人民出版社2002年版。

12.《三中全会以来重要文献选编》,人民出版社1982年版。

13.《十二大以来重要文献选编》,人民出版社1986年版。

14.李岚清:《突围:国门初开的岁月》,中央文献出版社2008年版。

15. 于光远：《1978：我亲历的那次历史大转折》，中央编译出版社 2008 年版。

16. 朱佳木：《我所知道的十一届三中全会》，中央文献出版社 1998 年版。

17. 刘金田：《我知道的邓小平》，台海出版社 2012 年版。